ZONGYIYULEJIEMU ZHUCHIGAILUN

综艺娱乐节目主持概论

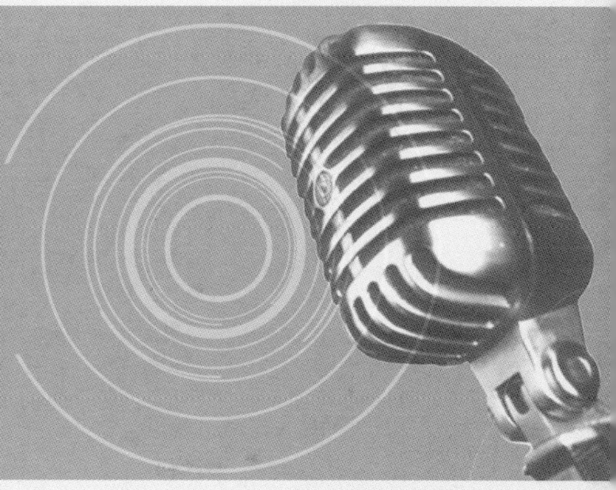

21世纪播音主持艺术丛书

丛书主编：王群　马力

刘洋　林海　著

中国传媒大学出版社

·北京·

目 录

前 言

不知道从什么时候起，人们开始不断感慨：生活对于我们已经变得越来越索然无味，我们已经不是在生活，而仅仅是活着，严肃而沉重。面对着社会的变革、竞争的激烈，背负着家庭与事业的双重压力，大家开始真正地意识到：我们需要改变、需要缓释、需要发泄，于是电视综艺类节目应运而生，并将欢乐和愉悦带进了千家万户。

尽管电视综艺类节目在最近几年间获得了日新月异的迅猛发展，甚至招致了“过多过滥”的批评，但是对于广大受众来说，在可供选择的众多节目类型中，大家还是比较倾向于欣赏综艺类节目，“桃花依旧笑春风”。毕竟，生活需要调剂，又有谁不想在结束了一天紧张而繁忙的工作后纵情高呼或是开怀一笑呢？正所谓“呼而大笑泯忧愁”。

在向文化开放过渡和向市场化转型的双重背景下，电视综艺类节目从其第一刻的诞生到今天的日臻完善，这一路上给了我们太多的惊喜与感动。从最初的《正大综艺》、《综艺大观》，到此后的《快乐大本营》、《欢乐总动员》，再到今天的《幸运52》、《开心辞典》、《星光大道》等等，电视综艺类节目正在以大步伐昂首迈进每个人的生活，正在占据着广大受众愈加增多的休闲时光，正在慢慢成为这个社会娱乐潮流的主导。

诚然，相较之欧美、日韩来讲，目前我国的电视综艺类节目在总体上仍处于相对薄弱、粗放的初级阶段，其大致表现为：节目的综艺手段、综艺元素还没有得到充分地发挥，节目缺乏实质性的文化内涵，娱乐层次也过于单一，部分综艺类节目形式乏善可陈、节奏拖沓冗长、内容空洞重复、主持风格单调无趣……因此面临着一种节目虽数量已经不少，但质量依旧不高的堪忧局面。而此般的节目市场，不仅会对电视综艺类节目自身的发展产生巨大影响，而且还会导致受众群收看兴趣的不断降低与其数量的日渐流失。

在电视综艺类节目艰辛的成长历程中，一个尤其严重的问题也凸现出来：优秀主持人才的严重匮乏。电视综艺类节目对于一个主持人能力的考验是相当大的，要求他（她）必须具备较高的职业素质，甚至是其他类型节目主持人所应该具备的大多素质，诸如语言表达能力、现场驾驭能力、协调组织能力、灵活应变能力等等。众所周知，有的时候因现场的需要，综艺类节目主持人不仅要用语言、表情、手势作为表达手段，而且有时要运用到各种复杂的动作，必要的时候还要做一些表演或是模仿，也只有综艺类型的节目会要求主持人在工作中如此极致地将有声语言和副语言进行全面的调动。因此，即便是一些前期策划不错的节目也可能因为主持人的表现不到位而未能达到预想的效果，甚至有可能因此而被迫下马；反之同理，一个优秀的综艺类节目主持人，不仅可以使节目的播出效果发挥到最佳化，而且其中特别出色的还可以成为节目的招牌，从而构成凝聚受众的强大号召力。由此可见，对于电视综艺类节目主持人的研究和探讨还是极其必要的，甚至可以说是十分紧迫的。

回首1958年5月1日，我国的第一座电视台——北京电视台成立，标志着中国的电视事业开始正式起步，但是发展至今也只有短短不到50年的时间，在这期间的理论研究普遍落后于实践已经成为不争的事实，所以在这个“瓶颈”处着力找寻突破口就成为我们的一种责任和一大夙愿。在本书中，我们首先概括并分析了综艺类节目的界定、形态、特点及其功能，随后针对本类节目中主持人所应具备的素养、风格和主持艺术等几个大问题分别进行了阐述，最终结合部分实例对当今综艺类节目的现状和发展做了大体总结，并针对目前在这一领域出现的一些问题给出了作者的意见及建议。书中突出强调了在传播的过程中理论指导的重要意义和受众群体对于节目的平衡、支配能力，通过对于一些诸如此类问题的阐释，我们进一步剖析了在综艺类节目主持中所出现的一些理论性问题。在这个探求的过程中，我们力图找到一条可行的“必由之路”，从而为实践在一线上的工作者以及关注综艺类节目的众多人士提供力所能及的帮助。书中存在的不足之处还是希望能够得到大家的谅解和指正。

第一章

综艺类主持人节目概述

要点提示：

掌握综艺类节目的基本界定、节目样态、节目特点、节目功能以及节目目前的发展状况，从而能够更好地对此类节目有整体上的认识和把握。

第一节　节目界定

一、基本界定

电视综艺类节目的定义可以从广义的和狭义的两种角度来界定。从广义的角度来理解，除了新闻报道类、经济生活类、服务教育类节目和电视剧之外的所有电视节目类型，都可以划归到电视综艺类节目的范畴之中。

从狭义的角度来讲，电视综艺类节目是电视节目中一种非常重要的节目形态，它借助于现代科技中的电子技术手段，运用独特的电视创作表现手法，如时空的自由转换、独特的视觉造型、高超的影音声光效果等等，广泛地将音乐、舞蹈、杂技、曲艺、戏剧、资讯、小品、竞猜和游戏等多种艺术形式以及非艺术形式的节目内容有机地融合成一个和谐、丰富的整体，用以满足广大受众多层面、各异化的审美和娱乐需求。借用一个哲学概念来说，这种“融合”是一种“异质同化”，即同化不同类型的各种曲艺内容，从而形成一个有机的整体——电视综艺类节目。

综艺类节目是电视各种类型节目中最大的“杂家”，它具有很强的包容能力和极大的综合性，往往体现出来的特点是内容丰富、雅俗共赏，形式自如、灵活多样，同时能够带给受众较强的参与感。但是，电视综艺类节目也并非仅仅是各种艺术和非艺术形态的简单相加或叠合，而是一个吸收其他艺术样式中的有益元素并通过独特的电视艺术语言表现出来的有机整合过程。在这个二度创作的过程中，融会了电视工作者们大量的创作意图和心血。它在充分调动了电子技术手段的前提下，以最强势的媒体——电视为中介，对可以取材调用的各种艺术和非艺术样式的内容进行了再加工、再创造。创作的过程同样也是一个把关的过程，并不是对什么艺术手段都可以运用“拿来主义”思想的，而是需要在整合调配后取其精华、去其糟粕辩证地借鉴、吸收和运用。广泛地吸取了在它之前的各门艺术的优点和特长之后，综艺类节目更加丰富并充实了自身的艺术表现力，而其他门类的艺术一旦进入电视领域之后，便在这一新型艺术门类中完成了相互的融和，被同化后具备了电视自身新的艺术特性。

电视艺术是我们当今时代最先进的电子技术不断发展的产物，是一种具有高科技素质的新兴艺术门类，是视与听相结合的传播艺术。在电视艺术手段的充分运用下，使得综艺类节目能够广泛地包容和吸收几乎所有的艺术样式和许多非艺术样式。这种内容的无限丰富性和手段的无穷多样性，正是综艺类节目最大的优势和卖点。

电视艺术被人们誉为“第九艺术”，而综艺类节目可以称得上是“电视艺术中的艺术”，很大程度上它更像是一种艺术的综合和杂糅。它既是对原有艺术样式与非艺术样式的充实利用，也是对“电视艺术本体语言”和所有电子技术手段的充分调用，是一种“大兼容”的节目样态。毋庸置疑，只有对电视艺术的影音声光等各种视听元素的综合整组、运用，才能真正体现出对综艺类节目的深刻认知和理解，也只有深入了解它的本质，才能够在一线工作中更切实地通过综合性艺术手段来对节目加以创作，从而更好地为广大受众服务。

二、传播特性

在电视理论研究中，电视归属于“艺术”还是归属于“新闻传播”，是一个长期争论未决的问题。那么，对于电视理论研究中莫衷一是的综艺类节目范围的界定也确实是见仁见智了。从传播学的角度来讲，电视具有现场传播的媒介特性和大众化的传播特点，这使得它成为一种功能强大的文化传播媒体。正因如此，有的学者认为电视的新闻传播功能要远远大于它的艺术审美功能。“从本体上说，电视是一种最有效的文化信息传播媒介。这一本性规定电视最主要的功能是社会文化的交流——接受者从电视荧光屏中建立自我个体与社会群体的认同，而略具艺术性的低度娱乐只是电视的一个附属功能”。[①]诚然，这只是20世纪80年代我国的电视事业刚刚起步的初期阶段的观点，但是今天的我们仍然可以从中找到一些可以借鉴的东西。

电视综艺类节目既然不是再创造之前几种艺术样式以及非艺术样式之特性的简单地叠加，那么它必然具有一定的自身独特性质。所以表现在传播特点上也是不同于其他节目样式的。

作为一种新兴的各种艺术之间、艺术与科技之间、艺术与传媒之间、高雅与通俗之间等多种元素综合作用后的产物，从不同的角度寻求切入点，电视综艺类节目便有着不尽相同的范围归属和传播特性，而它之所以能够在短短的十几年便“厚积薄发”、“后发制人”，正是因其自由灵活的传播特性所决定的。它以审美娱乐为第一要义，以满足受众审美情感和愉悦需求为安身立命之本，又取百家艺术之所长，在发展中不断充实和丰富着自己，因此，可以这么说，综艺类节目拥有着无与伦比的传播张力，即不论从什么角度、什么立场出发，都可以在传播途径中占有一席之地，有的放矢地表现自己，而这也正是使得它拥有极强“生命力”特点的要素之一。

三、发展历程

随着社会不可逆转地向前发展和科学技术的日新月异，一个属于电视产业的黄金时代正在微笑着向我们走来。在当今信息化的大背景下，电视渐趋成为绝对的强势媒体。

当英国工程师贝尔德（John Logie Baird，1888～1946，英国著名工程师）利用尼普科夫的机械扫描盘成功地装配了世界上第一台电视机以后[②]，电视便作为一种可以同时传送声音与活动图像的电子技术开始愈加深入到世人的生活之中。毋庸置疑，电视的发明可以堪称“改变人类生活和生产方式的一次重要革命”。

① 钱海毅：《电视不是艺术》，《当代电视》，1987年4月。

从黑白到彩色①、从无线到有线、从模拟到数字，电视技术上的每一次革新都在切实地影响着我们的生活。人们已经日渐习惯了有电视伴随的生活，而这种习惯变成了我们日常生活中无法舍弃的享受。正是由于受众群体的如此依赖，电视成为了现有传媒形态中最具影响力的媒体代表。据央视市场调查公司发布的《全国卫星频道覆盖率普查》显示：2003年全国电视观众总户数已达到3.6亿户，电视观众总人数达到10.7亿人。另外，2003年秋季新生代市场监测机构在全国35个大中城市的调查表明，现阶段“看电视”仍是中国大中城市居民最主要的娱乐方式，占到了所调查样本的84.5%。②由此可见，今天的电视在人们心中的地位是任何媒体都难以撼动的。

随着电视的深入人心，电视节目的发展也日益多元化。时至今日，出现了新闻类、访谈类、社教类和综艺类等多种节目形态，它们共同交织，形成了一种百花齐放的节目格局，而在这样的一个繁荣锦簇的百花丛中，综艺类节目可谓是近年来一朵绽放的最为瑰丽的奇葩。

综艺类节目在我国出现的时间虽然只有短短的几十年，但是发展的速度却是非常迅猛，目前已经成为百姓关注的节目中不可或缺的一个节目类型。

有学者曾将国内综艺类节目的发展总结为三个阶段，并分别以三档不同节目为代表形象地加以了说明：“《综艺大观》为什么会火？因为有明星在上面唱（第一个阶段）；《快乐大本营》为什么会火？因为明星可以带着观众唱（第二个阶段）；《非常6 + 1》为什么会火？因为观众可以自己上台唱（第三个阶段）。”这种说法还是比较具有代表性的，寥寥数语便已说得入髓三分了。

如果说对20世纪80年代的中国电视影响最大的是文化专题片的话，例如《话说长江》、《话说运河》等，那么，90年代引起观众浓厚兴趣的就非综艺类节目莫属了。1990年3月14日中央电视台创办的《综艺大观》和同年4月25日开播的《正大综艺》，引发了当时我国电视业中以“明星＋表演”这一模式为主导的综艺类节目蓬勃兴起的浪潮，并且在短短的几年时间内迅速影响到各省、市电视台。《综艺大观》推出了倪萍、周涛，《正大综艺》将杨澜、程前、王雪纯推到了台前，可以说这些人都是中国电视综艺类节目的第一代真正意义上的主持人。

在我国的20世纪90年代初期，中央电视台推出了我国内地的第一档真

① 1973年中国开始播出彩色电视节目。
② 阅读报刊占到了56.9%（除成都外）排名第2，上网和听广播分别以8.8%和8.6%排在第9位和第11位。

正意义上的综艺类节目——《综艺大观》，这档节目改变了观众只能在春节晚会上见到众多明星“齐上阵”的状况，成为我国综艺节目史上一座标志性的里程碑。在《综艺大观》的基础上，又发展出了《同一首歌》、《欢乐中国行》等多档节目。正是由于它的新颖特色，综艺类节目在上世纪90年代初红极一时，例如当时的《综艺大观》以曲艺表演为主、《正大综艺》以益智竞猜为主，此般林林总总，不胜枚举。但是由于部分节目的形式较为单一、现场观众的气氛烘托不够，特别是与受众的互动性环节很少，再加之节目偏于保守，缺少休闲娱乐时的那种“轻松、释放”的感觉，所以使得不少综艺节目在昙花一现之后都逐渐步入了一个低迷的状态，甚至有的栏目干脆从此销声匿迹。

随着电视节目竞争的日趋激烈化，观众已经不能满足于仅仅是坐在“台下”观看演出，而他们更多的是希望站在那个过去只有明星才能登上的舞台去洒脱地展示自我。于是，例如《快乐大本营》等一系列强调“明星和观众互动”的节目也就应运而生了，这批中坚力量为综艺类节目的发展起到了不容忽视的推波助澜的作用。正所谓“旧时王谢堂前燕，飞入寻常百姓家”。

20世纪90年代后期，以受到日本，中国台湾、香港地区电视行业直接影响的《快乐大本营》、《欢乐总动员》等综合娱乐节目以及《玫瑰之约》等爱情速配节目为代表的时期终于到来了。“明星+观众+欢笑”的模式为电视综艺类节目创造了一个更加平民化、更加开放化的娱乐大环境，为受众的参与意识提供了一个可以诉诸的平台。

1997年7月10日，湖南电视台推出一档全新的综艺类节目——《快乐大本营》，在节目中不仅是嘉宾和主持人在舞台上唱歌、表演、游戏，而且观众也可以毫不客气地上台参与到其中，双方都在一种完全“游戏”的状态中忘记了自己的地位和身份。节目中的主、客体意识逐渐被模糊化了，一种互动的、轻松的、娱乐性的气氛洋溢在整个节目的现场，这使得大多数坐在电视机前的“隐性”受众的情绪为现场气氛所极大地影响、感染、同化，令大家全部都能沉醉在“纯粹的快乐”之中，从而感到全身心的放松，进而达到休闲娱乐的审美目的。于是，这档节目借助卫星电视全国覆盖的威力，在最大程度上掀起了一股席卷神州大地的“快乐浪潮”。此后以“快乐”、“动员”等诸如此类词语来命名的电视综艺类节目开始在全国各地的电视台层出不穷，一些节目中囊括的例如“快乐小精灵”、“超级模仿秀”等环节已经开始显露出后来衍生出的“真人秀”的雏形。但是在受到广泛好评的同时，充满着越来越浓愈的游戏色彩的节目开始渐趋于同类化，“跟风”式的一味追随也为综艺类节目今后的发展埋下了隐忧。

2000年初，以受到欧美娱乐节目影响的《幸运52》、《开心辞典》等为代表的益智娱乐节目着实火了一把，这类节目遵循着一个“观众+竞猜+奖励”的大体模式。它们将普通百姓这些“苍翠的绿蔓”引向节目主体，而昔日“叱咤”的明星基本上退出了娱乐的舞台，已不再是那旧时的红花朵朵，整个节目形成了“台痕上皆绿，草色入帘青”的浑然化的平等效果。某档节目的策划人就曾表示过，他们将通过海选和现场参与环节的设置，以期达到电视节目更加平民化的要求，“之所以被称为平民偶像，最重要是观众看到了、又亲自参与了一个偶像诞生的过程，这种亲身的体验才能够更加激发受众收视的兴趣”。

时光荏苒，到了近两年，观众渴望在荧屏上彰显自我个性、展现自身风采、表达己方观点的想法愈发的强烈了。正因如此，《超级女声》和《星光大道》这些旨在“帮助平民百姓实现梦想，成为偶像”的节目又一次使得综艺类节目的发展“洪波涌起”。

《星光大道》是央视三套全力打造的电视综艺类节目，它创造的收视率成绩可以作为这段鼎盛时期内的一个数据参考：它的首期节目就有2.10%的市场占有率，经过一段时间的波动过后，到了2005年10月7号的总决赛时，这一数字攀升至了9.07%，最终力拔国庆期间央视综艺类节目的头筹。今天的综艺类节目受欢迎的程度因而可见一斑了。

但是，这些铅华背后仍然隐藏着一些不稳定因素。面对节目成长中的捷报频传，节目的制作者们却要依旧保持着清醒的头脑，并且要很有危机感地意识到：目前取得的成功正预示着群雄逐鹿的开始，各档刚起步的综艺类节目终将要面对彼此激烈搏杀和残酷竞争的挑战。可见，综艺类节目发展到今天，它的机遇和挑战仍然是并行的。

上述提到的部分节目的人气的急剧蹿升，不仅改变了前几年综艺类节目相对滞后、冷清的局面，而且也为此后综艺类节目的发展指明了一个方向。诚然，这样的一个“方向”并不是说大家都要去做同种形式的节目，而是前面几档节目成功的经验能够在很大程度上给众多的电视人以明晰的启示：受众的心理需求和审美情趣趋向是今后我们节目选题定位的关键所在，而前进道路上的坎坷与曲折又使得我们都不得不清醒地意识到继续努力谋求发展的必要，适者生存将是我们矢志不渝的坚定态度。

第二节　节目形态

由于综艺类节目内容的庞杂性，使得对于其节目形态的划分过程变得非常困难。有些学者认为可以按如下几种方式去划分综艺类节目：从演出的形式看，可以区分为专题综艺、舞台演出、茶座式、联欢会、游戏和问答竞猜等形态；从节目串联形式来看，可以分为传统意义上的有主持人在台上进行串联和不用主持人而通过画外解说，或者是主持人和画外音相结合这么两种形态；从播出形式上来看，可以区分为现场直播式、实况录像式和录像合成制作式；从结构形态来看，可以区分为集锦式、杂志式、专题式和开放式等等。

但是这些划分的方式都很难将各自本应有所属的综艺类节目全部囊括其中，而事实上，综艺类节目根据不同的内容和形式大体可以分为以下几个部分：

一、演艺竞技类节目

如《非常6+1》、《星光大道》等等。

时代革新步伐的加快，同时带动了受众审美能力的提升，当今的受众早已不再满足于只当一个“看客”，而更想去“自娱自乐”地当一把看客的对象。为能调动起来受众积极的参与意识，此类节目应运而生。“我国自20世纪80年代初，由中央电视台、广东电视台、上海电视台率先推出竞技节目之后，全国省级电视台和部分市级电视台都举办过竞技类节目，吸引了大批观众”。①

二、益智竞猜类节目

如中央电视台经济频道的王牌娱乐节目《幸运52》和《开心词典》等等。

“‘恭喜你，答对了！’——《开心辞典》用充满游戏、热闹色彩的词语

① 壮春雨：《电视节目概要》，浙江大学出版社 2001年第1版，第169页。

代替了以前电视知识竞赛中常用的‘回答正确’，主持人也由严肃的考官形象变成了‘大众情人’；‘老婆比划老公猜！’——则用年轻人的语言和幽默的语气营造出一个气氛轻松的娱乐场。同时，这两句话都指出这样一个事实：观众已经不再是节目的一个纯粹的观看者或者接受者，他们变成了节目的一个构成元素，参与到节目设置的游戏中，并共同完成这个游戏”。[①]这一类节目在内容上大致都以一定的趣味性、娱乐性和知识性为主，在形式上强调突出参与性以及游戏性，有时也夹带若干的歌舞类表演，这种节目样态在今天比较普遍，而且深受广大受众的欢迎和好评。

三、时尚资讯类节目

如《中国娱乐报道》（后改名为《娱乐现场》）、《相聚凤凰台》等等。

1999年，北京光线电视研究策划中心——一家民营电视制作机构，推出一档全新的节目《中国娱乐报道》，并且很快地将其扩展为一档日播形式的节目，而在此前，我国没有真正意义上的娱乐新闻节目。

时尚资讯类节目的一个特点就是模糊了文艺和新闻的经纬界限。调查研究表明，信息传递的娱乐化方式可以大大加强信息的接受效果。今天，随着受众欣赏水平的日益提高，他们已不再是仅仅满足于信息的接收，而是更期待一些突破传统的、新奇的播报方式。因此这类愉快的、轻松的，甚至夸张的节目形式随之孕育而生，而目的也只有一个：就是通过传播手段的创新来吸引更多受众的眼球。此种节目以“另类”的方式演绎新闻，从而能够更好地切合市民大众的心理需要。对于那些前卫的娱乐情报，仍旧单纯地使用过去老套的播报方式自然是不合时宜的了，而此类节目往往采取的是轻松自然的播报姿态和另类搞笑的主持风格，这就为我国主持人界的革新注入了一股新鲜的血液。尽管对于这种播报方式各方褒贬不一，但是从其所带来的崭新理念和受众各异的反应来看，它还是非常值得我们借鉴和思考的。再如凤凰卫视中文台的《相聚凤凰台》栏目，其中的主持人吴大维和柯蓝，就凭借他们影视圈中业内人士的身份和敏锐的眼光来解读新近发生的娱乐新闻，由于其主持娱乐节目的丰富经验，更是为这档节目增光不少。

① 宗匠：《电视娱乐节目理念、设计与制作》，中国广播电视出版社2003年版，第1页。

这种信息与娱乐的恰当合成，表现出了较为明显的媒介娱乐化和文化娱乐化倾向，同样也引起了许多电视人的考究与探索。而《娱乐现场》目前已经在全国100多家电视台播出，这也足以说明此类节目的需求状况。

四、曲艺综合类节目

如《综艺大观》、《曲苑杂坛》等等。

这是最为典型的一类综艺节目样态，它通过对各种电视手段的运用，对原有的艺术或者非艺术样式进行了深入的革新和整合，形成了一种内容丰富、形式多样、独具特色的“电视艺术”，节目里集中了大量的音乐、舞蹈和曲艺等内容，从而能够带给受众饕餮的感官盛宴和强烈的艺术审美享受。它将全新的审美角度和充满活力的表现手段都注入了众多的艺术形式之中，为了能够更好地适应广大电视观众的欣赏习惯，大多数的同类节目都本着“不破不立”的风格，对戏曲等传统的艺术内容都进行了大胆的改革和突破，从服装、唱腔乃至表演流程等许多方面都进行了创新的尝试，这也令电视综艺类节目呈现出了一派全新的气象和面貌。

曲艺综合类节目采取灵活多样的现代电视手段，为广大受众提供着各取所需的艺术信息，凸显着电视媒体的优势和魅力，以良好的心理效应唤起着受众积极、忠实的收视行为。

五、大型综艺类节目

如春节晚会、各种娱乐活动，颁奖典礼等等，可以说这是我国综艺节目早期的雏形。

年年的春节联欢晚会一直都是13亿中国人年夜饭里必备的团圆大餐。从1983年的第一届春节联欢晚会到现在，“春晚”已经走过了23年的风雨历程。从首届晚会开始，春晚“造星”的脚步就未曾停止过。1983年央视起用的主持人都是非专业人士，分别是电影演员刘晓庆，相声演员马季、姜昆和哑剧演员王景愚。此后的15个春节里，都是用赵忠祥那磁性的男中音和倪萍那动情的神态来为亿万的国人拜年、问候以及念贺电的。再后来，周涛、朱军等人都纷纷现身春晚，尽管他们都已是央视的王牌主持人，可是经历了春节联欢晚会的洗礼后，其声名则更是家喻户晓了。

不可否认，我国的综艺类节目在浮躁的同时也在不断地成长和壮大着。从竞技类节目的风行，到近来益智竞猜类节目的兴盛，再至真人秀节目的跃跃欲试、呼之欲出，这些发展和变化都是为广大受众所有目共睹的。电视综艺类节目是一种换代更新非常快的节目类型，理论上是不可能有收视率上的常胜将军的，虽然益智类节目还有一定的发展空间，真人秀节目的本土化也需要一个过程，但可以肯定的是，各般类型节目的热潮终将会被另外一种更新的节目样态承继下去，而被“洪波涌起”的“前浪”则会形成一种相对稳定的节目类型继而得以保留。

毕竟目前研究领域中大多数的分类方法都不能够包打天下，而综艺类节目的形态界定又是无法回避的理论问题，一番讨论过后，还是建议广大电视人，实践创作的脚步千万不要为一些教条的规定所桎梏——一千个人眼中就有一千个哈姆雷特，但是在数以百万计的观众眼中，却只会有几个特别中意的节目，所以，问题的关键不是要把自己限定在某个框架之中或是囊括进某个范围，而是要善于去恢弘节目自身的特点和风格，从而更好地满足广大观众的审美需求。

第三节　节目特点

一、内容的丰富性

电视综艺类节目拥有着广泛的收视群体，受众的广泛性就决定了它的内容必须要多而杂样化。此类节目集文化休闲性、娱乐趣味性、信息知识性、宣传打造性于一体，这不仅大大增强了节目的可看性，而且观众们因此能够在节目中找到各自不同的感官需求。

加之综艺类节目鳞次栉比的现状，使得各档同种类型节目之间彼此竞争日趋激烈，最终的结果是导致这类节目的收视特点呈现出了很强的“随意性”，即观众有随意调换频道的自由和权利，这也使得电视人不得不将自身做得更加完备，甚至力求达到“包举宇内”的程度，为的就是争取完成“收视率的可操作性”。现今综艺类节目的丰富性取代了以往节目的单一化特征。节目不再单纯地只是一些歌曲、舞蹈或者小品的集合体，而是涵盖了音乐、舞蹈、戏剧、问答、魔术、杂技、相声、小品、朗诵、游戏、时装表演等各种艺术或非艺术形式，其涉猎的范围之庞大、题材之广阔、内容之丰富是其他节目类型难以企及的。但是这并不表明节目涉及的内容可以不加限制地全部为之所用，而取舍的过程中是必须要经过一个筛选的环节的。没有规矩不成方圆，那么究竟要以一个什么样的标准来考查节目的取舍呢？作为今天的电视人，必须要有一个节目内容选定上的依凭，那就是“科学的市场调研和广泛的受众分析”，只有以此为依据才能真正地做到有章法可寻、有道理可依。

综艺类节目内容的覆盖面非常地广泛，融会了百家曲艺之所长，其所涉及的内容几乎可以囊括社会生活的各个方面。在为广大受众提供了丰富的精神食粮的同时，电视综艺类节目自身的功能也得到了很大程度上的完善，羽翼日渐丰满，基本上能够满足不同层次、不同年龄段观众的需求，因此也就能够越来越多地受到观众的青睐和好评。

二、形式的创新性

“一般地说，形式具有相对的独立性和自身的继承性，因此，内容的变化是比较快的，而形式一经产生出来就具有相对稳定性”。[①] 同其他固有范式的节目类型相比，综艺类节目的形式更加多样灵活。除了前面我们提到的演艺竞技类、益智竞猜类、时尚资讯类、曲艺综合类和大型综艺节目以外，还有其他很多形式的衍化。

从电视综艺类节目出现至今，其形式的变化是非常巨大的，一些陈旧的故守范式也必将被时代更新与淘汰。电视工作者要做到的就是不断地创新求异，以适应社会的飞速发展和受众审美需求的不断提升。我国现存的综艺类节目形式中鲜有自主创造出来的，大多是吸收和移植国外的形式，目前大多源自日本和欧美地区。国内的节目制作始终遵循着“欧美（日本）首创——港台移植——南方‘星火’——中原‘燎原’”这么一种路线。国外节目的特点往往是将流行文化中众多元素整合在一起，大量运用反常规或“剑走偏锋”的方式吸引观众，但由于文化背景不尽相同，用许多单纯猎奇的方式移植到我国节目后，显得非常生硬，很难真正符合国内受众的欣赏品味。这就要求我们要有所借

① 《中国广播电视学刊》，1989年第1期。

鉴地吸收取用，并在现有的基础上按照我们自己的风格特点去重新创作。

“创作思维是创造力的核心”，大体表现为如下5个特点：“1. 独立性——与众人、前人有所不同，独具卓识；2. 连动性——由此及彼，举一反三；3. 多向性——善于从不同角度想问题；4. 跨越性——一方面省略思维步骤，一方面加大思维跨度，常常表现为超前；5. 综合性——表现为‘智慧杂交能力’、‘思维统摄能力’、‘信息组合能力’等。”[①]我们的电视人只有积极调动创作思维，才能够在节目形式的革新之路上越走越远。

创新是当今电视节目生存与发展的灵魂。但是，如果创新失去了正确的方向，而只是片面地去追求标新立异、迎合猎奇心理，那么这种创新是不会受到观众欢迎的。节目形式的创新，必须坚持贴近实际、贴近生活、贴近受众的原则，只有这样才算得上真正意义上的创新，才能够真正受到广大观众的欢迎。

节目形式如果过于教条死板、拘泥陈规，则必将会被受众挑剔的眼光淘汰，只有多元化的发展模式才是综艺节目形式革新的必由之路。但是一旦过于强调形式，而忽视了在内容上的“把关人作用”，同样是过犹不及的，诸如此类的问题，我们还将在本书的第六章中继续探讨。

三、宾主的互动性

电视综艺类节目的录制现场要比一般的演播室大不少，加之为了达到一定的节目效果，所以综艺节目的现场观众人数很多，这就为节目的传播、接受提供了一种良性化的氛围。在这种氛围的感召下，不仅现场的人员能够更好地参与到节目当中，而且也给电视机前的受众带来了更多愉快的精神享受，因为现场的少数人成为了他们每个个体的缩影，嬉笑怒骂间都能体现出百姓观众的心理状态和审美需求，因此那些“隐性”的受众找到了一种真实的情感归属，与此同时也提升了节目的传受效果。

“在综艺节目的传播与接受过程中，部分受众由欣赏主体的地位，扩展到被欣赏的客体领域。他们既是欣赏者，有的还同时是表演者，即便不是直接参与表演，也是间接参与评判。他们的心理状态与欣赏传统艺术不一样，更具有接近性”。[②]这种宾主间良好的互动性，有时会使我们在观赏节目的过程

① 《中国广播电视学刊》，1989年第1期。
② 壮春雨：《电视节目概要》，浙江大学出版社 2001年版，第166页。

中不觉间忘却了究竟谁是主人、谁是客人。一旦主、客体的关系变得模糊，两者之间形成了一种彼此的融通，那么节目预期的现场调动目的也就切实地达到了。

在所有的节目样式中，综艺节目现场观众的安排数量可以是最大限度的（只要场地能够容纳下），这就体现出了一种浓郁的亲民特征。节目现场激情迸发、观赏气氛热烈、台上台下互动、观众掌声不断、场面真挚感人，这些都是“与民同乐”这一宗旨的最好体现。在这个过程中，不仅受众的参与意识得到了强化，而且水乳交融的情感体验也使得广大观众愿意为节目埋单。

四、强烈的时代感

斗转星移、潮流更替，在当代社会的迅猛发展带给人们优越物质条件的同时，人们的精神文化生活却日显匮乏。受众的生活方式和审美情趣因为时代的变革而有了变化，因此究竟提供什么样的节目才能够使得广大受众真正得到精神上的愉悦和满足，是电视人一直思考的一个问题。

时尚形成潮流，潮流引领受众，受众影响媒体，媒体倡导时尚——在这个多元的作用链条中，受众和媒体都处在举足轻重的地位上。

综艺类节目虽然运用的是一种艺术化的电视手段，但是其内容的选择还是能够真实反映出当代社会的文化特征的。当今时代，大众文化日益盛行，在这样的一个时代潮流中，受众从娱乐休闲的目的出发来收看综艺节目便是理所当然的了。只有那些适合了现代人生活节奏的、让人耳目一新的节目才是大家真正关注的收视焦点。那么，电视人真正要做的就是如何在节目的内容选择和形式运用上竭力体现与民同乐的原则，切实满足广大观众的时代需求。

不单单只是在内容和形式上要彰显时代感，在节目的筹备策划上也有不少含有时代气息的东西有待我们去深入发掘，比如：道具、灯光、舞台美术、板块设置等方面都可以融入许多时代性元素。在这一点上，国外尤其是欧美和日本做得都比较成功，可以作为我们引以借鉴的学习范例。一个国家的综合实力在很大程度上决定并制约着该国家文化产业的发展，这是不争的事实，但是却不能成为我们牵强的借口，因为，目前毕竟还有很多现代化的元素没有在我们的节目策划中被融会贯通地得以体现，这里面就包括诸如：网络资源和数字——两个目前都非常尖端的科技产业。所以，综艺类节目追赶时代的步伐还应该继续大步向前。

第四节　节目功能

一、娱乐导向功能

在国内早期的电视综艺类节目中，娱乐功能只是处在一个附属的地位。娱乐节目真正受到关注，或者说娱乐节目真正成为一种独立的节目样式而异军突起则是最近几年的事情。

1997年湖南电视台《快乐大本营》的播出曾经一度引发了电视娱乐节目的热潮，不仅节目自身取得了巨大成功（最红火时的平均收视率达到了33%，其广告价格甚至超过中央电视台的平均价格），并吸引了全国各个电视台纷纷开办娱乐节目，同时也引起了人们对综艺节目娱乐功能的广泛关注。国家广电总局总编室在北京顺义召开的广播电视文艺研讨会所提供的材料显示："全国省级电视台办娱乐节目的有33家，地（市）级电视台开办娱乐节目的有42家。1999年以来，先后又有32家电视台开办或引进了娱乐节目。1999年1月20日北京有线电视台开播的《欢乐总动员》，被全国近40个城市的电视台引进播出。"由于对自身娱乐功能的这种重视，使得综艺类节目大大加快了整体向前的步伐。

在欧美等一些发达国家，娱乐性质的节目从始至终都是作为一种非常重要的节目样式存在的。而在我国，电视节目的娱乐功能不是在节目创办伊始就出现的，而是在经历了一段时期的蜕变之后逐渐从电视的政治和教育功能中独立而出来的。所以，娱乐性综艺节目还只是一个"新生不久的胎儿"，虽然由于"不谙世事"而出现了一些"膝疾"，但是它的可塑性应该说还是相当巨大的，前景还是比较喜人的。

电视综艺类节目的这种娱乐性不仅满足了受众娱乐休闲的需求，而且也完善了作为大众媒介的电视的一项最基本功能。因此，节目的娱乐性是符合电视日常化和生活化的特点的，同时也是符合了当代大众文化的发展趋势的，应该大力提倡并且成为今后综艺类节目的一个主攻方向。

电视的娱乐性是迄今为止任何一种媒体都不能与之媲美的，其中，综艺类节目在最大程度上承载了电视的这种功能。“所谓娱乐性，是相对理性而言。一般来说，娱乐的特性，就是较少经过理性思考的环节，通过对感官直接刺激而产生的愉悦”。[1]综艺节目就是这样，在节目的进行过程中受众能够因为内容的吸引而沉醉其中，在感官刺激的作用下身心都得到了一定的放松，从而在欣赏时生发出非功利性的审美快感。这样，精神的愉悦在受众的心理上就形成了很强大的张力，这种张力使得他们产生出对节目欲罢不能的依赖。广泛的受众依赖既是对综艺节目趋向娱乐化的高度认可，同时也成就了节目自身的辉煌业绩。随着节目娱乐性的逐步增强，电视综艺类节目开始愈发地吸引受众关注的目光，而电视人要做的就是只争朝夕地不断向前，力图将最好、最新、最优质的节目呈现给大家。

二、文化导向功能

电视综艺类节目不单单只是为了提供纯粹的娱乐而存在的，同时它也在起着文化的普及和导向作用，承载的是电视“寓教于乐”的使命。

文化现象在今天是一种很普遍的社会现象，其最初的产生，离不开人际间的传播和沟通，这就需要一种像电视这样的媒介来充当中间环节。人类的繁衍以及文化的传承、同一文化圈内核心地区对边缘地区的辐射式传播和双向传播、不同文化圈的相互双向文化交流，这些都有赖于传播。无论综艺类节目的内容如何丰富，形式如何多样，对于受众的导向性影响却是始终如一的，而这种影响潜移默化地作用于社会中的每位受众。电视节目的传播对整个社会的文化都有着十分深远的影响，综艺类节目也同样肩负着如此重任。

电视是在文化的土壤中生长的，没有土壤为它提供水分和养料，它就不可能落地生根、开花结果。电视在社会文化培植的基础上，又对社会文化进行了艺术化的加工和二度创造，从而形成了一种新的文化：电视文化。可见，两者的关系是彼此互补的，而不应该有孰重孰轻之分。“所谓‘电视文化’，主要不是指它所包容的各种文化内容，而是指它作为一种文化现象的本身，指它以独特手段组织一般文化内容的结构方式和传播方式”。[2]电视文化的形

① 壮春雨：《电视节目概要》，浙江大学出版社 2001年版，第5页。
② 《电视与文化论丛》，浙江大学出版社 1992年版。

成，不仅展现了文化的时代特征，丰富了受众的文化生活，而且也是一种意识形态的建立。

综艺类节目的内容、形式及水平，这些都要受到制作者文化素养的影响。因此，电视媒体在节目传播过程中，在对受众的文化导向起着相关作用的同时，传播者自身的文化品味对于节目的制播也有着决定性影响。制作者对于节目起着“把关”的作用，同时，在节目中也可以反映出他们自身的素质和品位。所以，就必须要树立一种精品意识，不断提升节目自身的文化品位，真正地做到通俗而不流俗。由于受众群中广泛的个体差异性的存在，使得他们对于节目的要求不尽相同，当前的很多事例表明，再一味地搞纯娱乐的东西已经远远不能满足观众日益增长的审美需求了，因而只有以精英文化和大众文化并举的思想做指导，才能创造出真正高质量的综艺节目。

三、艺术导向功能

由于电视自身的特性，使得综艺类节目在吸收其他门类的艺术时，表现出了强大的兼容性，它将不同的艺术样式通过电视技法的巧妙整合后，便形成了电视综艺节目这一新的独特表现方式，其特有的综合性审美特征，为以后的创新和发展提供了巨大的空间。

电视综艺类节目是各种艺术或非艺术形态相叠加后构成的产物，它是通过吸收其他艺术样式中的有益元素，并结合独特的电视艺术语言来表现的电视节目种类之一。由于电视思想的可传导性，加之综艺节目自身内容和思想上的艺术性，使得它对于受众来说有着广泛的艺术导向性。

由于电视综艺节目强大的兼容性，因此它便将欣赏、娱乐和审美等多项元素结合在了一起，使得不同艺术体裁能够通过有机的综合之后产生出全新的艺术效果。

“从文艺的起源来说，最早的歌舞也好，戏剧也好，都是群众在生产劳动之余的一种情绪的宣泄，一种平抚精神和肉体疲劳的娱乐。后来随着社会生产力的发展，出现了有闲阶级，歌舞、戏剧等等文娱活动渐渐从群众自娱的自然形态中脱胎出来，逐步趋于完善、精美，最后成为一种专供欣赏的艺术品，并开始被舞台供奉起来而走向商业化”。①

① 壮春雨：《电视节目概要》，浙江大学出版社 2001 年版，第 168 页。

正所谓不通一艺莫谈艺，与现有的大多数艺术样式相比，今天的综艺类节目仍然是一门很年轻的艺术。它不仅要对其他形式的艺术借鉴采纳以完善自身，而且要兼顾众多受众的不同艺术审美心理，以期在既满足他们要求的同时，又对其艺术欣赏水平起到间接的影响。故此，综艺节目从出现伊始便在践行着它对受众艺术观的导向使命。20世纪80年代初，交谊舞曾在神州大地上烽火重燃，甚至一度成为大家的最爱，而这次潮流的兴起却是源于中央电视台一次春节晚会不经意的播出。由此可见，电视综艺节目对于日常生活中的受众起着多么巨大的艺术引导作用。正是基于“艺术的生命在于创新”这个原则，才使得综艺节目不断推陈出新，不断日臻完善。

优秀健康的综艺节目不仅能够提升受众的欣赏和审美水平，也能够在很大程度上提升人们的艺术格调和艺术品味，反之亦然，部分低俗的节目同样也会污染受众的视线（关于综艺类节目中所存在的媚俗化问题，将在第六章中进一步探讨）。所以，电视综艺类节目必须要在艺术性和思想性上达成一定的统一，只有这样才能使得综艺节目的天空更加蔚蓝、更加洁净。

第五节　节目现状

时至今日，电视综艺节目的日常化、生活化倾向愈加明显，因为它是一种大众化的节目，所以节目的创意大多来源于人们的日常生活。只有日常化和生活化显现明显的节目才为观众所喜闻乐见。从综艺节目最初“文以载道”的功用到眼下一些综艺节目娱乐大众的成功运作，电视产业在对于受众的欣赏趣味的揣摩和把握上的进步是有目共睹的。节目的参与者因此开始由名人走向普通百姓。曾经在相当长的一段时间内，电视综艺节目是名人的专利，普通百姓仅仅是舞台下的“看客”。但是发展到了今天，节目中的此般现象已经出现了明显的改变，电视综艺节目逐渐成为普通人展示自我的平台。

另外，电视综艺节目对互动性的要求越来越高。这里的互动包括两方面的含义：一方面是节目与观众的互动，另一方面是网络、报刊、手机短信等众多媒体间的互动。一位业内人士曾言道：“电视娱乐节目的发展方向将是真实与虚拟界限的进一步模糊，它将成为一种陪老百姓过日子的节目。”

综艺类节目的出现不仅使得我国电视节目的休闲娱乐性、消遣功能、电视的主流媒体地位均得以强化，而且也在近几年的不断发展中，利用节目自身的品牌效应将平民娱乐摆到了一个正确的位置，并将这种大众化的娱乐引入到了当今的商品经济体制之中。综艺节目经过了15年的动荡飘摇、改良革新，终于走到了今天，其自身的生命力在得到了增强的同时，也确实出现了很多隐患，暴露出了不少的问题。今天综艺节目的实质内容更加表象化，形式风格愈加趋同化，更多弊端的出现使得很多节目出现后便昙花一现般地自动消亡了，而寿命的缩短大大地桎梏住了综艺节目向前迈进的脚步，这令与之相关的节目制作者们不禁要问：今天的综艺节目到底怎么了？

但是从另外一方面，我们也应当看到，电视综艺节目传承至今，其发展速度是相当惊人的，并且它在数量和质量上均达到了前所未有的高度，期间确实涌现出了一大批质量上乘的电视综艺节目和优秀脱俗的节目主持人。这些既得的成绩不仅使其在受众群体中引起了广泛的关注和好评，而且也将我国的综艺节目推向了风头浪尖。

从1983年我国实行中央、省、市、县四级办电视的政策以来，几年间城市级的电视台增加到了近300家，这种格局促使今天的电视台间的竞争日趋激烈。在这样的大背景下，由于自身创作队伍的良莠不齐以及节目理论建设的相对滞后，综艺节目在飞速发展的同时，也逐渐暴露出了不少令人颇有微词的问题，节目的收视效果也因此而有所下降。

据不完全的统计，目前我国各类综艺类节目数以千计，从中央电视台到各级省、市电视台，都纷纷以创办综艺节目的方式力图在收视率上分一杯羹。数量众多的同类型节目在表面上虽然显得蔚为大观，但是实际上其中不乏粗制滥造、滥竽充数的“南郭先生”，而对它们的限制已经开始失控。各电视台都想以综艺节目为主打，各种在复制基础上翻新出的形式令观众眼花缭乱、目不暇接，真正新颖的东西很快就被“消化殆尽”，而“克隆”的手法却蔚然成风、甚嚣尘上。不仅节目数量上无限膨胀、质量上参差不齐，而且大多数节目的播出时间都相对集中（基本是挤在黄金时间），这些弊端都将综艺节目引入了前所未有的危机之中。为数不少的节目都是形式上杂乱无章、内容上良莠不齐，部分节目甚至只求一味的猎奇，因此或是背离了艺术的品位、或是放弃了固有的原则、或是违反了创作的规律，“对一些传统艺术采取虚无主义的态度，随意篡改，使许多艺术式样成为‘四不像’”。观众们开始心生厌倦、感到乏味、形成视觉审美的疲劳，长此以往，在他们中间就滋生出对于综艺节目的不再忠实和冷漠的情绪。这对综艺节目的名声及形象都是很大的影响和破坏。

可以说，目前的综艺节目正处在一个机遇和挑战并存的关键转折阶段，或存兴或殁衰都是需要我们思考的问题。

思考题：

- 如何理解和看待电视综艺类节目发展现状中的进步和不足？
- 电视综艺类节目的主要功能是什么？

第二章

综艺类节目主持人的专业素养

要点提示：

围绕综艺类节目主持人的政治素养、文化素养、业务素质以及高层次素质的培养展开论述，为主持人的自我完善铺平道路。

随着我国广播电视事业的飞速发展，涌现出了许多优秀的电视节目，同时，一批有着自己独特魅力和风格的优秀主持人也从激烈的竞争中脱颖而出，为主持人队伍注入了新鲜的血液，其中不乏李咏、王小丫、李佳明等优秀的综艺类节目主持人。他们能够完美地与节目相融合，不仅得到了业内人士的肯定，而且得到了众多受众群体的关注，逐渐成为家喻户晓的“名嘴”。在耀眼的光环下，我们应该清楚地认识到他们的成功绝对不是轻易得来的，而是建立在其自身所培养出的优良综合素质和修养的基础之上的。正所谓：“梅花香自苦寒来，宝剑锋从磨砺出。”

素养，即素质和修养，一般指人在质的方面的物质要素和精神要素的总和以及一个人在理论、知识、思想、政治、道德、艺术、技能等方面经过长期锻炼、积累所达到的一定水平①。

人们在出生后先天所具备的素质并不相同，但这并不能直接对后天素质乃至人的成功与否产生直接影响，实际上往往是那些通过后天的培养和学习

① 姚喜双：《播音学概论》，北京广播学院出版社 1998 年版，第 170 页。

而获得的素质反而对人们起着更为重要的决定作用。电视综艺类节目主持人的素质修养同样也主要是来自后天的学习培养和个人修为。综艺类节目的特殊性对主持人综合素质和修养有着很高的要求，这些要求包括了先天外部条件以外的更多内容。主持人在节目中虽然作为个体出现，但是他却代表着节目中蕴含的群体观念，代表了节目的精神和形象，因此他应该以相对稳定的有声语言、形态与身份来操作和把握节目的进程，从而使大众传播活动得以顺利进行。作为节目中极其关键的一环，综艺类节目主持人还需要能够恰当地运用各种技巧性的手段，充分调控节目进程中的多种因素，以构成和谐自然的传播情境。因此，对于综艺类节目主持人而言，"专业素养"一词不能仅从狭义的层面上理解为：只包含语言表达能力、借鉴能力等技巧性质的内容，而应当从更深、更广的角度去审视和认识。

第一节　政治思想道德素养

电视综艺类节目因其符合中国目前的民情与国情，可谓占尽天时、地利与人和，因而自改革开放以来其发展状况一直呈上升趋势，它在引导社会风气、凝聚民心乃至促进民族团结和社会稳定等诸多方面所发挥的巨大作用更是有目共睹的。

在业内流传着这样一句话：做主持人，先做人。我们不能因综艺节目较强的娱乐性而忽视对主持人政治思想道德素养的要求。一名主持人只有真正树立了正确的世界观、人生观、价值观之后，才能在对生命意义确切的理解下不断培养自己高尚的道德情操、高度的敬业精神和对真善美的追求，这也正是主持人所有素质的根基所在。只有具备了良好的政治思想道德素养的综艺节目主持人才有可能将他的聪明才智和个人风采淋漓尽致地发挥出来，才能有效地将有益的内容传达给广大受众，从而起到积极的导向作用。

一、政治素质

"政治素质主要表现在政治立场、政治智慧、政治理论、政策水平、纪律观念、职业道德、思想作风等方面"。中共中央在1983年对广播电视工作的指示中明确规定:“广播电视是教育、鼓舞全党、全军和全国各族人民建设社会主义物质文明和精神文明的现代化工具,也是党和政府联系群众的最有效工具之一。”在我国,广播电视事业身负着党和人民的“喉舌”的重托,节目主持人则是喉舌中的喉舌,是电台、电视台的个体表率。节目主持人如果能够鲜明地表明自己的政治立场,表现出较高的政治理论水平,不但可以让节目保持正确的政治方向,还可以赢得更加良好的社会反响,提高节目在受众心目中的地位。相反,如果节目主持人的世界观、政治、思想水平稍有偏差,那么将会直接破坏到节目自身以及电视台的形象,甚至在受众群体中造成极其恶劣的影响。

一般来说,电视综艺类节目不像新闻类节目带有很强的政治色彩,它与政治直接相关的内容也相对较少,但在细枝末节和只言片语上,综艺节目常常会带有一些政治立场的影子,时常会有一些比较敏感的问题出现。所以,作为广播电视的喉舌、联系受众的纽带和桥梁,一名优秀的综艺节目主持人应该清楚地认识到,在节目中仅有对受众的情感投入是不够的,还应当赋予节目深刻的思想性,凭借自身敏锐的政治洞察力和清晰的思辨能力,正确理解党和国家的大政方针和工作重心,竭尽全力将自己的政治觉悟体现在节目当中;认真体察受众的情绪和要求,能够就看似不起眼的简单小事来展开话语,从而给广大受众以正确的舆论引导。

在政治素质方面,我国的第一位资深男播音员、著名节目主持人赵忠祥就是一个很好的例子,他正是通过几十年如一日的勤奋学习和不断探索,才在政治素质的培养上获益匪浅,并在各类节目,包括综艺类节目的主持上取得了巨大的成功。

那么怎样才能使自己具备优秀的政治素质呢?

第一,主持人必须时刻以党的路线、方针、政策作为指导,并把它作为自己进行艺术创作的原则和依凭;培养崇高的政治觉悟和坚定的政治立场,与党中央在政策上保持高度的一致,把党和人民的利益放在第一位,把党的意志作为自己的最高意志,力图圆满地完成国家交给的传播任务。

第二,主持人应该具备较高的政治理论水平和党的方针政策水平,用马列主义、毛泽东思想武装自身的头脑,指导自身的实践,提高自己认识问题、分析问题、解决问题的能力,争取在实践中少走弯路,成为一名思想成熟的媒体工作者。

第三，节目主持人还应当树立起全心全意为人民服务的观念，这也是作为党的喉舌应尽的责任和义务，确立了这样正确的观念，才能切实保证综艺节目主持人能够以十足的精神致力于为受众提供最好服务的工作之中，扮演好党的使者以及受众的益友的双重角色。

政治素质决定着所有类型节目主持人的发展方向和职业生涯，是节目主持人立足的基本点，缺少了优秀的政治素质，即使其他方面表现的再出色，也不能成为一名合格的节目主持人。

二、敬业精神

电视综艺类节目主持人应该具有强烈的事业心和责任感，也就是一种高度的敬业精神。

综艺类节目主持人敬业精神主要表现在对自己作为一个传播者的职责、义务的认识和执行上，其本质是一种责任意识。节目主持人要想起到正确引导受众的作用，首先就要认清自己的身份，能够做到不仅以一个普通人而且以一个传播者的身份来感悟和认识事物。现在部分综艺节目主持人对自己的身份认识不够清楚，在节目中言语随意、口无遮拦，根本不去鉴别什么是好的、什么是坏的、什么是进步的、什么是局限的，对于社会上的言论常常不管三七二十一拿来就用，糊里糊涂地盲从，放弃自己的原则去哗众取宠。更有甚者，置正确的人生观与价值观于不顾，在节目中有意无意地宣扬个人主义、利己主义、拜金主义和颓废思想，这些都是缺乏敬业精神、责任感的表现，不单让主持人的个人形象一落千丈，也降低了节目和广电媒体的整体形象和层次。当然，作为一个普通人，综艺节目主持人的认识必然存在局限，可这绝不是主持人孤立、狭隘，主观地看待事物的借口和托词。一名具有高度敬业精神的综艺节目主持人必定会努力做到从一个更高、更广的角度去认识问题、分析问题，透过现象看本质，引导受众以正确的态度理解生活、感悟人生。

“以科学的理论武装人，以正确的舆论引导人，以高尚的情操塑造人，以优秀的作品鼓舞人”，这是主持人作为党之喉舌所肩负的重任。有学者曾经这样概括节目主持人的几个基本政治要求：

1. 能够引导受众坚定地走有中国特色的社会主义道路，引导受众学习有中国特色的社会主义理论；

2. 能够引导受众以经济建设为中心，集中精力搞好现代化建设；
3. 能够维护中央的政令畅通，遵守宣传纪律；
4. 能够引导受众发扬爱国主义精神，宣传艰苦奋斗的创业精神；
5. 能够引导受众维护安定团结的社会环境，对热点问题要疏导、化解，以利于社会稳定地、顺利地向前发展；
6. 能够引导受众建立科学的、健康向上的文明生活方式，不去迎合低级趣味、行乐主义、拜金主义。

以上6条不只是一种政治要求，更是一个具有高度敬业精神的媒体工作者应该信奉的行为准则，要以它们为基准，做到真正意义上地为人民服务。

三、良好的品行和高尚的情操

正所谓“做主持人，先做人”。一名优秀的综艺类节目主持人需要具备良好的品行和高尚的情操，从而为自己的角色扮演和节目的整体形象提供保证。主持人既是一档成功节目的标志，同时一档成功的节目又会为主持人提供一个更加理想的展示、发挥的舞台，因此两者之间就构成了一种唇亡齿寒的相互作用关系，一损俱损、一荣俱荣。

综艺节目主持人应该懂得把握自己，明确自己的身份，有较强的自控性、自觉性、自保性，严格地要求自己，为人要光明磊落、胸怀坦荡、正直清白、忠实信义。在性格上既热情开朗又要不乏冷静理智、诚实谦逊、机敏坚毅。主持人应该按照一定的道德行为准则来不断检验和反省自己，克服自己在感情、意志、行为、习惯、生活等方面的弱点，经过一个缓冲的转折过程后，进而达到高尚的道德境界，成为社会精神文明的模范代表，这样才能使自己具备教育和引导受众的资格。

现在人们不无悲观地看到，业内的部分主持人，尤其是一些年轻的综艺类节目主持人太不重视自己这些方面的修养，在节目中信口雌黄，胡打胡闹；以主人的身份自居，对受众不屑一顾、高高在上；把位高权重、经济富有的人与从事普通工作的民众区别对待，对前者极力吹捧，对后者盛气凌人；在节目中出现错误也不以为然、一笑了之，这些都是品行和情操出现问题的表现，这些在受众中反响极差的现象应当引起从业人员的警醒。

除上述要求外，综艺节目主持人应该意识到，要延长自己的职业生命，获得事业上的成功和辉煌，精神层面的追求是必不可少的。真、善、美是人类永恒的追求，也是人们追求精神价值的体现。有学者曾经言道："随着社会的发展，地球村的人越来越关注自身的'生存状态'、'生命体验'和'生命价值'。无疑，在人的一切实践活动中都渗透着价值因素。追求价值目标是人的能动性活动的本质特征，是人的活动区别于动物活动的一个根本标志。我们不否认物质价值是人类生存和发展的基本价值，没有一定的物质价值，精神价值便无从谈起。但是精神价值毕竟是客体效用对主体人的高层次需要的满足。这种满足需要的层次越高，人脱离动物越远，人对自己本性的占有亦越充分。节目主持人所做的工作与人发生的不是物质价值关系，而是一种审美意义的精神价值关系。因此，节目主持人个体完善显得尤为重要。他们要将自己的生命体验、生存意识、生命价值观念传达给受众。受众得益深浅与主持人在精神领域的追求层次成正比。"① 由此可见，在精神层次的不断追求，对于自身、他人乃至整个节目的质量都会具有深远的影响。

在这方面，著名综艺节目主持人倪萍就是一个很好的代表。倪萍是一个能够深刻理解"爱"的主持人，她热爱生活，对生活怀有美好的情感，用自己感性、知性的眼睛敏锐地洞察着生活中的点点滴滴，并通过节目把自己的所思所想、所知所感准确地给予受众；她热爱自己的事业，努力钻研，孜孜不倦，在追求真善美的道路上不断前进，积极地进行艺术创作；她热爱人民，热爱自己的受众，真诚地去理解、去感悟，情到深处，许多次在自己的节目中潸然泪下。这绝不同于现在一些人所热衷的用语气和语调的做作煽情，而是一种真正内心情感体验的表达和抒发。这么多年来，倪萍一直都受到广大受众的尊敬和爱戴，这与其自身品行情操的高尚是密不可分的。

第二节　文化素养

因为综艺类节目把音乐厅、剧院、电影院、旅游导航和艺术展览等各部门的职能都担负在一己的肩头，所以在电视综艺节目中涉及的内容非常的广博，正所谓："天下学问无难不破，唯多不破。"因此这就要求主持人必须具

① 俞虹：《节目主持人通论》，杭州大学出版社 1996 年版，第 77 页。

有丰富的文化知识和阅历，只有打下坚实的基础，才能够在实践之路上应对更多的困难和挑战。

当今社会是一个飞速发展的社会，人类进入了高度文明、高度发达的历史阶段，各行各业对人们文化素质的要求越来越高。对于党的喉舌、人们的重要信息获取渠道——广播电视媒体以及节目主持人来说，不断学习、与时俱进是十分必要的。主持人面对他内涵丰富的综艺类节目更是如此，主持人面对他应该主动了解、掌握广博的信息和资讯，对自身进行文化底蕴的沉淀与积累，不断增强自己的文化功力，不断提高自己的文化水平，这不仅仅是客观形势的要求，也是整个主持人队伍对自身的要求。“腹有诗书气自华”，文化素养可以决定一个人的风度和魅力，良好的文化素养是主持人智慧、灵感的源泉，是使主持人具有长久职业生命力的法宝，如果没有经过扎实的学习和勤奋刻苦的锻炼，不管是有声语言表达还是主持人个人的气质都会显得苍白无力。只有注重知识的快速更新并且储备多方面的资料，才能在主持节目时妙语连珠、得心应手，这是一个积累的过程，主持人应当努力在自身文化的积淀上做到持之以恒，将“山高人为峰”视做今后个人努力进取的不竭动力，主持人应当着重提高以下几个方面的内容：

一、知识水平

知识是人们在认识世界、改造世界的过程中所得到的认识和经验的总和，是人类智慧的结晶。高尔基说过：“没有任何力量比知识更强大，用知识武装起来的人是不可战胜的。”人们做任何事情的时候都需要一定的知识基础才能保证将事情做好，达到预定的目标。综艺节目主持人作为大众传播者更需要以知识作为坚实的后盾，在此基础上进行传播信息和知识的活动。

“人不学，不知义”，知识水平是用以衡量主持人文化素养的重要准则之一，它常常成为主持人能力的一种标志。在具备扎实知识功底的前提下，那些善于提出问题、分析问题、解决问题的人才拥有作为一名优秀主持人的良好资质。节目主持人必须注重自己知识水平的培养和提高，这并不是说主持人应该毕业于名牌大学或者握有硕士、博士一类的高学历文凭。最主要的要求是主持人应该对某一领域内的某一学科有较为深入的了解，这里所说的知识水平带有“专”的性质。

在我国就有一些优秀的节目主持人，他们没有大学文凭，但是经过自己的努力通过自学和实践等手段在某一学科领域有了较高的造诣。我们可以看看下面的这个例子："著名节目主持人赵忠祥在20世纪60年代的第一个春天走进中央电视台的前身——北京电视台时，不过是个高中生。可是如今他的实际知识水平特别是汉语言文学的修养却一点儿不逊于大学中文系的毕业生。他在主持节目时之所以拥有着胸有成竹、游刃有余的风度并深受广大电视观众的喜爱，很大程度上要归功于他高超的驾驭语言的能力和扎实的文学功底。他在中国国际广播出版社出版的《荧屏群星》一书中撰写的自传性文章《昨夜星辰昨夜风》中流露出来的文字情真意切，颇具文采，读来令人心动不已，也显示出非凡的文字表达本领，给人留下了深刻的印象"。[①]赵忠祥认为："一个主持人是为观众服务的……无论你主持哪一类栏目，必须是这类栏目所传达的知识和信息的拥有者，必须在工作的同时努力学习、总结，成为你所承担的这个栏目内容的专家。……如果你一时尚不具备这个专家条件，也要努力使你的观众认识到你在努力，在不断进步，越来越成熟。这也是一种敬业的精神，观众怎能容忍一个不懂体育运动的人转播比赛实况，不懂美术的人讲解东西方绘画，不懂古汉语的人讲解古代诗词呢？尤其不能容忍不懂装懂、谬误百出的人为他们主持节目。"[②]

现在的很多主持人具备了良好的形象条件，可是知识水平却远远跟不上，常常现学现卖，不知所云，甚至说一些自己根本不理解的东西。曾有一位老新闻工作者讲出这样发人深思的话："每天看着20多岁的俊男靓女在电视上预测经济前景，纵论国家大事，就像是在体会着在大街上遇到卖假药的心情一样。"这不能不引起业界人士的警醒。

知识水平高，表示你对问题理解的透彻，比如说当受众想知道巴金是谁，你不仅应该告诉大家巴金的生平、原名，还应该告诉人们巴金文学创作的内容和精神实质是什么，这才能够得到受众的信服。纵观眼下的各类节目，我们不难发现，受众对于知识型，尤其是行家型主持人的需求非常迫切，因为他们不仅可以把轻松和愉悦带给大家，还可以寓教于乐地使受众在不经意中学到知识。受众对于这样的主持人很容易产生信赖感，节目的受欢迎程度自然也就会大幅提升，例如杨澜、赵忠祥，他们都属于知识型、学者型的节目

① 苏宝华、冯海燕：《怎样当好节目主持人》，黑龙江人民出版社1991年版，第60页。
② 《赵忠祥答问录》。

主持人，他们的节目之所以受到欢迎和好评，与他们深厚的知识功底是密不可分的。

此外还需要说明的是，一般来说，主持人的知识水平虽然不能用学历来衡量，但事实证明，主持人的知识水平与其学历通常是成正比的，学历、文凭固然不能代表一个人整体的知识水平，却仍是知识水平的标志之一。人们在评价某一个群体的整体素质时，也习惯以学历作为衡量因素，受众同样也不例外，因此，当前业内存在部分主持人完全不讲学历的现象同样是不足称道的。从某种意义上说，学历是知识水平的保障，有了学历表示你的知识水平至少已经达到了某种层次，有了某类相对扎实的理论基础，具备了一定的业务能力，在此基础之上，可以再根据自己的栏目特点和自己的兴趣爱好进行自我丰富，有目的、有计划地进行知识构架的拓展。所以，在学历这个问题上，主持人尤其是综艺类节目主持人应该有一个正确的态度，综艺类节目也是有其专业性的，绝对不只是单纯的娱乐，还是需要得到受众的信服才能使节目拥有更好的发展空间。总而言之，正确的态度应该是：提倡高学历，但不唯学历是举，不能有所偏颇，目的终究只有一个，就是希望主持人，尤其是综艺类节目主持人都能够具备扎实的知识功底，展现出较高的知识水平和理论素养。

知识总是多多益善的，优秀的节目主持人应该是通晓各种知识的“杂家”，样样都应该说出点子丑寅卯。主持人所具备的广博知识是主持人在现场能够随机应变、口吐莲花、充分展现自我才能的基石。主持人对于经济、政治、历史、社会、文学、艺术、法律等众多学科都应该有所涉猎，一切有益的知识都应该很好地被纳入到主持人的学习领域之中。

综艺节目主持不同于舞蹈和音乐艺术，它是一种外放的艺术，你要把自己计划传播的东西明确地表达给受众，而不能依赖受众自身慢慢地品味与琢磨。综艺节目主持所运用的传播方式就是有声语言表达，说白了就是说话。说话也绝对是一门艺术，艺术都有自己的讲究，丰富的知识解决的就是说话这门艺术中说什么的问题，肚子里没有墨水，自然什么也倒不出来，到时就“书到用时方恨少”了。另外，节目主持人与受众进行的是情感上的交流，只有主持人自己的内心世界丰富了，才会有将自己的想法以有声语言的形式传递给受众的愿望，也只有发自内心的声音才能引起受众情感上的共鸣。

也许有的人会辩解道：我又不是采、编、播一体化的复合型节目主持人，就是主持个简单的娱乐性质的综艺节目，还需要什么知识素养，只要说的大家高兴、开心不就行了？其实不然。相信这样的主持人在节目中绝不会有智慧火花的迸发，也不会有带给观众愉悦审美享受的优雅谈吐的出现，更不会有满场叫绝的连珠妙语的闪现，有的只可能是受众的不屑或是对主持人低素质的哄笑罢了。因为受众对于主持人是有一种期待和信赖的心理的，是希望通过主持人的语言满足某种心理需求的。“节目主持人只有知识渊博，修养丰厚，才能在节目中‘善解他人未解之意，善抒他人欲抒之情，善言他人欲言之语，善述他人未述之事’，才能意气方遒、挥洒自如，从而给受众一种心理慰藉”。①

对于综艺类节目主持人而言，在广而深的知识宝库中，与节目关系最为密切的就要属艺术修为了。综艺类节目主持人一定要具有深厚的艺术功底，这种艺术功底并非指能唱两嗓子、变个小戏法一类的小把戏，而是指那种沉郁厚实的艺术功底所展现出来的魅力和张力。我们仍然可以将赵忠祥作为一个经典的榜样来学习，他主张：“功夫在诗外。”他的成功之路正是他一步一个脚印踏踏实实地走出来的，在这个过程中他对艺术领域的涉猎始终很广博，无论在音乐、绘画、书法等方面他都有着深厚的修为和造诣。艺不压身，艺术才能丰富，才能更加充分地激发主持人创作和工作的灵感，才能使得其自身的艺术修养不断地获得升华。

这里还应该注意的是，知识素养不是装出来的，也是装不出来的。在知识素养的积累上，一定要脚踏实地、实事求是，千万不要不懂装懂，以免贻笑大方。看到过这样一个事例：某电视台的一档戏曲节目一次播出纪念梅兰芳、周信芳两位大师的节目，该节目的主持人介绍时说：“大家都知道，周信芳的表演是现实主义的，不是程式化的……”此言一出，令观众大跌眼镜，周信芳的表演是不是现实主义的，这还勉为其难地可以算做是一个值得商榷的学术问题，但是说周信芳的表演不是程式化的，就过于荒谬了，因为周信芳的表演在其最负盛名的“麟派”代表作中无一不是程式化的。

古人有云：“见博则不迷，听聪则不惑。”主持人的知识面愈广，思路就会愈加开阔，思维也就会变得愈加敏锐，现场主持节目时才会更加的灵活自如，自身的主持水平才会不断地得到提高。一个主持人如果具备了较好的形

① 卢杉、晓澄：《感悟与升华——节目支持人素质修养论纲》，上海教育出版社 2000 年版，第 30 页。

象条件、娴熟自如的语言表达技巧，再加上丰富而广博的文化知识，那么才是真正意义上的如虎添翼了，相信这样优秀的节目主持人必定会受到大家一致的喜爱和欢迎。诚然，在我们的现实生活中，这样的例子实在不是很多，如果二者难以得兼的话，仍应当以知识修养作为先决条件来考虑，我们常常可以看到一些貌不惊人的主持人受到大众的好评，一些形象不错的主持人反而得不到受众的肯定，这是因为对于任何一个节目来说，一个有知识有涵养的主持人要远比一个金玉其外的主持人更重要。

二、实践经验

人们常说："读万卷书，行万里路。"学习和实践是人们获取文化知识、人生体验以及各种能力的重要途径，二者同等重要，任何一方的缺失都会使人的整体素质有所偏差。法国的著名作家罗曼·罗兰在其作品中写道："生活，这是一切书籍中第一本重要的书。"一个人如果只有空洞的知识而没有生活阅历，那么他在生活中将难免会有一些磕碰。对于综艺类节目主持人来说，节目可能涉及内容的范围非常广阔，要想真正和受众实现心灵上的沟通和交流就必须细心地体味生活、感悟生命，在运用书本知识的同时，能够将丰富的人生体验融会其中，这样才更容易使受众产生情感上的共鸣。

就像生过病的医生更能真切地了解病人的疾苦，曾经有过相近处境的人们更会理解彼此一样，丰富的生活阅历和实践经验是主持人最为宝贵的财富，它会与主持人的理论知识充分地糅合，可以进一步地增强主持人的真实感和受众对主持人的信服程度。

只有一个人经历的事情多了，才能从中总结出更多的人生经验和教训，在以后的人生道路上也会少走一些弯路。主持人的外在素质固然不容忽视，但是其内在的成熟心智则更是重中之重，而心智的成熟在待人接物等诸多方面都会有所体现。对于主持人来说，经历的增多不仅意味着他可以理解的事情的增多，而且意味着他能更深入地触碰到受众心中最柔软的地方，还意味着他能更好地启发和服务于受众。

当我们在电视前看到一个成熟稳重、阅历丰富的主持人时，相信大多数人的心里都会有一种温暖而踏实的感觉，我们更愿意接受他所传达的信息，那些经得住实践考证的东西可以让我们有所感悟。就拿综艺类节目主持人倪萍来说，她的主持之路并非是一帆风顺的，尽管她在电视行业中起步很晚，但在《综艺大观》及此后的一些节目中她向受众展示出了一个内在与外在高度协调、积淀丰厚、气质端庄娴雅的优秀主持人形象，这在很大程度上得益于她对生活阅历的多年积累。“她在文艺节目主持中穿针引线从容斡旋，朴实自然毫不矫揉造作；她在朗诵散文诗《母亲》时，注满那么浓重的情愫，眼眶里荡漾着波光涟漪，句句如石击平潮，让人心里发颤；她在模仿山东某地方方言进行‘天气预报’时，惹人捧腹，欢笑中还蕴含着新哲理思考，全无哗众取宠，卖弄噱头之嫌；洪涝之灾中，她赴抗灾现场，弄条毛巾，‘借’个小娃儿，随即演上一幕《找亲人》小品，让人动容，热泪奔涌”。[①]能在苛刻的全国电视观众和优中选优的中央电视台都赢得很好的声誉，实在不是一件容易的事情。

丰富的生活实践，是主持人艺术创作取得成功的基础，许多成功节目主持人的例子都可以证明这点。因为，主持的语言内容来自现实生活，而且它所能反映出的现实广度和深度是其他众多艺术形式都无法比拟的，要想更多地运用精妙的语言，创作者就必须要通过多方位、多角度地深入生活实践。再者，有声语言的创作要能够引起受众的情感共鸣，而真实情感同样也是通过生活实践获得的；主持人在节目中需要充分调动自己的想象力和思维能力，而想象力和思维能力仍然还是需要在生活的实践中锻炼和培养的。

综上所述，“学而不思则惘，思而不学则怠”，勤奋的主持人应当不辞辛劳、积极地从实践中汲取经验教训。认识从实践开始，只有实践才能出真知，实践是检验所学知识的唯一标准，因此应当切实做到理论和实践的和谐统一，而不在任何一方面出现偏颇。要细心地观察生活、感悟生活，勇敢地接受生活的挑战，并要能够善于从总结实践中获得经验，朝夕的点滴积累定能成就日后的辉煌，天道自然酬勤。

第三节　业务素质

以下是对一名合格的电视综艺类节目主持人业务素质的全面要求，从中我们可以了解到主持人这份职业对人才要求是十分严苛的。不过，也只有在

① 张弘编：《潇洒主持人的诞生——节目主持的艺术与技巧》，内蒙古人民出版社 2001 年版，第 322 页。

具备了合格的业务素质之后，主持人才能真正开始走向自身的成功之路。

一、播音素质

“电视是以图像及其伴音来传播信息的。图像和声音是构成电视节目的基本物质材料。图像和声音相配合的流动，是电视节目的基本运动形式”。这里指的“声音”包括有声语言、音乐和音响。与画面语言相对应的就是有声语言，而综艺类节目主持人的有声语言主要是串联词、解说词以及对白。综艺类节目主持人既然是有声语言工作者，那么首先就应该具有扎实的播音功底：语音准确、吐字清晰，每个字都可以让人听得很清楚；语调正确，在表达语言逻辑重音和情感重音方面准确无误，节奏变化适当，起伏毕现；同时要求能够掌握科学的用声方法，使自己的自然声质得到较好的发挥和运用，达到圆润、饱满、集中、音质优美、悦耳动听的效果，这样才能充分体现出有声语言艺术的美感，这也正是语言表达的重要前提，是对主持人口语规范化的要求。

电视综艺类节目主持人的播音素质主要包括以下几个方面的内容：

一是要有较好的声音天赋。现在虽然是崇尚个性的年代，但人们终究还是喜欢听到悦耳动听的声音。主持人的声音虽然不必完全要求像播音员那样听起来清脆洪亮，但是有声语言仍然是主持人树立自身艺术形象的主要手段，也是同受众进行沟通和交流的重要工具。如果主持人不具备较好的音质、音色和伶俐的口齿的话，那么将势必会影响到受众的收听美感以及与受众的交流效果。我们可以看到，一些著名的节目主持人那令人着迷的声音，正是他们对受众最强大的吸引力所在。若是主持人的声音沉闷而沙哑，那纵使有满腹的文章，在含混不清口齿的解读状态下，也会让受众失去倾听的兴趣和意愿。

二是要为普通话的推广与普及起到模范带头作用。主持人与受众间的交流并不是采用像播音员那样单方面的灌输形式，而是采取颇具人性化的交流传播方式。主持人同样有推广普通话的责任和义务，所以，综艺类节目主持人都应该能够熟练地掌握和使用普通话。目前，部分省、市电视台推出了一些方言节目，也取得了很大的成功，但是这类节目在地域传播上受到了很大的限制，起到的影响也十分有限。如果想成为一名优秀的主持人，拥有更广大范围内的受众群体，讲好普通话是必备的条件之一。

三是熟练掌握播音学理论和播音技巧。理论是用来指导实践的，播音是技术性很强的工作，必须有系统理论作为指导，再加上良好的声音条件和天赋才能最终“修成正果”。节目主持人的工作有其自然性和随意性，因此不必在理论的运用上过于刻板，但一些基本的理论和技巧还是应当熟练掌握的，比如说科学的用气发声的方法、合适的声音位置、吐字归音的技巧、情声气关系的处理以及语言表达的内外部技巧运用等内容，这些知识有利于主持人更准确、更灵动、更规范地表达自己的思想感情，从而区别于普通人说话的一般性状态，更能赋予自己的语言表达以迷人的韵味。

四是应该有丰富的播音经验。丰富的播音经验对主持人来说同样是非常宝贵的财富。有经验的主持人在对自己语气、节奏的处理上都会显示出胜人一筹的优势，而没有经验的主持人通常只是纸上谈兵，难免会犯一些说错话的低级错误。只有经常的细心体会和不断总结才能使自己在任何的语言处理上都能得心应手、游刃有余，使自己的语言表达水平得到更大的提高，最终达到炉火纯青的境界。

语言是一个人表达思想感情的直接手段，而一个主持人的语言功底同样能够反映出他自身的素质和才能，这关键还在于个人平时的学习、积累和历练，不仅要在用气、发声、吐字归音、停连重音、语气节奏等语言表达的外部技巧上下足功夫，而且更要重视一些自身内部功底的修为和锻造。

二、口头表达能力

主持艺术的实质就是一门语言表达艺术，出色而准确的口头表达能力是综艺节目主持人最基本也是最重要的能力，在明晰了“说什么”的前提下，还要清楚“怎样说”、“如何说”。口头表达能力不应该只满足于照本宣科，而应该让心与口融会贯通，要求言中之物必须是自己思想、情感的自然流露。这里又要说到知识积累的重要性，一名节目主持人必须以深厚的知识积累作为基础才能使自己的语言及节目更具吸引力，只有在积累了充分的知识储备的前提下才能够厚积薄发，才能在言谈之中表露出自己的感情，进而打动受众。一名具有良好口头表达能力的主持人至少应该符合以下几点要求：

一是能够准确且敏捷地表达自己的思想。主持人应该能够在最短的时间内把自己的想法用最恰当的语言表现出来。西方媒体流行“脱口秀”的说法，也就是说既没有草稿也没有腹稿，要的就是脱口而出。因此，对主持人的要求不仅要表达准确，语气节奏还要流畅自然，两者缺一不可。

二是语言表达生动形象。为许多受众所喜欢和推崇的综艺类节目主持人李咏的语言就十分生动，说出来的话让人特别爱听，风趣幽默且令人赞同。如果一名主持人尤其是综艺类节目主持人的语言总是千篇一律、毫无变化，那么受众听了必定会感觉味同嚼蜡，因此主持人应当尽可能地丰富自己的语言词汇和表达手法，避免用词的单调枯燥。

三是在上述前提下形成自己特殊的语言表达风格。没有个性就没有市场，独特的语言表达风格是在以上基础的升华。风格的形成绝不是一朝一夕的事情，这需要从业者长期的揣摩和钻研，模仿和雷同是绝对站不住脚的，有创新才会令语言充满生命力。

具体来说，在实践中应当使语言表达符合这几个方面的要求：亲切自然口语化、坦率真挚情感化、独具魅力个性化、言语组织艺术化。

电视综艺类节目主持人在主持节目时是以第一人称的口吻出现的，应该与受众之间构成和朋友交谈一般和谐的气氛，达到轻松自然的交流状态。这不同于播音员严谨的、带有书卷气的、字正腔圆的播报，也不是一种灌输式的、强加性的、指令性的语调。口语化是对语言通俗化的追求，然而通俗并不等于流俗，亲切也绝非媚俗，自然亦非随意。主持人的口语化是对日常生活语言进行筛选、加工、再制作后所获得的成果。我们对其的要求是准确、顺畅、健康，而信口开河、浅薄无聊的言语是绝不应该在综艺类节目主持人的口中出现的。另一方面，从艺术的角度来看，口语化用语在追求通俗化的同时容易造成语言的平庸化，因此，应该采用汲取书面语言的精粹口语。在不忘坚持通俗平易、自由得体原则的前提下，向书面语借鉴一些严谨而文雅的词汇用语，使受众在思想上受益的同时，能够感受到语言美的魅力。

坦率、真挚、情感化的要求根源在于，主持本身就是一种公认的被烙下浓重人际传播印痕的传播途径。因此，有人情味的大众传播者要吸引广大受众，不可避免地要以情为先导，与受众进行面对面、直接、平等的心灵沟通与交流。坦率而真挚，真诚而质朴的情感化语言是缩短与受众距离的最佳途径。

独具魅力个性化的语言是主持人节目的重要特征。主持人是节目的主人，其魅力在于全方位展示语言个性的独特风采。不同的主持人由于栏目不同、自身的文化修养、性格气质、人生阅历的不同而使得个人的语言风格也不尽相同。有的主持人语言豪放激荡，有的主持人语言潇洒风雅，有的主持人语言谦逊含蓄，还有的主持人语言轻松热烈。风格独具的个性化语言是主持人节目中一道多彩的风景线。大家可以发现，大部分被受众所喜欢的主持人其语言都极具鲜明的个性化风格。比如，赵忠祥的真实厚重，沉稳健谈；倪萍的亲切坦诚，以情动人；杨澜的机智敏捷，流畅明快；李咏的幽默诙谐，妙趣横生等等。我们可以说，在很大程度上，他们是靠自己语言的独特个性魅力成名的。对主持人而言，拥有个性化语言便拥有了魅力的点数，失去了个性化语言便也就失去了生命力。培养个性化语言的基本原则是：在语言的组织上力求给别人“这一个”的典型感觉，尽量避免说些似曾相识的话语；在内容上争取让人或茅塞顿开、或耐人寻味、或发人深省；在声音形式上，力图于音质、音色、吐字、语调等方面彰显个性。主持人照这样的原则进行长期的揣摩训练，才有望形成独具魅力的个性化语言。①

歌德曾说过：“艺术所以为艺术，正因为它不是自然。”要想给人留下深刻的印象，就要在语言艺术上下一番功夫。引用一句张颂老师的话：“有稿播音，锦上添花；无稿播音，出口成章。”主持人就应当力求把自己的语言组织的更艺术，给受众以更加愉悦的视听享受，使语言的表现力达到美学层面的艺术要求，将语言的功能发挥到极致。艺术化的言语组织，要求能够根据具体的思想感情遣词造句，形成顺畅的语流，还要字斟句酌，做到简明严谨、言简意赅，这样也便于受众的接受。这种语言组织能力同样需要勤奋的学习和日常的积累。现在的一些节目中，主持人的临场语言已经开始变得十分贫乏和范式化，反复套用的那点陈词滥调，着实是缺少一些艺术创新的精神在其中，这就导致主持人的语言会对受众渐渐失去吸引力，造成受众人群的不断流失。因此，增强主持人在口头表达能力上的修为以及提高艺术组织言语的能力是十分必要可行的。

三、良好的形象仪态

这里我们要说的是狭义上的形象仪态，也就是侧重于对外貌等先天自然条件的认识，它包括外貌、气质、体态等众多方面。虽然一个人的内在涵养

① 俞虹：《节目主持人通论》，杭州大学出版社 1996 年版，第 174 页。

是极其重要的，但是作为大众媒介形象代表的主持人的形象仪态仍然是评价其优秀与否的基本条件之一。人们坐在电视机前收看节目，都是为了追求一种精神上的审美享受，主持人的美丑会对受众的审美心理以及他们对主持人的情感倾向产生一定程度的影响。如果看到光鲜怡人的主持人形象，大多受众马上便会有一种赏心悦目的感觉；反之，如果看到的是一个粗糙而丑陋的形象，那么大家一定会从内心深处感到难以接受。“美感有种种特征，但其最终的结局或效果却是一种特殊的快乐。当人们怀着浓厚的兴趣欣赏一种艺术品或某种自然美时，并不是为了满足一种基本的生理需要，而是为了满足一种精神上的追求，从而沉浸到一种无比愉快的精神境界中”。[①]这绝对不是说主持人应该是像花瓶一样的角色，而是从主持人职业的特殊性去审视后而得出的结果。

主持人的职业要求他的自然条件、外貌形象等都要同其内在的素养整合划一，使受众既满足了收看的意愿又得到了视觉上的审美享受。有人可能会思考这样是否过于苛刻——外在形象和内在修为都要求的如此严格。事实上，主持人行业本身就对人才素质要求的极高。不过，即使是再优秀的主持人也不可能是十全十美，符合所有人的胃口的，而且有些先天性的条件是难以改变的。主持人要做的便是尽可能的在原有先天条件的基础上进一步的提升和锻造自己，以便令自己能够更加靠近受众对于主持人近乎完美的要求。

一名优秀的综艺类节目主持人应该具有高雅的气质与风度，这些在主持人的坐立站行、举手投足、一颦一笑之间都体现的非常明显。在电视综艺类节目的主持过程中，除了要充分掌握和恰当运用有声语言以外，一些动作、表情之类的体态语也会对受众产生一些不可忽视的影响。我们关于综艺类节目主持人的体态语等内容将在本书后面章节继续进行探讨。

四、心理素质

有些没有过多经验的主持人尽管平时表现得举止潇洒、口若悬河，可是一站到台前或摄像机前就似乎变得判若两人、手足无措、不知所云了，这种现象在一些刚刚参加工作的主持人身上经常会出现。其实，这并不是因为他们本身的表达能力有缺陷或是准备不足，而是由于一种不成熟的心理因素造

① 滕守尧：《审美心理描述》，中国社会科学出版社 1985年版，第304页。

成的。其实综艺节目主持人在节目的进行过程中在不断地对自己进行着心理暗示，各人有所区别的就是要看这种暗示是积极的还是消极的，是告诉自己“我行”还是不断地思量“我是不是不行”，不同的暗示会对主持人产生不尽相同的影响。所以说，有没有一个良好的心理素质直接关系到主持人主持节目的质量和效果，特别是在与受众面对面交流或是有突发状况出现时，更是需要主持人较多的即兴发挥，更需要主持人能具备良好的心理素质，只有这样才能真正做到力挽狂澜、处变不惊、泰然自若。一个当灯光师一开灯就紧张的主持人对于一个节目来说，绝对是一个失败的选择。主持人一旦紧张起来，现场的观众就会感到非常不自然，电视机前的广大受众又能感觉舒服吗？所以，放松是良好的控制主持人言谈举止的关键所在。对于那些刚开始主持现场节目的主持人来说，可以在上台前多做几次深呼吸，或者用手指在掌心上划几个“人”字，这些我们在日常生活中时常用到的方法都可以拿去尝试。当然，随着主持人年龄、阅历、经验的不断积累和增长，做到轻松自如就不会再成为一件很难的事情了。

较强的心理承受能力和应变能力是良好心理素质的重要表现，它可以保证主持人在各种场合以及各种突发状况下都能集中精神、潇洒自如地完成既定的安排。许多人都知道，杨澜就曾经经历过一次突发的状况：一次在广州市天河体育中心演出时，她在下台阶的时候不小心摔了下来，场内爆发出一片哄笑，杨澜这时并没有惊慌失措，而是沉着地爬起来笑着说：“真是人有失足，马有失蹄呀，我刚才的狮子滚绣球节目滚得还不熟练吧，看来这次演出的台阶不太好下呢，但台上的节目会很精彩的，不信，你们瞧他们的。”刚说完，观众便毫不吝惜地把热烈的掌声送给了这位机智的优秀节目主持人。杨澜之所以能够“转危为安”，正是得益于她良好的心理承受能力，能够迅速地自我解嘲，把尴尬转化成了幽默，起到了良好的救场效果。类似的例子在《挑战主持人》节目的一位参赛选手身上也曾经出现过：当时那位女选手从门口向台上走去，没想到上台阶时一脚踩空摔了一跤，大家可以想象一下，衣着十分讲究的参赛选手在现场出现了这样的失误那是多么难堪的事，一般来说，肯定会影响选手的情绪及正常发挥，就在大家都为那位女选手捏把汗的时候，她却笑容满面地走到台前说：“我想请导演不要把这段剪掉（众所周知，一般录播节目出现这类状况都会把不尽人意的地方剪辑掉），因为这就是真实的我，我最真实的样子。”这句诚恳的话看似简单，却起到了很好的效果，赢得了在场观众的一阵好评，这也充分显示出了这位参赛选手较强的心理承受能力。

在2005年2月3日，央视春晚剧组在央视一号演播室举行的第四次带观众彩排中，在35个地方电视台主持人上台和央视4个主持人参加《盛世大联欢》节目时发生了一件意外的事情：当时，有个来自山西电视台的主持人在台上一不小心摔倒了，但是导演并没有叫这个节目停止。这个主持人在后来的送春联中说："我一上来就摔了一个大红包，恭祝大家过年好！"听到这一语双关的拜年台词，现场观众都报以热烈的掌声，大赞这位主持人聪明与机智。

此外还需注意的是，主持人应该保持乐观健康、积极向上的心理状态，不要以自我为中心，过分地强调自我主观意识，不要因为自视为大牌明星，就随心所欲、居高临下、目中无人。如果这样就必定会导致节目制作团体本身的不和谐，难免会在节目中有所表露，因此而给受众留下不好的印象。另外，也绝不应该胆小怕事、患得患失、人云亦云，一个主持人如果不能明确表达自己的观念和态度，这同样也只会招致受众的反感。

良好心理素质的形成是以鲜明的性格、坦荡的胸怀和坚定的自信心为基础的，是可以通过后天的锻炼而培养出来的。除了注意自身道德品质和情操等多方面的综合素质的提高外，在平时主持节目的实践中也应该有意识地培养这方面的能力，争取主持前做好充分的准备，增强自信心。主持过程中不要患得患失，只要抛开自己，完全投入到与受众的交流、沟通之中，自然可以有平静、自然、和谐的良好表现，也就真正做到了从容不迫、镇定自若。

五、主持人的个人魅力

独特的个人魅力是每个主持人孜孜以求的，它可以使主持人显得更加的光彩照人，并对受众产生更强的吸引力，更好地让受众对主持人备加关注。"魅力是'一种很吸引人的力量'(《现代汉语词典》)，是美的客体对认识主体的吸引力，'有没有魅力'是从观者（如观赏者、听众、观众等）的角度讲的，带有主观色彩。而'怎样才有魅力'则是从被他人认识的客体自身角度说的。对人而言把内在、外在的美统一于一身者才有魅力"。① 对电视综艺类

① 张弘：《潇洒主持人的诞生——节目主持的艺术与技巧》，内蒙古人民出版社 2001年版，第27页。

节目主持人来说，主要以凝聚在其自身的内在美和外在美协调统一后对受众产生的吸引程度作为衡量他们魅力指数的主要标准，大致包括以下几个方面的内容：形象仪态、声音条件、语言功力、才学见识等。具体说来，一名有魅力的综艺类节目主持人不仅要有端庄的外表、大方的仪态、不俗的气质和风度，还要口齿伶俐、善于交流和表达、思维敏锐，并且要具有良好的心理素质，要能够在任何情况下都把节目调控得起伏适当，从而带给受众以愉悦的审美感受。

显而易见，综艺类节目主持人的个人魅力是一种有机的素质综合，其中的各种因素也交融得十分紧密，它们之间要在良好的协调中才能发挥出最大的作用，在这些内在因素和外在因素之间，最主要的还是内在因素。一名主持人，不管形象仪态有多好，如果在谈吐见识方面层次太低，那么就必定无法给人留下深刻的好印象；相反的，一名主持人如果具有令人钦佩的知识和学识，能够准确恰当地巧妙运用富有情趣的语言，那么他即使没有出众的容貌同样会赢得受众的喜爱，这就是因为具备了真正的独特魅力。比如说曾经主持过《正大综艺》节目的王雪纯，她的容貌并不算绝对的漂亮，但却让人觉得十分可爱，看着非常舒服。她的眼睛中总是流露着真诚的笑意，主持风格也十分轻松自然，时常能够抓住受众的心，而原因正是在于她自身所具有的一种生气勃勃的精神和一种纯真的天然去雕饰的自然美。她反应敏捷、言辞得当，既善于活跃气氛又不过分张扬自己，显示出了一种真正的机智和内在的涵养。她没有盲目去走注重漂亮装饰的路子，因为她明白这样可能反而会拉开自己和受众间的距离。所以，她以自然、亲切的外在形态和颇具特色的风度气质将自己展现在受众的面前，而那一刻她所散发出来的独特个性魅力使得节目获得了出色的传播效果。再如著名的节目主持人敬一丹在谈及节目主持人的共同点时，提到过主持人的个人魅力，她认为“洞察力、见解、语言、功力、风度——这些加在一起就形成了个人的魅力”。

这里还需要注意的是，主持人要想在受众心中保持长久的魅力，不单要在话筒前展现出自己的风范和气质，在实际生活中也应该不断要求自己热爱生活、富有同情心和正义感。荧屏上光彩照人、荧屏下坦坦荡荡，这样的主持人才是真正表里如一、魅力长存的优秀主持人，才会得到更多受众的肯定和欢迎。

主持人的个人魅力有两个重要的依托方面，它们对主持人魅力的形成起着非常重要的作用：

第一,主持人的个性是主持人魅力的核心。“个性是决定人的特有行为与思考的概括化的心理活动系统。从人的外部表现来考察，个性是一个人特有的行为模式；从其内部机制来分析，人的个性是一个复杂的、整体的、相互作用的过程；从它与心理活动的关系来看，个性是一种静态的、概括的心理活动”。[①]主持人的个性特点是在各方面素质和谐发展的健康基础上产生的,因此可以产生强大的磁场,不断吸引受众的靠近。在有了健康个性的前提下,主持人作为个体的独有特点和创造性就成了主持人的个性标志。俄国的著名文艺理论家别林斯基说过:“在真正的艺术作品里,没有哪一个形象重复另一个形象。”电视综艺类节目主持人应当勇于抛弃固有模式,持之以恒地进行新的努力和尝试，不断在自己的语言、形象、主持风格等方面寻求变化，并摸索形成自己独特的个性风格，尤其是在内在气质方面，主持人更需要给受众保持一种新鲜感，便于长久维持对受众的吸引力。一个再好的综艺类节目，如果长时间毫无变化、生气全无，那么受众就很可能产生“腻”的感觉，常换常新才是竞争中的硬道理。但是同时，应该明确的是，个性并不是单纯的标新立异，综艺类节目主持人个性的形成必须从实际情况出发，即从我国的社会生活环境、政治经济背景、文化传统状况以及主持人自身固有的条件(比如形象气质、音质音色、文化素养、艺术修为等方面）来考虑个性的塑造。对于我国的综艺类节目主持人而言,个性风格只有符合中国的实际才能为受众所接受,才能为大家所认可,切不可以盲目地对国外的一些东西生搬硬套,毕竟，“学则生，似则死”。

第二，优秀的节目也是主持人个人魅力的重要依托。目前我国的各类节目都在向个性化的方向发展。“节目越有个性，就越具生命力”，这成为媒体工作者的共识。一个恰当的节目形式,一名合适的主持人，不管哪个是绿叶,哪个是红花，都可以起到互相帮衬的作用，而且这种关系是一荣俱荣、一损俱损的。中央电视台经济频道的综艺类节目《非常6 + 1》就是一个很好的例子,这档以演艺竞技为主的节目是节目制片人针对主持人李咏的主持风格和特点量身打造的，节目各个环节的设置都非常讲究，能够十分充分地展现节目的个性和主持人的魅力，也正是因此而在全国引起了极大的反响,它的成功之处特别值得我们借鉴。

要塑造出独特的个人艺术形象,展现独特的个人魅力还要避免走入媚俗的

---

① 张弘:《潇洒主持人的诞生——节目主持的艺术与技巧》，内蒙古人民出版社 2001年版，第32页。

误区。节目内容应当通俗而不流俗，但是部分综艺节目和主持人却陷入了媚俗的泥潭。有的主持人以为，曲意逢迎是提高收视率的法宝，以至于被世俗观念牵住了鼻子，在节目中有意无意地搞一些低级趣味的东西。比如某个综艺节目，男主持人请两位参加竞技的小姐站到台上来，其中一位站得离他较近些，一位离他较远些，男主持人自以为幽默地对那位站得稍远些的小姐说："亲爱的，你可别吃醋啊！"此话一出，令现场观众们大跌眼镜，同时也让两位年轻的小姐好不尴尬。一般来说，主持人培养个人魅力的准则就是力求稳重大方、表情自然、语言规范、状态积极、情感丰富、分寸适当等，在任何情况下都不应该降低自己的品位而去一味地迁就部分人群的低级趣味，因为毕竟这样的做法不会使节目具有更长久的生命力。

总之，电视综艺类节目主持人的个人魅力是通过长期的努力实践而逐步培养形成的，许多优秀节目主持人的成功范例都充分地说明了这一点。有了超凡的个人魅力，不论是对节目还是主持人自身的发展而言，都是一种非常有力的保障。

第四节　高层次素质的要求

对主持人高层次能力的要求实际上是主持人各种素质的综合体现，是对主持人专业素养的进一步要求。具备了这些素质，才能真正算是一名专业的、素养过硬的合格主持人。

一、新闻素质

所有类型的广播电视节目主持人都是新闻工作者，新闻素质不仅是新闻类节目主持人的必备素质，也是包括综艺类节目在内多种类型节目的主持人的重要素质之一。具备了新闻素质，才能在节目中对各种事件作出正确的判断和恰当的评价，才可以在最短的时间内挖掘出受众最想了解的信息，并将它们传达给受众。

二、归纳总结的能力

前面说到主持人需要不断的学习以充实自己，要想在这方面有比较显著的效果，主持人必须具备一定的归纳总结能力，在树立长期目标的同时，不断实现短期目标并且适时地加以总结思考，温故而知新，将自己的所得完全领悟，如此才能举一反三，将自身优秀的东西传达给受众，实现良好的传播目的。

三、采、编、播一体的综合能力

主持人只有在了解掌握了节目的选题、策划、编辑等多方面的工序之后才能在主持节目时充分体现出节目的宗旨和精神，才能使节目播出后获得最佳的传播效果。所以，一名优秀的综艺类节目主持人应当用心去熟悉节目的每个环节，在采、编、播等相关领域勤奋地下功夫，成为一个复合型的多面手。中央电视台《曲苑杂坛》的节目主持人汪文华便是一人身兼数职，自己贯穿整个节目制作的全过程，同样这也令她对节目的把握更加熟练、轻松、游刃有余，也使《曲苑杂坛》这档节目深受广大观众的好评。

四、文字表达能力

较强的文字表达能力也是一名优秀的综艺节目主持人应该具备的素质。电视综艺类节目不单单要强调主持人的口头语言表达能力，往往还要注重主持人“落笔成文”的素质。事实上，无论是娱乐性很强还是知识性较强的综艺类节目，主持人如果能具有良好的写作能力，那么他在采、编、播等各个环节上都可以有更加出色的表现。一个人的“文风”如“口风”，如果主持人不注意写作能力的训练，写出的文章拖泥带水、词不达意，让人不忍观瞻，那么从他口中说出的文字也往往是拖沓冗长、言之无物、空洞乏味，让受众难以忍受的。

五、良好的节目驾驭能力

综艺类节目主持人既是节目的中心又是现场的指导，节目进展的节奏和现场气氛的调动很大程度上取决于主持人如何对节目进行驾驭，一名成功的综艺节目主持人应当把节目现场的各种有利因素发挥到极致，这不仅是充分表达节目主题和意义的需要，也是节目是否成功的重要标准。

同时，综艺节目进行过程中可能遇到许多事先无法预料的问题。在这种情况下，主持人只有具备良好的驾驭节目的能力，才能较好地协调好现场的各个因素，调控疏导好受众的情绪，起到化解矛盾、紧急救场的作用。下面引用两个例子，都可以充分说明临场驾驭能力的重要性：在一次文艺晚会上，海政歌舞团的歌唱演员叶矛、廖沙演唱《走西口》，情真意切的演唱十分动人，在节目中有一个两人相拥的舞台造型，这不禁让观众产生疑虑——为什么在演唱中会有如此亲密的动作，是否是假戏真做？主持人觉察到了观众出现的这种情绪，于是在节目演完后马上请二人留在台上并向大家介绍说："他们的演唱情真意切，打动了观众的心，但是大家可能不知道，他们不仅在舞台上是艺术伴侣，在生活中也是一对恩爱夫妻。"台下马上响起观众恍然大悟的感叹声。主持人的做法让两位演员也非常感动，他们说过去因为没有考虑到这一点而让观众们误会了。如此一来，既避免了误会还让演员保持了愉悦的心情，一举两得。再如，也是在一次文艺演出过程中，一名歌唱演员由于患了重感冒，发烧39度仍坚持登场献艺，在歌曲的高音部分没能唱好，台下的部分观众开始喝倒彩。现场主持人当机立断，马上走上台去向观众解释，并用恰当的语言说清了真实的情况。结果，全场以长达一分钟的热烈掌声来回报了这位有高尚艺德的艺术家。

六、逻辑思维能力

逻辑思维能力是对主持人语言表达的更深层次要求，一名主持人只有在具备了很强的逻辑思维之后才能够确立中心思想，并形成别具特色的语言风格。目前，部分节目主持人的逻辑思维能力不强，甚至个别人士连一些基本的规则都不清楚，就更谈不上有所顾及了，这很容易导致整个节目的编排紊乱、结构松散，毫无思维规律可言。部分节目主持人的语言也会因为没有逻辑而出现模糊不堪、含混不清、首尾没有照应等情况。

其中极具典型性的就是许多综艺节目主持人出现的滥用不正确流行用语的现象。流行用语不是不可以引用，尤其是在一些时尚元素丰富的综艺类节目中，缺少一些流行语言的使用似乎也有失妥当。汉语的语汇是语言中的活跃部分，其发展变化受到很多因素的影响，但是如果擅自乱组语汇无疑是对母语的一种破坏，例如“哇噢，他很受伤的样子”、“看她笑得天花乱坠”一类的话完全是在污染受众的耳朵，让人难以接受。

社会在不断地向前发展，新鲜的事物会不断地出现，但是任何事物都应当符合一定的规范，这样才能够得到更加和谐的发展。综艺类节目主持人应当善于吸收适宜的新元素来不断丰富自己的语汇用语，但是应当力避乱造、乱组的现象。主持人全力探寻和追求的应该是一种朴实而又生动和谐的语言表达方式，力争为受众创造一个乐于接受的语言氛围。

七、交往协调能力

电视综艺类节目是一种特别强调团队协作的节目类型，其中涉及灯光、音效等各个部门都会对节目的整体质量产生举足轻重的影响，因此，综艺类节目主持人作为这个群体中的一员，应当充分认识到自己的身份是集体智慧劳动成果的集中体现，自己更是代表着节目的整个创作班底而出现在荧屏上。

因此，主持人应当有宽容待人、善解人意的品格，善于与创作集体中的每一个工作者形成良好的合作关系，同时还要能够积极地协调各方面的关系，起到沟通联系的纽带作用。一名综艺类节目主持人如果性格十分内向孤僻、独断专行，不听取他人的意见，不能与他人很好地合作交往或是自我表现欲过强，那么这些都将使其无法真正融入一个创作的团体，更不能被称之为一名合格的主持人。

在这方面，许多前辈为我们树立了出色的榜样，他们心地宽阔、为人谦和，能够很好地与节目中的其他创作者构成极其融洽的合作关系。有这样的一则例子：在一次大型综艺晚会的演播现场，赵忠祥与一名年轻的女主持人做搭档，当时台下在座的有中宣部部长、广电部部长、中央电视台台长等各级领导，这让那位女主持人很是紧张，这时赵忠祥在台下平静地对她说：“不要紧，我给你提词儿。”就是这一句非常善解人意的话，女主持人的紧张情绪很快得到了缓解，节目得以正常而顺利地进行。

另外，主持人必须要熟练掌握与人交往、沟通、交流的技巧，在综艺类节目中常常会有一些嘉宾或是客人应邀前来捧场，作为节目“主人”的主持人要尽可能地“招待”好他们，把握好分寸尺度，懂得用心倾听，积极调动“客人”的情绪，努力做到让“客人”玩得开心，观众看得痛快，配合各个相关部门将节目顺利录制完成。主持人应该坚持与人为善、与人为伴的理念，诚恳待人，在日常生活中有意识地锻炼自己同其他人交流的各种技巧，自身的交际能力就会得到日渐明显的提高。

八、广博的艺术修养

综艺节目主持是一门艺术，而节目中的主持人更是一名艺术的工作者。马克思说过：“如果你想得到艺术的享受，你本身就必须是一个有艺术修养的人。”也就是说，只有主持人首先具备了艺术的修养之后才能进而将自己所获得艺术享受给予受众。

综艺类节目与艺术的关系是十分密切的，正所谓“不通一艺莫谈艺”，因此，综艺类节目主持人应当全方位、多角度地去了解艺术、认识艺术、感悟艺术，不断地通过学习来提高自身的艺术鉴赏能力。我们通常所说的艺术类别分为：音乐、舞蹈、文学、电影、戏剧、建筑、雕塑等，不可能要求主持人对这些领域都要做到精通，但是这些艺术元素在节目中出现的频率是相当高的，所以主持人应该尽可能地对其做到多了解、多认识，以丰富和提高自身对艺术的感悟能力。因为艺术都是相通的，所以主持人还能够一举两得地通过对自己艺术感悟能力的提高，触类旁通，从而进一步增强自己在有声语言艺术领域更深的造诣。

九、表演的能力

表演能力是根据综艺类节目的特点对主持人有针对性地提出的一个较为特殊的要求。综艺类节目主持人有时就像演员一样，要使用部分艺术化的口头语言和肢体语言，要在广大受众面前全面地展示自己。诚然，主持人不是职业演员，职业演员也未必就能做好主持人的工作，但是在综艺类节目中懂得一些表演技巧的主持人还是相当有优势的，而我国不少优秀的综艺类节目主持人也都有过不尽相同的表演经历。想当好综艺节目主持人，一些基本的表演素质还是不可或缺的，其中包括：较好的临场状态，善于把握自己的情绪，善于运用富有艺术感的语言和肢体动作等。

思考题：

- 为什么要强调综艺类节目主持人的政治素养的培养？
- 怎样才能使主持人具备优秀的政治素质？
- 综艺类节目主持人的业务素质包括哪几个方面？

第三章

综艺类节目主持人的风格个性

要点提示：

概述电视综艺类节目主持人的风格特性并详尽分析情感型、机敏型、幽默型、活泼型、平民型这五种不同风格的主持类型。

第一节　节目主持风格

当前广播电视节目迅猛发展，竞争日趋激烈。一个节目要做到一经播出就在听众、观众的心目中留下深刻印象，并吸引他们继续关注下去，就必须树立起鲜明的风格。节目的风格可以由节目的内容、编排创意、后期包装等各方面来体现，其中作为灵魂人物的主持人的风格更是起着至关重要的作用。那么判断一个节目主持人成熟和成功的标志究竟是什么呢？歌德在《自然的单纯模仿、作风、风格》一文里曾说："照我看来，唯一重要的是给予风格这个词以最高地位，以便有一个用语可以随手用来表明艺术已经达到和能够达到的最高境界。"① 也许对于普通受众而言，他们会认为主持人的风格就是节目的风格。因此可以从某种程度上说，主持人就是一个节目的具体标志。本章将着重探讨综艺类节目主持人的风格个性。

"'主持人'在英语里称'Host'，和'主人'是同一个词，意思是说他是这个节目的主人。他既是节目演播阶段的组织者、指挥者，又是节目与受众之间的'桥梁'和'纽带'"。在汉语中，"风格"这个词出现得很早。"风"是风采、风姿之意，指一个人的外在形象；"格"指人格、德行，是一个人的

① 李敬一主编：《节目主持概论》，华中科技大学出版社，第176页。

内在素养。后来，“风格”泛指气度、作风，具体而言是指一个时代、一个民族、一个流派或一个人的文学作品所表现出来的主要思想特点和艺术特点。瑞士学者巴利在他的专著《风格学概论》中认为：“风格是说话者个人语言感情的表达特点。”主持人作为广播、电视连接受众最直接、最活跃，最能沟通情感，促进双向交流的中间环节，作为一档节目承上启下、组织串联、传情达意的主导，在广播、电视实现有效传播的过程中发挥着不可替代的作用，其风格的树立对节目的影响极其深远。

广播、电视节目主持人，是一个很重要的职业。一个主持人的风格，会决定一个栏目的收视率，会影响观众的思想和行为方式。有的栏目甚至因为主持人的更换而使栏目失去魅力。比如中央电视台曾经由崔永元主持的《实话实说》，倪萍、周涛曾主持的《综艺大观》等，他们的主持风格影响了众多的观众，也为中央电视台打造出了一个个著名的品牌节目。

如同一朵花在不同画家的笔下会呈现出不同的姿态一样，主持人只有将自己的风格个性和节目特点相结合，才能找到适合自己的位置，从而进一步发挥自身的特质。

在综艺类节目个性化彰显方面，主持人具有非常重要的作用。在大众传播过程中，如果主持人以自己与众不同的方式表达思想观念和节目主旨，便很容易被公众所接受。因为是主持人将内容传播和外观形式熔为一炉，实现了人格化传播和对象化传播。《非常6＋1》的成功与具有独特风格特征的主持人有直接关系。制片人哈文说：“节目组几十个人在工作，到了录制现场，就只有看主持人的表现了。主持人就像汽车驾驶员，方向盘、油门、离合器都由他操作，在关键时刻，只有他能控制现场，主持人的作用任何人也替代不了。”这句话通俗地道出了主持人风格的发挥对于节目的重要性。

主持人主持风格的形成和个性形象的树立，从根本上并不是为了主持人个人的成名，而是为了发挥节目主持人人格化传播的独特优势，增强节目内容的传播效果，扩大媒体的社会影响力。一档节目也好，一个频道也好，都必须有自己明确的风格，才可能吸引相对固定的受众群。例如，毕福剑的“七天乐”系列就是为了人们在假日的时候能够有乐可寻，李咏的《非常6＋1》就是一个平民的舞台，湖南卫视以娱乐风格行天下，安徽卫视以电视剧的滚动播出立台，上海东方卫视则旨在打造一个新闻类型的综合频道。节目主持人作为节目与受众沟通的桥梁，他们的主持风格是节目风格与媒体风格最好的契合。节目主持人的表现是节目制作的最后一个环节，他处在最后一道“把关人”的位置，节目内容中的采访风格、编排风格、包装风格等都必须在这一环节得到表现、整合或强化。

主持人风格的表现也并不是一种个人行为，他是在代表社会的文化走向，代表先进文化的发展要求。因为他们是国家电视台或广播电台的栏目主持人，他们的声音，应该代表良知、责任，他们的行为影响着他们的崇拜者对社会的信仰、对人生的看法。同时，主持人也在一定程度上代表着一个电台、电视台的水平，体现一个电台、电视台的追求。因此，一个真正意义上的主持人，只有具备了做一个主持人的基本素质后，才能谈得上风格的呈现。

有关于综艺节目主持人的基本素质，我们在上一章已经做了详尽的阐述，这里便不再赘述。主持人具备了以上基本素质后，还不能认为其风格就已经树立起来了。世界上没有生造出来的风格，主持人只有在不断提高自身素质的前提下，把发自内心的、最真实的一面传达给受众，才是最自然、最好的，风格也就在这真实而自然的表达中逐步确立起来。主持人在主持节目中所体现出的风格，虽然不能等同于他在日常生活中的真实状态，但主持人自己的性格特点总是或多或少地会反映在节目主持的方式之中。越是有风格的主持人，其人格特点就越能在节目主持中得到彰显，而且受众在面对某个主持人的屏幕形象时，也往往把它等同于真实的主持人一并接受。分析当今中国电视荧屏上被广大观众认可的几位名主持人的风格情况，足以证实这一点。

李咏幽默、热烈，毕福剑诙谐、自然，杨澜成熟、聪慧，董卿大方、亲切……究竟是什么因素产生了如此丰富多彩的风格样式？为什么同样类型的节目由不同的主持人来主持会产生截然不同的艺术风格？节目主持人主持风格的形成，主要受这样几个因素的影响：

1. 生活背景

每个人成长、生活的环境都不尽相同，不同的人在实际的生活当中，会结成各自不同的人际关系网，经历着不同的生活事件，这就构成了千差万别的人生。这些生活背景给每个人的影响都是不同的，所以这些影响总是会或多或少地折射到主持人的职业活动中来，形成他们在主持过程中的某种特征性的行为。所以说，成长和生活的环境不仅对于一个人人格、性格的形成有至关重要的意义，对于一个主持人的主持风格也能产生很大的影响。

2. 学识修养

具备相应的文化修养是节目主持人必备的素质。如果没有知识的储备，那他的主持必然是索然无味、内容空洞的，这也就根本谈不上什么风格的树立了。

不同方面的知识积累不仅可以改变人的能力结构，还会直接影响到人们的思维方式，使得他们观察事物的角度和处理问题的方式出现差异，也就构成了不同的审美体系。赵忠祥的知识储量相当丰富，所以他主持节目时总是引经据典、谈古论今；撒贝宁是一个法学硕士，所以他主持节目时总是表现出思维缜密、机智善辩的特点。因此，知识储备的多元化也会给主持风格的形成提供保证，并形成主持风格的多元化。

3. 个人气质

一个人的个人气质是他一切行为的基础，也是风格生成的内在动力。主持人个人的气质对于他主持风格的影响，我们不难看出：具有绅士气质的张泽群主持节目时也是温文尔雅，朴素平实的毕福剑在节目中走的是他善长的“平民”路线。

当然，除了那种由内而外散发的个人魅力可以影响主持人的主持风格，每个人独特的生理条件（如外形特征和身体条件等）也不容忽视。虽然真诚，但看上去总是一脸“坏笑”的毕福剑若主持严肃的节目，恐怕未必会收到好效果，因为他本人就是一个幽默元素；长相中正的主持人张政，如果非要他像毕福剑一样，恐怕会让有种不伦不类的感觉；长着一张娃娃脸、个子小小的刘纯燕是孩子心目中可爱的“金龟子”，倘若让鞠萍姐姐也穿上那么一身卡通装，效果可想而知。

人的个人气质一旦形成便具有相当的稳定性，主持人在节目中的表现应该与个人气质相统一，才能形成稳定和富于生命力的风格。否则，只能“事倍功半”，甚至会起到反作用。

4. 传播内容

综艺类节目主要实现的是娱乐身心的传播目的，这就是说它不能像儿童节目那样语言相对简单、易懂，主持人可以表现出乖巧、可爱的一面，不可能像新闻节目一样，严肃、谨慎、语言简练、态度客观。综艺要求主持风格偏重轻松活泼，在语言上注重形象性、生动性，感性语言较多，表达上更加强化戏剧效果和临场的随机发挥，在形象塑造和行为方式上也包含了更多的表演成分。

不同的主体和题材也会造成主持风格的差异。以一台综艺晚会为例，主持春节晚会和纪念抗日战争胜利的晚会肯定不是同一种风格；六一晚会的主持人肯定不能和为老年朋友举办的晚会的主持人使用同一种主持方式……

5. 传播对象

不同的传播对象会造成传播内容上的差异性。就像上面提到的，儿童节目和老年人节目的主持风格必然是有所区别的，而女性节目与男性节目的目标受众就明显不同。因此，传播对象的风格和特点决定甚至改变着主持人的主持风格。这就是为什么每个节目在制作节目的前期准备工作中必须要考虑到受众的需求，必须要做相应的受众研究并最终确定自己相应的受众群体。这恐怕也是现在的广播电视节目逐渐趋向走分众化和窄播化道路的根源所在。

6. 媒介环境

这里所说的媒介环境主要是指媒体为主持人规定和提供的工作条件和样式规范。同样都是综艺节目，如果制作单位的条件允许，那么有受众参与互动的节目无疑给主持人的主持增加了一定的难度，演播室里的主持风格当然要有别于外景地的主持。

当然，这种媒介环境还包括时空和地域的限制：从空间上讲，在中国，南北方主持人的特点就存在很大的差异，在世界，东西方的主持人相比较无疑也是风格迥异的；从时间上讲，进入新世纪之后的主持人和上世纪八九十年代的主持人相比也有了很大改变。

所以说，媒介环境对于主持人风格的发挥和创造也有着自己的作用力，这也为主持人的主持提出了职业化的要求。

节目主持风格是广播电视节目主持人在主持节目的过程中所表现出来的相对稳定又具体可感的个性特征和艺术特色。它既包括某一个节目主持人的个人风格，也包括某一类型节目或某一时期众多节目主持人所共有的风格。

其实每一个主持人的主持风格都不是单一的，也不是一成不变的，他可能是几种主持风格的综合体，也可能在日积月累中不断变换自己的主持风格，所以判断一个主持人的主持风格应该是多角度、多视点的来观察和分析的。

第二节　主持风格类型

综艺节目主持人的主持风格多种多样。由于自然特质和修养品位的不同，每个人都有自己与众不同的风格个性。不同特点的人所表现出来的主持风格就不一样，相同的主持人在不同的节目中也可能呈现出不一样的特点。从我国广播电视播音主持的现状来看，许多播音员和主持人在形成自己独特风格个性的同时，还彰显出了自己优良的综合气质。例如，中央电视台的周涛以爽朗自然、真诚热情而受到观众的喜爱；李咏以幽默机智、平易近人而受到观众的追捧；湖南卫视的何炅以青春活泼、朝气蓬勃而受到广大青年朋友的欢迎……这里笔者介绍几种近年来常见的主持风格。

一、情感型

毋庸讳言，一个能够很好地体现人文关怀的主持人是一个节目成功的必要保障。如果说新闻节目担负的是“告知受众”的重任，那么综艺节目则肩负着“愉悦受众”的使命。作为除新闻节目外，广播电视产业中的另一个重要支柱，综艺节目似乎更加贴近人们的精神生活，更容易在受众的心灵家园中激发出人性的光芒。放松、娱乐、休闲……每一位受众都希望在紧张的生活中寻找到一个足以让心灵休憩的港湾，都希望在快节奏的生活中寻找到一份久违的心动，而真正能够打动人心的，无疑就是情感。

要想用自己的语言和主持技巧触动受众的情感，绝非易事，然而仅仅靠语言和主持技巧来感动受众又是远远不够的。做一个情感型的综艺节目主持人，不仅要有令受众无法抵挡的亲和力，其本身也应该是一个情感丰富的“性情中人”。因为要想感动别人，首先应该打动自己。

提到情感型的综艺节目主持人时，便不得不提到倪萍。从《综艺大观》到一年一度的春节联欢晚会，倪萍总在不时地拨动大家的情感神经。不记得她陪大家流过多少眼泪，也不记得她和大家共同欢笑过多少回，但是通过她的主持给大家带来的一次次心动却是无法磨灭的。中央电视台的导演金越曾经这样评价倪萍："（她）在舞台上就像老大姐一样平易近人。有人批评她动不动就煽情流泪，其实流泪也是她的真情流露。春节晚会在除夕这个万家团聚的时刻举办，就希望和观众情感互动。在这一点上，倪萍是最能胜任的。"

倪萍是自信的，也是大方的、知性的，她的主持风格极具亲和力。当她于1990年调入中央电视台担任节目主持人后，她便凭借着自己深情的眼神、亲切的语言、随和的主持风格深入受众的心里，全国广播电视主持人的最高奖项和最高荣誉金话筒奖便是对她独特主持风格的厚赏。

很多人认为，倪萍在调动受众情感方面有一手绝活儿，她总能在晚会气氛最热烈，大伙儿没有心理准备的时候，不是扶出一个颤巍巍的老人，就是牵出一名可怜、可爱的小姑娘，用充满激情的解说词，感动得台下的观众眼红鼻酸脑发胀，鼻涕眼泪满天飞。如在《综艺大观》第100期节目中，倪萍的一段十分精彩的独白充分代表了她的语言特色：

> 在我众多的电视观众朋友当中，有这样一位小朋友，她叫赵迎，是北京八十中的学生。我们的节目，她每次都看，场场不漏，一边看还一边录了像。我们第一次见面是获悉她得晚期癌症的那一天。当我驱车赶往小赵迎家，推开虚掩着的房门时，我惊呆了，墙壁四周贴了数十张自己在不同时期的照片。我发现在房间一角的床上坐着一个面色苍白但十分清秀的少女。不一会儿，小姑娘像见到久别的亲人那样，猛地扑在我怀里，"哇"的一声哭了起来。凄厉的哭声像一把锋利的尖刀刺在我心上，我紧紧搂住小姑娘，眼中的泪水禁不住地往外流。尽管我还没有做母亲的体会，但此时此刻我凝视着怀里不断哭泣的小姑娘，着实感到自己应该像母亲那样尽一份职责。我真不能想象一个普普通通的主持人竟会对这个小姑娘产生这样的影响。大约过了10分钟，小姑娘慢慢地平静了，她仰起脖子目不转睛地看着我说："倪萍阿姨，我会死吗？"我心中顿时一阵酸楚，强忍着悲痛，佯装笑脸，轻轻拭去脸颊上的泪水慢慢地说："放心吧！倪萍阿姨一定会救你的。"
>
> 在以后的几个月中，我四处奔波，访遍了京城的名医，找来了各种治疗癌症的偏方，甚至还召集了一些闻名遐迩的气功大师。但这一切都仍无济于事，残酷的病魔使小姑娘一天比一天衰弱。当小

姑娘病得不能动弹时，我正好在南方录制节目，一时无法联络。小姑娘躺在病床上喘着气，断断续续地对她母亲说："妈妈，我……可能……再也见不到倪萍阿姨了，你一定要……代我送一件黄毛衣……给她……因为……倪萍阿姨……在电视上……穿米黄色……最……漂亮！"等到我在南方得知小姑娘病危，星夜兼程赶回北京时，小姑娘已经匆匆走了，只留下给我的那件黄毛衣。

从上面的这段话中，我们可以看出，倪萍在主持节目时不仅非常热情，而且非常投入。尽管有的观众可能认为这是在煽情，是做作，但倪萍通过自己的语言、自己的主持风格给受众带来的感染力是无法抹煞的。她的语言亲切、通俗、自然，娓娓道来，如叙家常，平易中饱含真情，富有极强的感染力，体现了她独特的风格个性。

情感类综艺节目主持人多是各种大型综艺晚会的主持人，再如中央电视台的节目主持人周涛、朱军等，都是情感类综艺节目主持人的典范，他们的共同特点都是在主持过程中蕴含无限深情，给受众以无限关怀。这一点，通过中央电视台历年的春节晚会就可以体现出来。

在这里，我们不得不说一说综艺晚会主持人这样一个角色，他们不同于一般的主持人，要想成为一个优秀的综艺晚会主持人是非常不容易的，这也正是各个电台电视台面临的一个困境：优秀的综艺节目主持人队伍出现断层。这是为什么呢？要产生一个优秀的综艺晚会主持人是需要几个条件的，除了个人形象和控制现场的能力外，最重要的一点是其风格必须要满足大多数人的口味。因为综艺晚会的受众群体范围广、数量多，所以要让大多数人都满意是很难的。特别是像央视春节晚会这样的节目，几乎是13亿人在看，要想获得认同确实不容易。

但同时，这一类型的主持人又面临一个通病，那就是"模式化"。千篇一律的"煽情"、一成不变的"做作"，甚至有很多串联词给人"千篇一律、众口一词"的感觉。这种模式化其实包括了几乎所有综艺晚会主持人的共性，也隐藏着未来主持人的评判价值。这样的主持人虽然在主持节目时四平八稳，没有大起大落，但是很容易就造成没有个性甚至是模仿前人的局面。所以这应该是此类型节目主持人亟待解决的一个大问题。

二、机敏型

较之其他类型节目而言，综艺类节目现场的不可预测性似乎更强。它涉及的内容广泛，凡娱乐艺术的内容无所不包。综艺节目是所有节目中娱乐价值最高的节目，但也是最难掌控的一种节目类型。由于综艺节目的自身特性，所以在现场可能发生的状况会有很多，这就对主持人提出了极高的要求：不仅要主持好节目，还应该善于处理节目中的各种突发状况。比如：有的被采访者不善于表达思想，这时就需要主持人耐心启发；有的滔滔不绝，在现场表现过于活跃，这就需要主持人在适当的时候巧妙地打断他的“表现”，但要注意不能伤害到嘉宾的自尊心。在一些游艺竞技节目中，主持人要注意把握好胜利者和失败者的情绪，不要对节目的规则把持得过于苛刻，要调整好嘉宾的竞技状态和心态……因此，作为一个综艺节目主持人，一定要机敏，一定要具备应付偶然发生的事件的能力。面对突发事件，节目主持人只有及时作出反应，才能“圆场”，才能使节目顺利进行。

例如，著名节目主持人杨澜曾应邀主持一个晚会，在介绍完一个节目准备谢幕退场时，不小心被绊倒，全场一片哗然。可是她临场不惊，轻松地调侃道：“真是‘人有失足，马有失蹄’呀，我刚才狮子滚绣球的节目还算熟练吧？看来这次演出的台阶不那么好下，但台上的节目会精彩的。不信，你们瞧他们。”在场的观众都为她机敏的反应报以热烈的掌声。杨澜的机敏不仅使自己脱离尴尬境地，同时也给观众留下了深刻的印象。

综艺节目在适应快节奏的现代生活的同时，节目内容和形式不断求新求变，有些现场的突发情况是事先无法想象的，这就要求主持人具有灵活的应变能力，能够随机应变，机敏地处理现场遇到的各种问题，并围绕主题控制现场，使其朝着节目主题方向发展。

主持人要想在节目主持过程中得心应手、游刃有余，具备灵活的应变能力，不但要靠平时的经验积累，还要加强学习，尤其是要把握时代脉搏，要勤于思考，敢于在节目中表现自我，只有这样才能胸怀全局、分寸得当，营造健康向上、清新动人的节目风格，使节目保持常变常新的生命力。

机敏的主持风格不仅是一个人智慧的外在表现，也是一个人良好心理素质的具体展示。在各种突发状况中，如果主持人不能冷静地保持好的心理状态，处理问题不够机敏，那么不仅会使节目的进行受阻，还会让主持人自己慌乱不堪。

中央电视台《绝对挑战》的主持人李佳明也是一位非常机敏、聪慧的主持人。在一次《绝对挑战》的录制现场，当他宣布完最后的结果后，获胜的女孩子高兴得蹦了起来，然后竟然抱住另外两位失利的选手，大哭了起来。面对这种场景，主持人李佳明没有慌乱，也没有窘迫，更没有任选手继续下去而耽误节目的进程和录制。他机敏地劝道："不要哭了，等你以后当了总经理，把她们招回来不就行了？"简简单单的一句话，不仅让流泪的选手破涕为笑，也巧妙地结束了这种出人意料的局面。

主持人的现场调控是保证节目顺利进行的关键。主持节目不仅是一项工作，更是一门艺术。主持人要做到机敏、灵活，就要在掌握节目气氛的同时，及时、适时地插话。插话时要想体现活跃的气氛，主持人首先要有活跃气氛的表现，不要怕出问题，要勇敢。杨澜和李佳明不失时机的表现，都体现出了一个机敏型综艺节目主持人不可缺少的能力。

三、幽默型

幽默之于综艺类节目主持人就像是书本对于一个学生一样重要而不可缺少。任何一位受众都会喜欢具有幽默感的主持人，因为幽默不仅能够活跃现场的气氛，使节目增加可看性，而且能缓解现场嘉宾和观众的紧张情绪。因此，主持人现场"逗乐"的本事就显得很重要，但是它也特别能反映出主持人的职业素养，因为幽默很容易会"变味"，成为低俗趣味。

那么，如何做一个富有幽默感的主持人呢？

台湾的著名节目主持人凌峰认为："生活中的每一个人，只要有一定的文化修养，并且敢于挣脱那些无聊的束缚，幽默细胞就会活跃起来。"可见，培养幽默感不是一件十分困难的事情。

然而，真正做到幽默又不是一件容易的事情。上海电视台的著名主持人曹可凡认为："要达到幽默的效果，首先必须具备两大条件——立意的严肃性及形式的趣味性。严肃是幽默的内核，趣味是幽默的外壳，二者缺一不可。"

适当地运用幽默就好比给节目添加润滑剂，它能使紧张的气氛变得缓和，使沉闷的气氛变得欢快，但幽默并不意味着越多越好，也不是主持人不停地耍贫嘴。幽默的运用应该坚持两个原则：一是出于善意，目的是活跃气氛，而不是贬损他人，拿他人的缺点开玩笑；二是把握分寸，就是说要掌握幽默的“度”，看准时机、场合再来幽默，同时注意适可而止。

2005年的《超级女声》唱红大江南北，它不仅成就了许多老歌，更成就了许多参与《超级女声》的人们。众多打扮靓丽的小女生一时间成为街知巷闻的明星，但这并没有掩盖住舞台上唯一的“男声”。这个“男声”妙语如珠，时不时就在现场来上几句或幽默、或机智、或自嘲、或解围的精言妙论，成为《超级女声》里当仁不让的“超级男声”，他就是近年来备受关注的湖南卫视主持人汪涵。

凭借特有的南方“冷幽默”，汪涵俘虏了许多观众的心，也获得了众多业内人士的认可。在2005年中国电视主持人论坛暨年度颁奖盛典上，他获得了“2004年度全国最佳综艺节目主持人”的称号，又在“2004中国电视节目榜”中捧得了“最佳娱乐节目主持人”的殊荣。可见，亦庄亦谐、幽默风趣的汪涵已经深得人心。从另一个角度我们也可以这样认为，事实验证，那些幽默诙谐的主持人总是备受推崇和喜爱的。

还有一位主持人不得不提，他在中央电视台的节目主持人里绝对算是另类的一个：大鼻子小眼睛不说，一张长脸甚至有些比例失调，卷卷的大背头总是弄得溜光锃亮，一笑起来脸上全都是褶子，不仔细看绝对不知道是哭还是笑；每次录节目的时候都是选择自己设计定做的、花里胡哨的西服和压了花边的亮色衬衫，跟任何一个节目主持人都不一样；在算计着让选手出错的时候，眼神里总是透出一点坏气；乱扔问题卡、明目张胆地优待女选手甚于男选手……即便是这样的有悖常理，可能也正是因为他的这种反常态的主持风格，使得他稳坐央视综艺节目主持人的第一把交椅——他就是李咏，那个似乎浑身都是幽默细胞，不管他自己笑不笑，却总是能把别人逗笑的主持人。

有人说，李咏属于那种“一不小心”就让人喜欢上了的一类，他最大的本事就是能把游戏节目主持得人情味十足。在《幸运52》中，李咏既不靠油嘴滑舌，也不咋咋呼呼，他是靠自己通俗的语言、平凡的笑脸，带领大伙忘我地玩着。很多观众认为，如今荧屏综艺节目、游戏节目众多，而李咏骨子里的东西是别人无法“克隆”的。

李咏的幽默是自成体系的，大抵可以分为以下几种：

1. 自恋。李咏的自恋之所以让人觉得好笑是因为这种自恋是建立在自己那其实并没有任何优势的长相上的，所以夸自己长相酷、头发帅是常有的事。除此之外，他还经常喜欢在节目中卖弄一下自己的歌声，展示一下自己的新衣，偶尔也会说几句顺口溜。这种自恋，或许叫做自信可能更为贴切些。其实，倘若换做是另一个主持人在受众面前摆出自恋的姿态，效果也许正相反。

2. 自献。虽然长着一对小眼睛，但李咏从不吝惜自己眼睛的电力，特别是当有年轻、漂亮的女士上场时，李咏会毫不含糊地抛去媚眼，同时还不忘大献殷勤。当然也只有女嘉宾才“有福消受”，对待男性同胞时，他可没这么仁慈了，善意的讽刺和挖苦是他用来调节现场气氛的常用招数。

3. 自嘲。在中央电视台甚至是全国的主持人队伍中，李咏恐怕是最敢于露丑的主持人。综艺节目的本意就是让受众放松、娱乐，只要是能够让受众开心，适当的自嘲又如何？所以，不论是自己的长相，还是身材，甚至是自己的老婆，他都能拿出来调侃一番。这种为了节目而放下架子拿自己开涮的精神实在令人钦佩。

李咏的幽默是深入骨髓的，不管是他那举起的右手还是挤眉弄眼的表情，都让观众能发自内心的大笑不已。不仅如此，李咏的“自我牺牲”精神似乎又开发了受众在媒体中的幽默潜能，很多时候，观众也喜欢和他开开玩笑。这应该算是做得非常彻底的“互动”吧，在某一期《非常6+1》节目的电话互动环节中，一位受众就把李咏涮了一回：

电话接通后，李咏即兴来了一段：“你好，我是电信公司的技术人员，我想测试一下你的线路是不是畅通。”对方沉默着没有回答。

李咏赶紧变招：“现在我给你一个问题，如果你答对了，就会有奖品，准备好了吗？请问你，8与10之间的数字是几？”

“9”，电话里传出一个懒洋洋的回答。

李咏喊道：“恭喜你答对了。”

对方还是沉默。李咏只得自我介绍道：“喂，你好，我是……”

话还没说完，对方马上接应道：“中央电视台《非常6+1》节目主持人李咏！”

“啊呀，听出来了？”

“早听出来了，你一说话就听出来了。我不出声是想看看你会搞什么鬼。”（台下一阵大笑）

“不是搞鬼，不是搞鬼，开个玩笑而已，不好意思，不好意思！”

“没关系，没关系。我等你电话好久了，你再不来电话，我可苦了！"

"为什么呀？"

"都是被女朋友逼的！"

李咏一听，一边向观众挤眉弄眼，一边得意地问道："这跟你女朋友有什么关系？"

"唉呀，我女朋友老拿我跟你做比较，说你才是她的偶像，所以我特希望跟你通个电话，能沾上你的一点仙气。"（又是一阵大笑）

李咏眉飞色舞，问道："请问一下啊，你女朋友怎么拿你和我做比较？"

"我女朋友老说我长得丑，不像李咏你这样，虽然丑，但是丑得有特点……"

本以为会听到什么赞美的话，谁知道却是先扬后抑，李咏这次可上了大当了。其实这样的情况在他主持的几档节目里并不少见，但李咏和广大受众似乎都已经对这种调侃喜爱得上了瘾，所以"屡试不爽"。尽管很多受众喜欢对李咏进行嘲讽，但大家都清楚，这种嘲讽不是真正的讽刺，更不是贬损或者厌恶，而是一种发自内心的喜欢，是受众对李咏的主持风格的接受与肯定。所以说，李咏别具一格的幽默是成功的。

幽默不仅能赢得大家的会心一笑，调节节目的气氛，还能拉近受众与节目之间的距离，引起受众的注意力，给人留下深刻的印象。汪涵最大的特点是十分注重节目与受众之间的互动，这不仅由于他多年担任综艺节目主持人的经验使然，也是因为他自身锻炼和学习的结果。幽默是综艺节目主持人，甚至是每一个节目主持人都应该必备的基本素质之一。

四、活泼型

作为一名综艺节目主持人，应该是机智、活泼的，他应该能够时刻带动现场观众的气氛，并且是个思维活跃的人，不断会有新的想法和新的建议，活泼和创新时常能带给广大受众很多惊喜。

何炅就是一名公认的活泼型主持人。很多人喜欢他，就是因为他活泼，而且有的时候他确实很像一个蹦蹦跳跳的少年。但是他给人的感觉是聪明活泼、机智幽默、反应迅速，即使是不很喜欢他的人，在看到他风趣、活泼的主持以后也一样会开怀大笑，并被他的活力所折服。他的快乐自然而大方、随意而不做作，是一种发自内心的快乐。正是这种活泼风趣、个性十足的主持风格让受众真正领略到了一种何炅式的快乐。

从中央电视台《聪明屋》中的“大拇哥”，到《快乐大本营》“铁三角”中的一员；从高校的一名普通教员，到各大综艺节目与晚会的金牌主持人，何炅在不断的角色转换中实现了自己主持风格的历练，也实现了自己人生的跨越。一项调查显示，在喜欢何炅的受众当中，15～19岁的占30.1%，20～24岁的占17%，25～29岁的占12.3%，30～34岁的占20.5%，35～39岁的占5.5%。虽然已步入而立之年，但何炅的脸上始终带着孩子般真诚、活泼的笑容，这种笑容是发自内心的，不是虚伪的、做作的。也正是由于何炅的活泼与爽朗，所以他主持的节目始终给人一种轻松、自在、随性和青春的感觉。

例如有一次，在湖南卫视的《快乐大本营》节目中，嘉宾郭达回忆起年少时代生活无着落，曾与小伙伴一起去偷鸡的事情。说到伤心处，郭达流下了眼泪，现场观众也都被他感动得热泪盈眶，这时一个年轻女孩上台给郭达献上一束花，主持人何炅想到不能让大家陷入得太深，影响原本欢乐的气氛，否则与节目下一个环节的衔接会显得格格不入，于是他小心地对送鲜花的女孩说：“这花送的不是时候，他正在偷鸡呢！”听到这话，郭达和观众都破涕为笑。足见，何炅的活泼与机智可以将节目“转冷为热”。

除此以外，何炅还很善于在冷场时，或者现场情绪低落时用自己的表现去调节气氛，煽动观众情绪。

2004年4月24日，在湖南卫视《快乐大本营》的节目录制过程当中，发生了这样的场景：当期嘉宾、青年演员孙俪在导演的安排下，假装被节目中的一个“整人”环节吓倒，故而生气退场，导致节目的录制暂时中断。其实在场的每一个人包括现场的观众都知道这是一个“圈套”，是一个大家送给主持人何炅的特殊的生日礼物，但唯独当事人何炅对此一无所知。为了让孙俪消气，为了使中断的节目能够继续，何炅不顾个人形象，在现场导演的安排下，穿上了一身白色的长绒毛衣，还戴上了一个绵羊的头套，躲进了台上的大礼盒里，希望用这种出其不意的方式换回嘉宾的笑容。虽然这有悖于一个主持人光鲜靓丽的形象，而且要一个三十而立的男子汉假扮成一只宠物绵羊，但何炅丝毫没有顾及自己的形象，完全为了节目着想。最后的结果当然是皆大欢喜，当何炅知道自己被骗后，非但没有生气，反而激动地泪如雨下。即便是在此时，他还不忘幽默地说一句：“想不到我30岁的生日却穿着这样的衣服。我多希望今天吹的是20岁的蜡烛，而不是30岁的蜡烛。”看到他当时可笑的样子，相信没有一个观众不为之感动。为了何炅对自己的戏谑和调侃，我们不得不粲然一笑。

或者我们可以说，何炅是可爱的。他的活力和热情以及对节目的献身精神让你无法不受其感染，无法不被他鼓动，甚至无法不跟着他一起年轻。

中央电视台《开心词典》的主持人王小丫那活泼的、充满魅力的笑容也是深受受众喜爱的。由于《开心词典》这个竞猜型综艺节目本身的特点，无论是现场的选手还是电视机前的观众都免不了会紧张，会为正在答题的选手捏一把汗。倘若主持人是板着面孔的或者是不够亲切的，那么相信节目的气氛会更加凝重，但在主持人王小丫和李佳明的默契配合下，这种担忧并没有成为现实。特别是“主考官”小丫，不管选手的答案正确与否，小丫都会报以亲切笑容和温暖的如清泉般的鼓励话语，给人以安慰和支持，难怪很多选手参与节目的最大梦想就是和小丫“面对面”。

小丫有魅力，这魅力并不仅仅缘于她的天生丽质、声音甜美，还来源于她大方的发型、明亮的双眼、动人的笑容、清新的主持风格和她的真诚自然。当她笑语盈盈地面对观众时，她的活泼与美丽便变成了一种无形的气韵，吸引着你往下看。

除了《开心词典》以外，小丫还把她干净的笑容带到了近几年的春节晚会上。不难发现，小丫在主持节目时，话语并不是很多，而且语言也多是简练、短小的语句，没有过多的修饰，也没有花哨的动作和服饰，但恰恰就是这种明快使得她处处洋溢着简单而诱人的魅力，让人回味无穷。

活泼型的综艺节目主持人往往给人清新、明快、亲切的感觉，如中央电视台的亚宁、湖南卫视的李维嘉、上海东方卫视的周瑾等，这样的主持风格不仅让受众觉得很轻松，而且很舒服，所以年轻的主持人不妨尝试着让自己活泼一些、简单一些、率直一些。

五、平民型

主持人似乎永远是受众心目中的明星、偶像，虽然通过科技的手段，收音机和电视机可以缩短受众与主持人之间的距离，但心灵上的距离却始终没有缩短，仿佛主持人的亲切感永远只是话筒前和摄像机前的遥远的亲近，是看不见、摸不到的。

而近几年，主持人真的越来越平民化了。从“邻居大妈的儿子”崔永元到微笑面对观众一切善意玩笑的李咏，再到近来深受喜爱的，并自称是“邻居大妈孙子”的毕福剑，受众似乎更愿意接纳这样的主持人，因为他们并不耀眼，但很顺眼；并不炫目，但很夺目；并不冷漠，但很幽默……总之，这样的主持人备受推崇、备受关注，也备受欢迎。

以毕福剑为例，他的大学时代在北京广播学院学习电视导演专业，毕业后进入中央电视台，原本是想做一个电视剧导演，但事与愿违。后来，他参加了大型电视连续剧《三国演义》的拍摄，任主摄像之一。再后来，他走到了台前。毕福剑最初主持节目是从北极开始的，1995年，他随北极科考队远赴北极，成为中国第一个徒步到达北极点的中国电视记者。

他成为《梦想剧场》的主持人，则纯属偶然。最初，《梦想剧场》曾找了几位专业主持人，但做了几期样片，总是觉着与观众的业余表演不合拍，看着呆板缺乏生气。谁料到，被赶鸭子上架的毕福剑却以其朴实自然和风趣幽默，赢得了领导、同行和观众的认可。

由毕福剑主持的《梦想剧场》等节目深受观众的喜爱。2004年春节过后，原本就以“一脸坏笑”、特能逗乐而家喻户晓的毕福剑更是人气直升。《梦想剧场》的春节特别节目“过年七天乐”着实让电视机前的观众乐呵了7天，甚至有人撰文，认为这个热闹又耐看的节目给春节晚会树立了榜样。想不到这个非科班出身的电视节目主持人竟然以其带有幽默感的插科打诨式的生活化语言建立了独树一帜的主持风格。

毕福剑，这个半路出家的主持人，凭借着他半瓶子的主持功夫，造就了众多成功的、吸引人的节目：《梦想剧场》、《快乐驿站》和《星光大道》，再加上每个假日出台的七天乐系列，毕福剑已在中央电视台霸占了越来越多的黄金时间。他虽说样子很土气，但是其主持风格很是随和、幽默，感觉跟任何一个年龄段的受众都可以打成一片，这样的主持人才是真正的好主持人。

看毕福剑的主持，观众能感到一股强大的亲切感。他的主持给人印象最深的就是随意和自然，因此很多媒体都称赞他的主持有很强的亲和力，与演员和观众都没有距离。无论在演播现场，还是电视机前，距离感和拘束感根本不会存在于毕福剑和受众之间。有人还戏称，如果中途把频道换到《梦想剧场》，甚至分不出谁是主持人、谁是演员，因为他常和大家一起说台词、做动作，融为一体。现场观众的笑声、掌声不是人为制造的，确实是发自内心的。

毕福剑主持节目深受观众喜爱，除了因为他幽默、自然，还在于他从不照本宣科。比如他与中央电视台的其他节目主持人一起主持晚会，背词儿的事儿他从来不干，因为他也背不下来。导演们都知道，好好的词儿要是让他背肯定乱七八糟，还不如让他自己现场发挥。

没想到长得一脸沧桑、粗犷模样的毕福剑，带着他一脸的风霜，竟能自如地面对所有观众的“检阅”。从比赛选手的欲望、希望到失望，再从一些受众的质朴、尴尬到感动和释怀，毕福剑永远把自己当做一个“小丑”，拿自己开涮，给节目营造轻松的气氛。即便是一些参与节目的观众或选手因为种种问题出现滑稽的场面，毕福剑也会没有架子地把自己变得更加可乐，把辛酸化做欢笑，将他们从窘困中解脱。

毕福剑自己曾经说过这样一段话:“我并没有太多考虑自己的主持风格，也没有给自己定位，大家说我有亲和力，可能是因为我长得跟老百姓一样，不是那种标准的‘帅哥’。而且我平时说话什么样，在台上还是什么样，无论是准备好的台词还是即兴台词，都用口语化的形式来表达，这样就把和观众的距离拉近了。”

任何节目都是做给大众百姓看的，所以要贴近民心、关切受众，而主持人要做的就是真实地展现自我。尽管毕福剑露脸的节目越来越多，可是观众并没有看厌他，而且对他的每个节目都热情地追随，这就是老百姓对主持人最好的一种回馈。

其实，毕福剑的幽默不仅仅体现在节目中，他的幽默似乎是与生俱来、无处不在的。近年来，很多观众提议在中央电视台优秀综艺节目主持人紧缺的情况下，不妨尝试着让毕福剑来主持一年一度的春节联欢晚会。可几年来都没有结果，当有记者问及此事时，毕福剑自嘲道:“我‘冲’了好几年春晚也没‘冲’上去，伤自尊了，今年不去了！都是因为大家管我叫‘老毕’叫的，今后我准备改姓‘尚’，大家管我叫‘老尚’，我准能冲上春晚。”还有一次，针对自己的节目深受欢迎这一点，他谦虚而诙谐地回答道:“也许是因为观众看出我的漂亮来了……”看来这样的主持人，观众想不喜欢都难。

除了毕福剑以外，李咏也是老百姓的心头好，可以说他们都是中央电视台典型的平民主持。事实证明，虽然他们成名的时间不久，但已取代了中央电视台诸多的俊男靓女型主持人，成为主持人界一道耀眼而独特的风景线。

但是，这种类型的主持人也有他们需要提高的地方，因为他们与观众的期待还有相当大的差距，所以主持定位应该有所调整。也许刚开始他们受关注是因为主持语言有自己的特色，但是有语言特色并不是主持人的核心竞争力，尤其是现在讲究娱乐通行的天下。因为他们主持的节目如《星光大道》、《幸运52》等又是综艺性、娱乐性很强的节目。而娱乐的内涵更多表现在竞争力的多元化，因此主持人不光是靠嘴上的特点来维持自己，还要有其他的表现力更强的因素。如果没有多元因素强化自己的主持内涵，综艺节目的主持人将肯定会退步。

小 结

清新柔美的主持风格可以沁人心脾，深沉含蓄的主持风格可以令人回味，睿智隽永的主持风格可以予人启迪，诙谐幽默的主持风格可以愉悦身心……

在其他的艺术风格中，我们虽然也能看到创作者个人的影子，但那只是间接的，没有哪门艺术在表现创作者个人魅力上有节目主持这样直接。从以上几位风格独具的主持人身上我们不难看出，风格的树立是和主持人的本真个性、知识积累、生活阅历密不可分的。因此，主持人如果要靠某些外表特征或独特的技法来树立风格，只能是暂时的。真正的主持风格必须植根于深厚的思想情操和心理体验。著名的节目主持人杨澜曾这样说道："如果说不同节目的成功与主持人之间尚有规律可循的话，我想，那就是人格的魅力了。"

娱乐圈是个更新换代十分频繁的地方，作为一名综艺节目主持人，该如何保持新鲜感和市场呢？对此，相信他们每个人都自有一番打算。

"问渠哪得清如许，为有源头活水来"。做主持人就像开闸放水一样，自己必须广泛了解各种知识，创新主持风格，才能保证自己能永远给受众送去清凉的活水。

思考题：

- 综艺节目主持人风格的形成受哪几个因素的影响？
- 如何理解和看待情感型节目主持人的风格特征？

第四章

综艺类节目的前期策划艺术

要点提示：

分别从受众研究、角度选择、节目构思和角色定位这四个方面来着重探讨综艺类节目的前期策划问题，从而对今后的学习和实践之路提供尽可能的帮助。

第一节　受众研究

作为社会上一种不可或缺的娱乐休闲方式，综艺节目走到了今天，总的来说发展的态势还是喜人的，只有不断深化节目内容、灵活运用自身特有的优势才能为受众提供更加优质化的节目。对于任何节目而言，前期策划都是节目创作中的重中之重。而在综艺类节目的前期策划中，选题的关键要侧重于受众这个方面上，并且要注重在节目的传播过程中充分体现出对人的尊重和关怀。因为不是我们认为节目什么样它就是什么样了，而是受众将一个节目理解成什么样子，正所谓“人不在，花与人俱谢”。

那就让我们来明确一下受众在媒介传播中所处的地位：第一，受众是媒体提供的信息的消费者和使用者，媒体最终要在受众处实现节目价值；第二，受众是媒体信息传播的服务对象，是一个完整的传播过程中不可或缺的信宿和终端环节；第三，受众是媒体传播活动的参与者和行为主体之一；第四，受众是广播电视传播的反馈者。

对于受众来说，观看电视既是种审美活动，也是种休闲和放松的方式。“观众总是要根据自己的生活经历，对屏幕上的事情进行体验、玩味，以获得精神上的满足。透析节目的精髓，一个人的愉快是怎么样产生的呢？作为审美主体的观众的内在生活与审美客体的电视节目呼应时，便产生了精神上的愉快”。[①]正因为这样，所以我们就必须要掌握受众的收视审美心理，毕竟在看电视时这种心理活动是相当复杂的。毋庸置疑，在不失自身风格和立场的前提下，越是遵循受众心理的综艺节目越能受到欢迎并增强节目的传播效果。节目良性化发展的必由之路就是受众调查与研究。然而，我国开始于20世纪80年代并延续至今的受众调研“依然集中于商业和意识形态领域，而真正的学术研究微乎其微。这是中国的现实，也是中国大众传播学贫乏的起点”。[②]

在节目的前期策划过程中，关于受众问题的研究历来都得到大家广泛的重视。1948年，美国传播学者施拉姆在《大众传播学》一书中，就曾将传播对象（受众）作为8个主要课题之一来研究。到了20世纪60年代，人们更加意识到受众在传播中的中心地位，并且有人提出了“使用和满足理论”。可以说受众是电视发展的“衣食父母”，他们在审美需求上的变化就直接导致媒体转变过往的传播理念，诸如重新确定节目选题、节目新式的个性化包装、节目风格的重新定位等等。

与同为新兴的综合性艺术的电影相比，现场直播的即时性是电视一个独特的传播优势。电视传播是使用先进的光电成像方式，它的拍摄与成像能够在瞬间同时完成，其传播又以电磁波为媒介，瞬间即可覆盖整个电视网络。电视的独特传播手段，是电视之即时性传播和共享性接受的物质基础。电视给观众的一个重要的感觉是现场感和参与感。在综艺节目中，电视观众的参与分为两个层面：心理参与和亲身参与，或者说现场观众的参与和电视机前观众的参与。因为电视综艺节目的欣赏，不同于其他古典型、高雅型的纯艺术的欣赏，观众并不仅仅只是观赏者，而且还是参与者，传播者和观众之间采取的是“面对面”式的交流方式。这就要求综艺节目的表演与游戏等内容要富有感染力，不仅感染现场观众，而且要让电视机前的观众产生现场参与感，虽然他们并不在现场，但通过电视节目现场的气氛烘托，电视主持人不断的有意提示，使不在场的观众身临其境地参与其中。综艺节目中常见的诸如邀请现场观众与嘉宾同台演出、游戏与竞猜、现场采访、对正在收看节目的观众外景采访的同期直播、热线电话与当众抽奖等方式都体现出媒体工作者为增强现场感和参与感所做的种种努力。这种由参与所带来的媒体与观众

① 壮春雨：《电视节目概要》，浙江大学出版社 2001年版，第287页。
② 张问道：《电视看客》，安徽教育出版社 2003年版，第1页。

的直接对话则形成了电视综艺节目具有较大开放性的特点。

从某种角度看，电视综艺晚会是一种群体行为。无论从创作、制作、表演的群体，还是从电视机的观赏者的角度，都称得上是一种群体的行为。就此而言，电视综艺节目，尤其是综艺晚会和游戏娱乐节目，并非简单的艺术欣赏，更是一种特殊的文化活动。所以，综艺节目必须尽可能地调动起现场气氛，也要尽可能地抓住人们普遍关注的具有新闻性价值的“焦点”问题，就像虽然几乎历届春节文艺晚会都把“欢乐”、“喜庆”作为主基调，但总有一两个节目事关当年发生的国家大事一样。同理，即使是娱乐游戏类的综艺节目，在游戏的设置上也要注意把握观众的“热点”需求并充分调动现场气氛，突现热闹、欢乐的基调，诱导观众的参与和介入。

综艺节目的对象大多是中青年人，他们收看综艺节目多是为了获得乐趣、得到放松，所以整个节目的基调应尽量显得轻松，主持人要时刻保持笑容，幽默感当然是必不可少的。主持人的语言风格要以口语化、轻松、欢快为主，适当采用新名词，尽量贴近受众的口味，要充满时尚感和青春活泼的气息。

根据一项“观众收看综艺栏目的动机是什么”的收视调查显示：选择“增广见闻”的占到了37.6%，选择“娱乐消遣”的占到了50.2%，选择“欣赏主持人”的占到了7.6%，选择“满足参与感”的占到了5.3%。[①]由此可见，大多数受众观看综艺节目的目的是为了休闲娱乐。所以不论节目思想如何深化、节目形式如何翻新，都必须要坚守一个前提：为大众提供娱乐内容是第一原则。但是，这也并非就可以喊出“将娱乐进行到底”的口号，毕竟这样就有些过犹不及了。因此，娱乐归娱乐，但是仍然要把握一个尺度，过于放任自流甚至将原则性问题置于不顾，则必将会损坏综艺节目的整体形象。

在市场经济的游戏规则下，电视传统的传播理念正在发生着悄然的改变：受众不再是不关痛痒的看客，而是以消费者的角色出现在我们面前，并作为重要因素之一进入信息的传播活动当中；节目制作者和传播者也逐渐开始适应信息推销者的身份了。因为大家都清楚，失掉了受众便意味着失去了节目赖以生存的“衣食父母”。

电视媒体在这样激烈的竞争环境下，自然而然地就要向适合大众口味的方向发展，很多媒体开始将娱乐功能最强的综艺节目视为制胜的法宝。“经过

① 张问道：《电视看客》，安徽教育出版社 2003年版，第44页。

调查国外媒体的成功案例，我们发现，真正吸引观众的除了新闻和影视节目外，其次就是娱乐节目”。因此，电视的娱乐性内容所占的比重越来越大，这种情况在国外更是十分普遍。尤其是到了20世纪90年代末期，由于各种媒体之间的竞争日趋激烈化，以及处在特定历史时代的受众对电视消费群娱乐需求的增大，使得电视节目的娱乐化倾向愈发明显。所以，今天的综艺节目在前期策划中必须要认真履行“娱乐休闲第一性”的原则。选题上要紧紧围绕“为受众打造轻松愉悦的艺术平台”的大方向，创造一个大众化娱乐的互动环境。

在一项题为“对于娱乐节目，您想看的是什么”的受众调查中（可以复选），选择“情感故事”的观众占到了46.7%；选择“明星”的观众占到了40%；选择“刺激的游戏”的观众占到了32.42%；选择“新潮歌舞”的观众占到了29.2%；选择“大牌主持人”的观众占到了23.8%；另外，缺失值占到了4%。因为这项调查是近几年做的，所以能够在一定程度上反映出现今时代受众的诉求和关注点。当然，实际情况要远比这组数据复杂的多。事实上由于受众的广泛性、混杂性、自主性、隐匿性和稳定中的流动性这些特点的存在，确实使得“节目选题”变得比较困难，但是根据受众调查等手段还是能够基本掌握受众的收视心理、收视需求和收视动机的。

受众在欣赏综艺节目时大致有如下5点心理效应：威信效应——可靠和有威望的传播者（节目主持人）、传播机构和信息来源能使受众产生信任感，更有利于受众的接受；名片效应——先把受众认同的内容传播给受众，然后在受众认同其传播的心理状态下，向受众传播新的内容，具有很强的渗透性（强化了品牌栏目的作用）；“自己人”效应——当传播者和受众在信仰、理想、个性、背景等方面相近时（主持人的大众化气质），往往具有亲近感和亲和力，这样的传播者传递的信息容易为受众所接受；晕轮效应——传播者给受众留下的某种印象，往往可以扩散到传播内容的接受中去；从众效应——受众在接受传播的过程中，和大多数观众采取一致行为取向的心理。深入洞察受众在收看过程中所表现出的这些心理效应有助于我们更好地对综艺节目的选题进行研究和检验。

受众是电视媒介发展的支点，受众本位思想是综艺节目安身立命之本。只有立足于受众求新重快、求知重趣、求真重美、求富重乐、求深重活的心理倾向，立足于节目自身的传播特点，立足于当今社会时代特征，才能真正创作出优秀的节目来。

此外，在节目的策划和制作过程中必须要注意追求人际关系中的自由与平等。这是一种精神境界，是实现理性思考的前提。有了对社会的理性思考才能加深对平等的理解。因此，无论是节目制作人员还是节目主持人的心中都应该真正地装着普通百姓，真正关注他们的生活，尊重他们的利益，并且将这种自由与平等的意识贯穿节目始终，才能赢得受众的喜爱。

自由，其实就是一种宽容和理解的表现。人们可以按照各自的能力、性格、爱好及对人生意义的理解去实现各自的人生价值。不同阶层的人对社会生活的理解也许各不相同，作为拥有更多话语权的媒介组织和主持人，应该允许受众在话题的争论中和事物的认识上保持自己的观点，能够容忍与自己持不同见解的人，并且尊重他人对社会生活独到的理解和追求。自由，还指在节目之外，所有工作人员都能正确地对待受众的“评头论足”。也许正是这种不留情面的批评才更能够促进节目的成长、成熟。一个节目传播出去，能引起思考和讨论非常正常，比那种众口一词的赞美还要好。倘若能对批评意见抱有平和、宽容的态度，栏目才会越来越受到受众的喜爱。

平等，就是要求节目要拉近与受众的距离，特别是主持人，不要居高临下。曾有一位著名的主持人这样说道：“在主持节目的过程中，主持人无时不在展示自己的品格、素养，甚至是整个节目组的制作理念和文化。如果主持人居高临下、颐指气使，会使受众产生逆反心理。”可见，平等意识是横亘在媒介与受众之间一座无形的桥，如果这座桥修得好，就会成为沟通受众与媒介组织的桥梁；倘若修得不好，则会成为受众与媒介组织之间无法跨越的鸿沟。这些都是节目的全体制作人员包括主持人在做节目之前必须考虑到的重要因素。

在这方面，中央电视台经济频道《开心辞典》的主持人王小丫是个典范。《开心辞典》是一档游戏答题式栏目，所以每位嘉宾在答题时都会有紧张情绪，特别是有题答不出来或者答错下场时，失望之情溢于言表。王小丫总是用自己甜甜而温情的微笑，用自己赞赏而鼓励的目光来慰问嘉宾。她的话语也非常体贴，比如“这道题目确实太为难您了”、“我非常理解你为什么会选择这个答案”、“我如果不看答案，也回答不出来”……这都是因为在节目的前期制作中充分考虑到了受众的感受，而体现出的人文关怀，所以大家都十分喜欢《开心辞典》和它的主持人王小丫。

受众就是信息的接收者，也是广播电视进行大众传播活动唯一的终极目标，所以在节目的前期策划时，必须充分了解受众、关心受众是取得最佳传播效果的必经之路。有了这种受众意识，才能在节目的前期制作中，既注意节目的针对性，又注意节目一定的广泛性、多层次性，以提高节目的引导性、适应性和传播效果。

当然，有的时候主要受众与预先的设计并不相符，因此，要在节目播出后根据收视情况对节目进行调整，使之更符合主要受众群的需要。

第二节　角度选择

1932年，美国传播学者拉斯韦尔提出了传播学的“五个W”，即Who（传播者）、To whom（受众）、Says what（传播内容）、With what effect（传播效果）、Through which channel（传播渠道），这些都是节目在前期策划中需要考虑的角度问题。前期策划的角度选择是一个节目成功与否的关键环节。明确了节目受众群的审美需求后再做前期的策划就能达到一种事半功倍的良好效果，而这样一条捷径需要对节目的受众群体进行深入的调查和研究后再制定计划。

前期策划的角度可以在现有的模式基础上再加以创新，开拓一些新颖的思维模式。为什么一些曾经昙花一现的综艺节目会凋零得如此迅速？原因就在于，在当今综艺节目竞争愈演愈烈的大背景下，有些节目制作人明明对自身高不成低不就的节目水平心中有数，却仍然破釜沉舟般地去和那些老牌节目硬碰硬，争抢时段，急于打场“垓下之战”，这种做法显然是不明智的，也是不合时宜的。在一档节目尚处在成形阶段，还没有足够厚实的受众基础时，主动地避让“高峰期”、“拥挤期”才是上上之策。这时，在节目编排中完全就可以采用“反向编排效应”的手段，不一定非要同其他几档综艺类节目抢在同一个时间段播出，有效地规避黄金时间段。

“大众传播系统包括传播者、信息、传播媒介、受众、传播效果和反馈等基本子系统。其中，传播者和受众是整个系统中的两个主体，着眼于此二者，传播中各个子系统之间的关系可以简要描述为一个分享信息的过程”。[①] 因此，在综艺节目的前期策划中，就必须要详细考察受众这一重要子系统，分

① 张问道：《电视看客》，安徽教育出版社 2003年版，第355页。

析它的构成和审美取向，从而正确确立策划的角度。

第一，一个不争的事实是，在各种复杂因素的共同作用下，电视领域年轻的、有活力的受众群体正在逐渐流失，青年人已不再是综艺节目的最大受众群体。这种情况的出现对于节目的策划者们来说应该是一个很好的提醒。随着现代社会的不断向前发展，人们更加注重工作效率和时间合理分配问题，因此我们身边为数众多的人们花在看电视上的时间越来越少。电视台原来的所谓"黄金时段"已经逐渐成为家庭主妇和离退休的老人们的黄金时段。中老年受众比青年受众更乐意将时间花在欣赏电视节目上，这已经开始形成一种趋势。例如：《正大综艺》的受众主要集中在20～39岁这段年龄段之间，尤以35～39岁这样的一个年龄段更为突出，他们的特点是比较怀旧，钟爱老牌综艺节目。而《快乐大本营》的观众主要集中在15～34岁之间，像这样风格轻松活泼类型的综艺节目也已不再是年轻观众的"天下"了。由此可见，不同年龄段的受众所占的收视份额不是绝对固定化的，这就要求节目的创作角度要常换常新，不能使其固定在某一范式内。娱乐也是一种对生活的态度，而不是陈旧的"八卦"模式。

第二，要明确综艺类节目的审美角度问题：综艺节目既然定位在电视艺术这一领域，就必须要以一定艺术品位的标准来衡量。电视综艺节目属于精神产品，融合了众多艺术样式，在不断整合、借鉴、吸收的过程中，建立起了自身相对独立的艺术语言系统，进而确立了自己的艺术品位。人是所有社会关系的总和，仅有娱乐并不能够满足人们的需要，还要有更高层次上的精神需求——审美需求，这是一种要从欣赏过程中获得艺术美感享受的需要。就像有些学者提出来的那样，电视艺术不仅要"寓教于乐"，而且从艺术品位的角度来看，也应该要"寓美于乐"。当然，从根本上说，电视综艺节目只能算做是一种"亚艺术"、"准艺术"或者归入"边缘艺术"之列，因此又不能完全以纯艺术、高雅艺术的标准来削足适履。今天的电视综艺类节目同样也要面向现实世界、面向大众生活，要符合受众审美需求，也要适应我国的基本国情，"在审美取向和品位把握上，不应该孤芳自赏地'空悬'于芸芸众生之上，在文化定位方面，'高出半个头'足矣。"①

同时，成功的前期策划工作还必须充分考虑主持人因素，节目的角度选取，风格、内容的设计要与选定的主持人的风格贴近，要适宜主持人特点的

① 应天常：《试论电视晚会的文化定位》，《南方电视学刊》，1997年第6期。

充分发挥。在有相对固定的、成功的主持人的前提下，节目应该是为主持人量身打造的；在没有一个相对固定的主持人的情况下，则应该根据确定的节目风格选定相应的主持人，并根据所确定的主持人的特点对节目做适当的调整和修正。

目前，部分综艺类节目在前期策划中往往角度选取并不得当，模仿、克隆者众多而自主创新者鲜有。尽管各档同类节目之间彼此在积极竞争，但是却都只是在一个水平上绕圈子，很少有能另辟蹊径从而提升节目高度的。结果造成了节目形式和内容上的雷同化，甚至有的节目在主持人的选用和包装上都是惊人的相似，这样使得受众视觉以及心理上产生了审美疲劳，加之随着现代社会的不断进步，观众自身的审美眼光和审美需求都得到了大幅度的提升，眼光变得越发“挑剔”，他们对于单一节目的收看时间开始日渐缩短，而节目一旦没了“衣食父母”自然也就没了生命力，从而愈发地日暮颓唐了。

因此，只有明确自身广泛、复杂、隐性化的受众群体，了解他们求新、求变的现代审美心理，才能在真正意义上选择好综艺节目的创作角度，为日后的工作指明前进的方向。

第三节　节目构思

电视节目的生产过程包括“设计阶段”和“实际制作阶段”两部分，“设计阶段”所指的就是通常意义上的前期策划阶段，节目制作以前期策划为指导，前期策划的实施终端是节目制作，两者是一个统一整合的过程。在前期策划中技巧性的构思，不仅能够使得以后的节目制作在逻辑上整齐有序、自然流畅，而且也在很大程度上促进着综艺节目的革新与发展。

构思与策划是节目创作活动的第一环节。良好的构思与策划是节目获得成功的首要前提。独到的选题、鲜明的主旨、充实的内容、完美的表现形式，都是节目构思的基本要求。除了其他工作人员之外，节目主持人作为节目最终的体现者，也有责任主动参与、了解、关注节目的构思与策划。

构思与策划是指在栏目宗旨、特色确定的前提下，对节目内容与形式的策划与创意，主要遵循以下几方面原则：1. 确定选题，明确主旨。广播电视节目制作的整个流程中，最基本、最重要的也是最早涉及的环节就是确定主题、明确主旨。选题就是节目的题目，即节目所涉及的具体对象、具体内容。确定选题要做到客观性与观念性统一，还要做到社会需求与栏目定位的辩证统一。节目主旨是节目的核心，是串联、组织材料的红线，明确主旨就是要对选题进行深入地思考与研究。2. 广开视野，精选内容。节目内容的构思主要是对事件、人物、背景材料的选择与组合，根据节目主旨确定采访人物、拍摄对象。选择什么样的内容、素材才能最好地表现节目主旨，这是构思者思考的关键所在。3. 不拘一格，选择形式。表现形式也是节目构思、策划过程中的又一主要问题。一旦决定了表现形式，就不可能忽视这一形式所固有的特点、要求。总之，形式要与内容和谐、完美地统一。表现形式当然也指节目的主持形式，比如从主持人员的组合、操作方式来看，可选择单人组合、双人组合、多人组合等形式；从主持人的演播空间形式上看，可以分为演播室固定主持、现场活动主持和演播室与现场交替主持等多种形式。做到以上几点就基本完成了节目制作的构思与策划，这是任何一个节目制作所不容忽视的问题。它就像是一个节目制作组的梦想与目标，只要有梦想，就会有动力，只要有目标，就会有努力。有了这种理念，节目的制作也会有所约束。

而从另一个角度讲，节目的构思与策划可以分为以下几个方面：

第一，是节目编排上的构思。因为西方尤其是美国的综艺节目的发展要远远早于我国，因此它们在这一领域的理论和实践都是先验性的，部分超前的观点和新鲜的思路还是很值得我们去借鉴和吸收的。那么，就让我们先来了解一下美国在电视节目编排上的10点经验："1. 认真研究竞争对手；2. 密切注意时代思潮；3. 集中精力安排演员阵容；4. 掌握电视节目成功的要素；5. 研究自己的电视观众；6. 争取最佳节目编排效果；7. 注意观众流向；8. 掌握反向节目编排的技巧；9. 加强地方性节目的比重；10. 购买节目应适合节目编排的需要。"① 上述的这些经验性理论是对各类电视节目在编排技巧上的一种概括，尽管是这样，其中大多数的观点都是可以应用在电视综艺类节目领域的，都是节目构思中不可或缺的宝贵的经验总结。

在综艺节目的编排上，应该遵循以下原则：1. 协调一致原则；2. 服务受众原则；3. 繁荣文艺原则；4. 严格把关原则。

第二，是节目播出时间的构思。综艺节目的播出时间安排往往都是遵循着"最佳时间效应"原则。"开发和利用一日、一周、一月、一年中的最佳播

① 摘自：[英国]《国际电视业务》，1989年10月。

出时间，以求最好的收视效果，可称之为‘最佳时间效应’”。一般来说，清晨的5点至8点是一天新生活的开始，是较为忙碌的时区；上午8点至12点是第一劳作时间；12点至14点是缓冲和暂休时区；14点至18点是第二劳作时间；18点至23点是一天中最为放松的娱乐和休息时区。“根据人们日常生活的节律，找出一日中电视节目播出的最佳时间，称之为‘黄金时间’。这段时间一般是晚饭后的闲暇时间”。[①]所谓“黄金时间”就是电视节目收看率最高的时间，也是传播效果最为理想的时间，这个概念的正确解析和利用可以在很大程度上起到事半功倍的作用，但是由于个体差异性的存在使得“黄金时间”的界定不可能完全准确，因此同样有必要开创一些“第二黄金时间”或抓住一些零散的时间段，这就要求电视节目制作者们根据自身节目的需要，具体问题具体分析了。

目前,我国大部分的综艺类节目往往采取的都是“周播”形式。周播的节目如果常年播出，而在这中间又没有给制作人员和观众一个缓冲阶段的话，那么长此以往，节目的质量、影响力、对于受众的吸引力就都会受到冲击。针对这个问题，我们同样也可以借鉴一下美国电视业发展中的一些经验。在美国有很多“按季播出”的节目，这样每年便会留出4个月左右的时间，这段时间被称为节目的空白期。在这期间，制作人员可以有充裕的时间对旧的节目形式、节目内容进行调换和革新，并能够有效地策划和准备新一季的节目，以期为电视机前等待的观众们带来不断翻新的惊喜。同时，那部分长期关注节目的受众也可以得到一个节目收视的空白期，这样就很好地避免了对于节目所产生的收视疲劳和冷淡、厌倦的情绪。

我们国内的一些综艺节目，就是因为存在着周播的压力，节目要常年不断播出，所以在某种程度上导致了一些不良的后果：一方面，节目的质量会因为迫于播出的压力而下降，有的甚至会形成“积重难返”的局面；另一方面，观众也会因此而出现收视上的审美疲劳，进而开始不断流失。而诸如《梦想中国》、《超级女声》等几档节目就吸取了国外创办同类节目的一些成功经验，采取按季播出的模式，它们因此都获得了较高的收视率和影响力。这种播出模式在无形中就吊足了观众欣赏节目的胃口，在节目与观众之间形成了一种微妙的“约会的情绪”，等到节目真正开播的时候，自然会掀起又一轮新的收视狂潮。节目的制作者要善于揣摩观众日常生活中的作息习惯，并把这

① 壮春雨：《电视节目概要》，浙江大学出版社2001年版，第203页。

些因素同自身的播出模式结合起来，从而能够更好地达到定时播出的效果，通过约会意识的建立，使得收看行为变成受众的一种生活习惯。一旦受众有了这种期待感，在经过了一段时期的沉淀、酝酿后，翻新的节目就自然能够得到广泛的关注和推崇。

第三，是节目理念的构思。综艺节目的娱乐性只是种外在的表现形式，不断丰富完善和自主创新才是核心实质。电视娱乐节目对创意的依赖性是相当强的，因为它的更新速度非常快，一旦不能跟上受众生活的节奏，就将被观众所厌弃。

电视综艺节目是众多电视节目类型中的一个分支，所以就有必要强化这门电视艺术所特有的个性，并将它作为一个系统的工程来认识。应该从综艺节目的创作、传播、接受三个方面的特性出发进行认真构思，从而确立电视综艺类节目有别于其他类型节目的特性。诸如，它在创作过程中灵活多样的表现手段、风格独特的时空思维，在传播过程中的同步性、迅速性，在接受过程中的轻松随意的家庭氛围、潜在受众的广泛参与性等。

故此，只有不断的创新才是电视产业最佳的生存状态。以诸多明星和游戏活动为主要内容的综艺类节目，曾经一度被电视评论界人士归纳为两种模式："真情模式"和"快乐模式"，节目模式化、缺乏创新精神成为电视综艺类节目渐受冷遇的最主要原因。因此面对着受众欣赏兴趣和品位的日益提高，电视人则必须要不断拓宽节目自身的表现形式，摒弃过去以单纯嬉笑为主的浅层次刺激，进而达到深层次审美的目的。

同时要在节目的前期策划上不断创新，加强受众与节目之间的互动与联系。一定要注重打造综艺类节目的"王牌"主持人，将其树立起来的形象作为一档节目的门面，用主持人自身的知名度去进一步提升节目在受众心目中的地位。在综艺类节目主持人的选用和培养上，要打破"俊男靓女"的固有范式，将主持人引到"丰富的知识性与深厚的文化底蕴相结合、良好的临场应变和出色的发挥能力并举"的发展方向上来。只有这样才能同时受到一部分知识层次较高、经济收入较高、审美情趣较高的"三高"受众的推崇和欢迎，从而提升综艺类节目的文化品位和社会知名度，增强节目自身的卖点和在同行业中的竞争优势。

由此可见，就综艺节目自身来讲，其对于创意的要求还是相当高的。因为综艺节目与人们日常生活节奏的联系甚是紧密，随着受众生活节奏的渐趋加快和电视技术手段的日新月异，我们的综艺节目也必须要作出与之相应的准备。而那些有着优秀创意的娱乐节目不是闭门造车的产物，更不是对现有资源的简单复制，新颖构思的这个过程应该是建立在对现实生活密切关注的基础上的。“当然，观念是第二性的东西，它的正确与否，要受实践的检验，并随着实践发展而发展。改造客观世界的实践永远不会终结，这决定了观念的更新也是永无止境的”。①

综艺类的节目一定要发挥电视声画并举的强大优势，针对受众人群收视的审美需要有侧重地来选择节目内容，既要符合当今的时代特色，有利于节目的传播，更要贴近受众，易于信息传播终端的接受。在注重艺术知识的传播和受众教育的同时，还要充分发挥出综艺节目形式活泼多样的特色。

思路的更新，必然带来节目运作方式的转变。一方面要强化节目的理念和思想，另一方面要强化节目自身风格的娱乐化革新。无论从节目形态到节目内涵，还是从节目风格到主持人风格，都要最大程度地做到创新与和谐的统一。综艺节目前期策划的构思就是要立足于节目自身特色的强化，节目要从形式到内容都极具各自的看点和卖点，力求带给受众以不同的风格和全新的感受，真正做到以受众的审美需求为基点、以统一内容和形式为核心、以休闲娱乐为主旨，从而打造并形成综艺节目便于传播和接受的整体娱乐风格。

同时，要注意对节目气氛的营造，对于综艺节目来说，使节目充满乐趣的气氛尤为重要。在一定的环境中，光线、色彩、室温、景致、声音以及主持人的语态都会给人精神上造成某种强烈的感觉。气氛是由多种因素构成的，嘉宾、现场观众都是气氛构成的因素，所以对于嘉宾和观众的选择要有所注意，主持人在节目制作前对他们的了解，以及在节目现场与他们之间的良好沟通都有助于气氛的营造。对于进入演播室的嘉宾，尤其是普通人，以及现场的观众来说，灯光一打、摄像机一开，出现紧张感是很正常的，这很容易影响他们在节目中的个人发挥和表现。营造气氛的方法很多，一个常用的办法就是热场。在这方面，《幸运52》的主持人李咏做得就很到位。在节目正式录制之前，他总是给大家讲一些好笑的小故事让场内热闹起来，从而使嘉宾和现场观众放松下来。有的时候，李咏还会和答题选手闲聊、调侃，目的是消除他们的紧张情绪。除了主持人，现场导演、助理也可以帮助完成热场的工作，讲讲笑话，或者是做一些表演，总之意图相同、目的一致，有的节

① 《中国广播电视学刊》，1987年第1期。

目还设置了现场乐队，这些都有助于轻松气氛的营造。

制作一个节目，首先必须进行节目构思，即对节目的形态、样式、内容、长度等做一个详细的策划，从而决定想做什么以及怎么做的问题，其主要方面是通常意义上所说的节目策划案，一个完备的策划案是做好一档节目的基础。节目的构思并不是依靠空想得来，也不是仅凭经验就可以完成的。在市场化条件下的一档电视综艺类节目，必须充分考虑到市场因素。首先，在不同频道、不同时段播出的同一档节目，会因为受众的不同而产生完全不同的收视结果，因此，必须根据播出的频道和时段的具体情况来确定节目的设计方向；其次，要充分考虑到市场现有同类产品的竞争状况，要尽量避免与相对强势的现有节目发生碰撞，避开它比与其“短兵相接”更易取得成功；最后，必须有一定的预见性和超前性，即要根据市场即时的情况，对流行的节目形态和将来可能的发展趋势以及受众审美取向的变化规律有一个明确的认知和尽量全面的系统把握，设计、构思出相对新颖的节目，这样才能真正做到领风气之先，成为一档成功的品牌节目。

构思节目的同时不仅要注重艺术创新，而且要更多地推出新人新作。新兴的电视综艺类节目还很年轻，在它的发展过程中，存在这样那样的问题也实属正常，电视人需要在实践中不断去探索、不断去完善、不断去创新。电视综艺节目的发展前景喜人，发展空间无限广阔，只要各方人士不断努力，电视综艺类节目势必会成为广大受众精神生活中的娱乐首选。

第四节　角色定位

综艺节目虽然也同其他类型的节目一样，承载着一定的传播责任，具有一定的导向功能，但是相对而言，综艺节目要更注重其综艺性、娱乐性，因为综艺节目就是旨在给人们带来欢乐、送去笑声的，它的诞生和发展很大程度上就是为了使受众从无形的压力中解脱出来。所以，综艺节目最重要的就是好看、好玩。

做好看的节目，就是意味着要给各种技术性要素松绑，用娱乐观点去指导和运用这些要素。比如：

镜头——从不同角度、不同景别给出的画面具有不同的效果，使用广角、摇臂等都能产生特殊的效果。

灯光——灯光不仅是照亮演播室或者其他场所便于摄像机正常工作的辅助设备，还是一种可通过明暗、色彩变化提供不同影像效果来营造气氛，给观众造成不同视觉效果的工具。

服装、化妆——对主持人和嘉宾的外形加以塑造，本身极具娱乐色彩。

布景、道具——包括演播室或者外景的布置与选择，以及主持人、嘉宾或者现场观众手中的道具，也同样可以产生娱乐效果。

音乐——演播室现场的乐队和后期合成的音乐、音效，能在关键时刻烘托出制作人想要达到的某种气氛。现场的音乐、音效，甚至乐队成员本身，还能给主持人的主持带来新的亮点。

配音——后期配音可以通过强化或者夸张（歪曲）某种现场意义指向而达到效果。

字幕——与配音一样，可以通过强化或者歪曲达到效果。

编辑——充分运用各种剪辑技巧，特别是数字技术基础上的各种技巧，可以产生意想不到的效果。

动画、图片——与字幕一样，加在适当位置，可以通过强化或者歪曲达到效果。

准确的定位可以使得节目的形成过程更加良性化。电视综艺类的节目大致可以定位在“寓教于乐、突破创新”这8个字上。那么，我们究竟应该如何去评判和检验一档综艺节目的定位呢？

综艺节目定位的准确与否，很大程度上可以把受众的反馈意见作为一种参考。良性的反馈能够更好地检验我们的传播效果，同时也可以作为一个参照系，为今后节目的改良和优化明确一个方向和出发点。我们可以借鉴性地吸纳受众传达的意见，根据量化后的反馈材料的整合，对节目的各部分进行改革，以便更好地满足广大受众的不同收视要求。可以这么说，受众是电视成长和发展过程中的“衣食父母”，他们在审美需求上的变化会直接导致媒体转变过往的传播理念，诸如频道的个性化包装和节目的风格化定位等。因此，检验一档综艺节目的定位就不能不考虑节目的收视率这一要因。收视率是指收看某一节目的户数与所有电视机的户数之间的百分比。收视率高的节目往往都是那些在前期策划中定位比较准确的节目。

主持人主持节目的过程是整个节目组前期工作的体现，所以主持人也要参与节目的前期策划，这是他们应尽的责任和义务。“栏目制作是一个环环相扣的制作流程，所有参与制作的人员都是缺一不可的。但是其中多数人只能充当幕后英雄，只有主持人能够现身荧幕，直接面对受众，成为栏目的代言人。因此许多栏目大力宣传主持人，希望通过主持人的号召力带动栏目收视”。[①] 从一般意义上来说，影响收视率的因素大体包括以下几点：节目的播出时间的因素，不同频道或同一频道节目安排影响的因素，还有最主要的一点——节目自身的问题，这里面就涵盖着质量优劣和能否正确定位自己的问题等。

在这个娱乐经济新时代，商品大潮冲击着我们的生活，很多事物都披上了商业化的外衣，电视节目也是如此。一些综艺类节目就将自己明确定位在了“商业化节目”，商业化的运作体制本身没有什么错误，但是不能因为一味的商业化倾向而忽略了综艺节目自身的功能和品位。提及“商业化”，就自然要说到一个脍炙人口的名词——广告。

广告，在英语译做“Advertising”，我们一般地可以理解为“广而告之”。广告的本质属性是商业性的，它所强调的是经济价值，而综艺节目在原则上更多地强调文化价值和娱乐价值，在这一点上两者是很难彼此兼顾的。现在的部分综艺节目中充斥着大量的广告或者软广告，几乎到了无孔不入的境地，有的甚至连自己的节目开场语都要加进赞助商的名字，因为这些广告无疑给节目带来了丰厚的经济回报。在一项名为“对于电视广告，您的看法是什么？（可以复选）”的受众调查中，认为是“电视节目的一个组成部分，具有艺术性和观赏性”的观众有44.6%；认为“提供了消费指导，方便生活，具有一定说服力”的观众占27.6%；认为“已经习惯性收看，感觉无所谓”的观众占14.9%；认为是“视听污染，干扰正常生活”的观众占16.6%；认为“编造谎言，误导人们的消费”的观众占19.0%；认为“目前插播数量过多，影响其他电视节目的收视”的观众则是达到了67.9%。[②] 由此可见，尽管褒贬不一，但是部分观众还是接受了目前的这种现状，更多的观众希望不要因为广告而影响了节目的收看。

从我国广电传媒的总体发展情况来看，目前电视的盈利模式还是主要以贴片广告为主，尽管在全国广告市场总额不断上升的背景下，电视媒体的广

① 张问道：《电视看客》，安徽教育出版社2003年版，第85页。
② 同上，第205页。

告收入却在2000年至2002年连续3年呈现出了负增长的趋势（中央电视台除外），但是2003年上半年全国电视广告经营额仍然高达54.84亿元，其收入仅次于报纸广告。广告收入至今还是电视行业的一条主要的生命线，因此，只要真正把握好一个“度”，不至于过犹不及，正确处理好商业广告和节目传播的关系，尽量淡化一些商业气氛，还是能够使观众理解并适应的。“市场化使得电视业面临竞争的压力，正是这些压力促使电视人去主动寻找和创造受市场欢迎的节目，以获得良好的经济回报，而不再将电视仅仅当做个人爱好加以把玩。最后也是最重要的，是市场化使包括电视娱乐节目在内的大众文化产品成为商品，使文化接受行为成为一个文化商品的消费行为，直至造就一个以消费为特征的文化娱乐时代——这一切在计划经济时代是根本不可能出现的”。①

创制出优秀的综艺节目的关键在于掌握分寸性的前期定位。当然，不同形态的综艺节目应当有不同的价值取向和侧重点，要区别对待，而不能一概而论，也不能张冠李戴、削足适履。但是总的来看，作为一门综合的电视艺术，综艺节目还是始终处在多种因素、多种“合力”的共同制约之下的。无疑，这既是此类节目综合性的优势，也可能在包含着众多外在元素的同时，令其丢失掉自己正确的独立性和主体性，进而成为发展过程中“阿喀琉斯的脚踵”。所以，综艺节目定位的手段是多种多样的，关键还是在于如何去作出正确的分析，并从中找到符合自身风格特点的定位。

当上述几项工作完成之后，在节目录制前我们还应该做一些相应的准备工作。

比如在内容和主持人确定之后，要选定嘉宾。参加节目的嘉宾跟节目的关系也十分密切，有的综艺节目是有主题的，那么嘉宾的选择与主题是否合适？而有的嘉宾是难得请到的，那么节目的某些内容是否要根据嘉宾做适当的调整呢？在综艺节目当中，嘉宾是一大“重头戏”，很多时候，节目都是以到场的明星嘉宾作为吸引受众的手段之一。可是，这些嘉宾在时间上、在要求的回报上都有可能出现节目组意想不到的问题，因而要及时进行协调。既要保证节目的整体要求，又能给嘉宾以满意的展示自我的空间，确保嘉宾在节目中有良好的、符合要求的表现。毕竟，有些嘉宾的人气是节目组招徕受众的重要武器，优秀的综艺节目也是他们宣传自我的一个重要阵地，所以协调好嘉

① 宗匠：《电视娱乐节目理念、设计与制作》，中国广播电视出版社2003年版，第8页。

宾与节目的关系，也有利于今后的合作，这对于嘉宾和节目组是双赢的。

有的综艺节目除了明星还邀请普通人来做嘉宾，如《星光大道》、《我猜我猜我猜猜猜》等。这些嘉宾的寻找和选择是十分重要的，因为它们作为普通人，通常没有明星那样的表演能力，因此要对这些嘉宾有所了解、有所鼓励，以期他们在节目中能够充分表现。如果对嘉宾不加选择、没有研究地进行拼凑，肯定不会收到好的效果。

作为综艺节目，最直接的互动方式就是与现场观众的交流，所以大多数的综艺节目都有现场观众。对观众的选择，既要考虑到他们的知识层次、年龄结构等是否符合节目内容，还要考虑到他们对节目以及节目主持人的兴趣，因为不符合节目定位的观众或者是对节目本身毫无兴趣的观众无法对现场气氛的营造有所帮助，对现场的互动环节也毫无益处。

专家也经常出现在综艺节目中，同样的，对他们的选择也要和节目内容的要求相符合。此外，还要看专家的现场表现力，是否具有在媒体上的表现力。有的专家，虽然他的专业素质很高、专业技能很强、学术气息浓重，但是可能不善表达或者语言缺乏魅力，用语生涩、难懂，这样的专家不适宜请到节目中来。

综艺节目在舞台表现力上应该是高居各节目类型之首的，因为它不仅内容丰富，而且细节多彩。道具就是这其中的一个小细节，比如《幸运52》中李咏总是高高抛出的问题卡，《艺术人生》中和嘉宾有关的各个值得回忆的物件，都有助于节目气氛的营造和节目内容的向前推进。近几年，有很多综艺节目使用现场乐队，这就需要让乐队充分理解节目的意图，准备好在节目中根据需要演奏的乐曲。这也是一个需要时间磨合的“道具”，只有配合默契才能达到良好效果，甚至是意想不到的效果。很多成功的综艺节目中，乐队的现场演奏为节目增添了不少幽默的元素。

综艺节目的舞台应该是公认的最美丽的舞台，要设计出符合节目风格和内容要求的布景，且与节目录制的舞台相结合并非易事。每次节目开始，首先跃入受众眼帘的就是舞台的设计。成功的舞台设计要考虑舞美、置景、灯光、录制条件等多方面因素，以期带给人们巨大的视觉冲击。

最后是主持人的造型。综艺节目主持人与其他类型节目主持人的角色是有所不同的，综艺节目主持人塑型不必、也不应该在千篇一律。有的时候，主持人可以根据节目的需要扮成各种造型，甚至是动物或者怪物，并在舞台上相应地作出一些表演，哪怕是怪异的表演。表演是综艺节目主持人常用的一种主持辅助手段。有很多主持人或者嘉宾的一些自主性表演动作，即根据节目进展随时生发的滑稽表演，虽不是正统的表演（其实这里的表演越夸张、越“歪曲”，效果会越好），但会换来无尽的笑声。比如在《我猜我猜我猜猜猜》中，主持人吴宗宪和大小S（徐熙媛和徐熙娣姐妹）还有阿雅就经常会在节目中做一些夸张而搞笑的表演，这些大胆的表现是节目和节目主持人受欢迎的一个重要元素。将节目内容从语言表达转变为形体表达，相对于一成不变的呆板而言，这些装扮和表演无疑会给节目增加一些搞笑元素，会使整个节目的气氛显得相当轻松和活跃。在服装、发型、服饰等方面，一是要使主持人的造型符合他本身的特点和外形条件，二是要符合节目的风格和内容要求，三是要符合观众的审美需要。在两个以上主持人共同主持的节目里，主持人之间造型的协调也是要注意的。

小　结

做好充分的前期准备工作，是必要的也是重要的，它必须体现出一种栏目意识。每一次节目的播出都是固定栏目的具体展现，因此，在前期准备工作中，首先要有强烈、鲜明的栏目意识，对栏目的风格、定位等都要做到“心有所属”。同时对同类型的其他栏目的特点也要做到“眼观六路、耳听八方”，这样才能扬长避短、去粗存精。

只有做到如此细致的前期工作，才能够保证最终成形的节目受到广大受众的认可和欢迎。

思考题：

- 如何看待受众在传播环节中的作用？
- 前期策划中“节目构思”的实际意义是什么？

第五章

综艺类节目的现场主持艺术

要点提示：

阐述综艺类节目的现场主持中有声语言运用规范、态势语言运用、主持人仪表、协调合作等问题，并针对《综艺大观》、《快乐大本营》和《非常6＋1》三种各具特色的节目类型进行了剖析。

前面已经论述过综艺节目主持人的类型和素养等内容，在具备了较好的综合素养的前提下，主持人要想节目现场发挥得出色，与节目实现最大程度上的融合，还必须注意一些现场主持的规则和技巧，这同样是一门艺术、一门学问。如果只有资本而没有方法，素质再优秀的主持人也不会成功。因此，本章对有关综艺类节目的现场主持方面的内容进行相对详细的阐述，希望能为从业者和学习者们提供一些借鉴。

第一节　现场主持的有声语言运用规范

综艺节目与大多数新闻类和社教类节目的不同之处就在于，它的节目现场通常要求有一定数量甚至大量的观众在台下（也有少数在台上）观看，这也就使得现场主持不能像在演播室独自面对摄像机那样轻松了。若想使节目达到预期的效果，主持人就不能只顾自己一个人“表演”，而要更多地把精力分散在现场的受众情绪调动上，真正做到“一心二用”。综艺类节目自身的特点决定了综艺节目主持人用语的丰富性，在不同的情况下，主持人可能要用到诸如口语词语、文言词语，传统的词语或是时代性较强的种种词语类型，而且需要时常使用一些用法、意义和修辞色彩不尽相同的词语。这些庞杂的语汇，使综艺节目主持人现场语言看起来似乎无规则可循。事实上，主持人选择使用词语的关键标准只是三点：准确、简洁、有生命力。

一、尽量做到准确地表达

汉语是一门博大精深的语言，语汇极其丰富，它不同于英语的每个单词有多个义项，而是每个词语都表达特定的意思，哪怕是非常微小的差别，汉语也可以表达得十分准确。在我国，从古代开始，就已经十分讲究用词的准确，一些诗人的诗句甚至可以因为一个用得极其准确恰当的词而流传千古，王安石“春风又绿江南岸”的例子想必大家都知道；东晋诗人陶渊明的名句“采菊东篱下，悠然见南山”，一个意味隽永的“见”字，体现了一个隐居诗人闲逸自得的情怀。类似的例子数不胜数，汉语语言的魅力可见一斑。在有如此表达优势的语言背景下，综艺节目主持人在说话符合事实的前提下，应当尽量使用恰当的词语来正确地表达语义内容，既不要说一些故作文雅、矫揉造作的语言，也不要使用不合乎规范的语汇，这是对主持人现场主持语言运用的最起码要求。在此前提下，在情况复杂的现场中先做到起码的准确语义的表达，才能进一步求得更高的用语境界。

二、善于使用简洁的词语表达意思

莎士比亚曾说：“简洁的语言是智慧的美，冗长的语言是藻饰。”简洁是一种简约而不简单的表达手法，它并不是指说话时应该使用最容易、最简单的词语，而是指应当使用没有累赘和堆砌的语言来表达丰富的意思，也就是一种“性价比”很高的语言方式。简洁是一种美德，如果你能负责任地将自己的话加以精练，你也节约了大家的时间。古人在写作中总结出“惜墨如金”的说法，作为综艺节目主持人，“惜字如金”当然不行，但是一定要删削无用的词语和句子，注意推敲，不要粉饰语言或向观众卖弄学识，多采用真实感较强的白描手法，用几个词语说出事物最突出的特征，才让人觉得富有韵味。赵忠祥在一次主持节目的时候，正逢秋天，秋风也微微有些凉意，他没有用一些煽情的词语来描绘秋天怎样怎样，而是简单地引用了一句诗词："却道天凉好个秋。"一句话，含义丰富，意味深长，起到了很好的效果。

现在的某些综艺节目主持人特别喜欢多说话，觉得这样才可以显示出自己的口才，说得倒是洋洋洒洒，词藻似乎也很华丽，句式复杂，有时却不能清楚地表达自己的意思，使受众如在云雾中，不知道他究竟想表达什么观点。一些娱乐节目主持人的初衷是想使自己的语言层次更分明一些，却无奈功力不够，说了一堆废话，难以走上正题，甚至自己的思路也变得模模糊糊，就更无法向受众说清自己想要表达的意思了。主持人做的是口头传达信息的工作，其优点是直接性，但是又存在语音稍纵即逝的弱点，因此，综艺节目主持人在主持节目时不应该过多地注意自己语言有什么层次，因为即使你分得很清楚，受众在听的时候也很难分得清，他只听到你正在说的这一句而很难记住之前你说的是什么。主持人如果说过多的废话，进行一些不着边际的铺垫，就会使受众的注意力被消耗和分散，影响受众对所传达内容的理解。纠正这个问题的方法是在现场主持时多使用短句，尤其是在事先没有稿件准备的情况下边想边说出复杂而恰当的长句是一件很困难的事情。况且现在是一个崇尚效率的时代，各类节目主持人的语速特别是资讯类节目主持人的语速普遍加快，在高语速的情况下，即使主持人有足够的能力在很短的时间内组织出完美的长句子，受众也未必能理解得十分清楚，而简洁的句子，却可收获高效率和良好的传播效果。此外，有的综艺节目主持人喜欢在自己的语言中加入很多的修饰语，这也会使句子变得冗长，显得拖泥带水、累赘不已，主持人自己觉得累不说，还未必能讨得受众的喜欢，吃力不讨好的事情，何必为之呢？

简洁的要求是语言的内容恰当精巧，不多不少，如果太多了叫冗长，太少了则是简陋。综艺节目主持人在现场主持时说话一定要力求精练，冗长和简陋同样是不可取的。灵活而规则地组织句子，该长的时候长，该短的时候短，长的不一定是多余，短的也不一定是不足，都要依据具体情况来定，用内容来决定形式。使语言变得简洁的方法可以参照两个原则：一是锻炼拆开长句的能力，把意思复杂的长句采用排比等类似方式进行表达，不仅句意清楚，而且显得情感充沛；二是多使用口语的顺序表达，不用倒装句或自己觉得还可以接受的任意组合，受众在单纯依靠听觉的情况下无法对你所说的内容进行重新的排列组合，也无法进行随意的选择，否则在口语表达中使用倒装等非主流语序就会使语言听起来不舒服、不明晰。

三、使用鲜明而有生命力的语言进行表达

主持人的传播过程带有很浓的人际化传播痕迹，受众与主持人间的关系越和谐，节目所达到的效果可能越出色。一般来说，综艺节目是一类轻松的节目，它的主持人如果冷冰冰、硬邦邦，必定不会得到受众的喜爱，甚至会让受众产生抵触情绪。受众都喜欢有真切感情的主持人和有真情实感的语言表达。综艺节目主持人在现场主持时，遣词造句应该自然亲切、有活力、有感染力。要获得这样的语言，除了真情实感之外，一些技巧规则性的东西也必须注意，特别是在人称和一些很小的细节问题上，主持人如果可以对其有较好的处理，即可给自己的语言增色不少，比如说，多用“我”、“我们”等第一人称代词，这样有益于消除与受众间的隔膜感，造成一种相对直接的交流氛围和较强的现场感觉，让受众感到可以与主持人共同思考、共同感受，自然可以大大增加主持人语言的亲切程度。此外，一些语气词和叹词的适当使用，也会使受众对主持人产生亲近感，因为某些语气词和叹词可以表达主持人言语所无法表达出的复杂的内心感受，可以加强语言的感情色彩，给受众更大的心灵冲击力。不过这类词语千万不可滥用，有些综艺节目主持人把诸如“呢”、“嘛”一类的词当成了口头语，说起话来嗲声嗲气，这不是亲切自然，而是矫揉造作，非但不能让受众喜欢，还极有可能引起受众的反感。

四、使用响亮的悦耳的语言

前面提到，主持人的传播方式是口头传播，转瞬即逝，因此，除了词语句子的组织有讲究之外，主持人不仅要说得准确恰当、鲜明生动，还要力求每个词语都可以清晰而响亮，音调甜美而动人，才能起到更好的传播效果。在受众被动接受主持人传达信息的情况下，如果主持人不注意语言的动听、响亮、清晰，就无法保证受众对其所传播内容的理解。相信大家都有过听不清别人说什么的经历，当那样的情况发生时，说者着急，听者束手无策、无

可奈何，双方根本无法理解和沟通。如果这种情况放到主持人和受众的身上，受众会很容易地产生烦躁不安的情绪，导致现场节目无法顺利进行或使受众对节目以及主持人产生不良印象。

在这个问题的现场处理上，综艺节目主持人可以参照播音理论中将比较书面的语言口语化的方法来进行调整。众所周知，元音比辅音的发音要响亮，开口呼韵母比撮口呼、合口呼的韵母发音响亮，如果稿件中过多诸如“与”、“日”、“至”等词语，播音员在播报的时候首先会感觉不顺口，说起来不够自如，再者在发音时由于其本身的音色明亮度不足，很可能给听众造成困扰。现场主持也是如此，如果主持人用此类字眼过多，会给听众造成一种不自然的感觉，而且很可能也使自己语流的流畅度整体上有所欠缺。所以，现场主持在需要说某些特定意思的时候，要尽可能用比较响亮的字词来替代发音不够响亮的字词，比如上面说到“与”可以换成“和”，表示日期的“日”可以换成“号”，“至”可以换成“到”等。另外，与上述现象类似的是，主持人在现场主持语流语势上也要有所讲究，现代汉语的语音分为阴平、阳平、上声、去声四个声调，前两者称为平声，后两者称为仄声，平声字词的声调高且长，声音响亮、有力度；仄声字词的声调短而相对较闷，说起来力度不强，且不明亮。在清代江永所著《音学辨微》里面对平声和仄声进行比较时这样说：“平声长空，如击钟鼓；上去短实，如击木石。”所以，主持人在要结束某句话时，为了整个语势的把握，应该少用仄声的字和词，以免造成下坠沉重的感觉，应当尽量用平声字自然的结尾，避免让受众产生话没说完的憋闷感觉，不过，虽然提倡多用平声字词来结尾，主持人还应当注意不能句句都用极其类似的平声词来结束，这样很可能造成句式的雷同和重复，受众很快会产生听觉疲劳而对主持人说的话失去兴趣。

五、以具体形象为要求组织语言

这是对主持人语言进行艺术加工的要求，综艺节目主持人在现场主持时，可以使用某些修辞手法或规则对语言进行修饰，加工出具体形象的语言，才能让受众对主持人的语言表现出较大的倾听兴趣，让节目的现场更有生气。比喻和拟人是综艺节目主持人现场主持时常用的修辞方法，比喻可以让受众产生联想，富有视像感；拟人可以让语言更生动、更形象，表达得更有趣味性。有的主持人，不在语言的组织上下功夫，生硬地把一些色彩并不相近的词拼凑在一起，不仅语音语调上没有美感，还会让人觉得别扭、不和谐。所以，综艺节目主持人在组织语言时不能用不伦不类的半文半白的，或是半土半洋的语言，让人感觉莫名其妙，也不要吃力不讨好地过多地使用抽象的或是修饰成分过多的句子，只要放平心态，自然又有所讲究地去驾驭文字，经过不断的摸索，自然可以形成较完美的语言风格。

六、注意把握控制自己的语气和节奏

这是综艺节目主持人必须具备的重要技巧，在不同的栏目类型中，其侧重点虽有不同，但却是使自己的语言富于感染力的必需素质。只有懂得恰当控制自己的语气和节奏，才能在节目现场有好的表现。

语气是有声语言非常重要的表达技巧，通常人们说话交流时，在内容上能掩饰的东西，语气上却往往无法掩饰，因为一个人说话的语气常常是他真正的内心表达。你的语气可以对别人的情绪和精神状态产生影响，如果你的语气显露出喜悦之情，那对方也会被你的语气感染，相反，如果你的语气里包含着愤怒、埋怨等不良情绪，对方也会产生不悦的感觉。

综艺节目主持人应该能够熟练地使用各种语气，不仅可以起到调节受众情绪的作用，在不同的场合使用不同的语气也可以让现场有恰如其分的感觉，比如说在较大的场合，主持综艺晚会等节目时，主持人应该提高声音，放慢语速，使用大气而庄重的语气；在小场合时，节目主持人就应当把语气调节得较为轻松，追求一种更自然的状态。适当的语气可以帮助主持人在各种场合取得主动权，驾驭好节目。和语气有所不同，节奏受到交流双方语境的影响，自然地体现在交流的内容中，当然也可以由主持人来有意地调整和控制。不同的主持人说话时的节奏是不一样的，由于个性风格的不同，不同的主持人说话时语速的快慢、情绪的紧张和松弛，以及音量的高低都有不同，这些因素就形成了不同的节奏。节奏在口语中发挥着重要的作用，主持人不同的口语节奏可以映射出不同的形象内涵和感情色彩。相同的内容，节奏不同，其意思的表达和韵律的美感都会产生差别。

综艺节目主持人有时要面临比较复杂的场面，在不同的场合、不同的环境，主持人可以采用一种相对固定的节奏，中间再以不同的节奏加以调节，

达到和谐的渗透和融合，这样不仅可以使自己语言的基调明确，同时避免了单一节奏的呆板乏味。这里需要注意的是，综艺主持人的节奏一定要从细处进行把握，只从总体上把握是不够的，因为在语流中的每个字词都可能会影响节奏的形成，如果综艺节目主持人在现场主持时的语言缺乏节奏感，那么其表达很可能就会失去抑扬顿挫的乐感和表现力，对受众缺乏吸引力。

七、注意避开话语禁忌

每个主持人都希望可以得到受众的欢迎，可是部分主持人却很没有观众缘，有的娱乐节目主持人甚至遭到许多受众的厌恶，这是为什么呢？其中很大的原因就是因为这些主持人太不注意主持语言的禁忌了，既然现场主持语言运用有技巧，自然也有应该避免的方面，对于禁忌的了解不像技巧一样可以通过短时间的学习掌握一二，而是需要长期的经验总结慢慢形成对它们的认识，这样才能形成一种惯性，自觉地不去触碰雷区。

作为综艺节目主持人，需要注意以下内容：

第一，不要说枯燥无聊的话。有的综艺节目主持人说话非常多，甚至可以用喋喋不休来形容，但其语言中却没有一点新鲜的让人感兴趣的成分，缺乏观念、没有重点，如此寡淡无味的语言很容易使受众厌倦。

第二，不要乱插话。有的综艺节目时常会请一些嘉宾到场，主持人作为节目的主人理应对客人照顾周到，最起码要对嘉宾表现出足够的尊重。而有的主持人在嘉宾说到兴起时，却大煞风景地冷不防插上一嘴，弄得嘉宾兴趣索然，这种自作聪明的主持人有时干脆是自己想到哪里就说到哪里，直接把话题岔开；有时则是显示自己的小聪明，将嘉宾未说完的话得意洋洋地来盲目下总结定论，这些做法都会让嘉宾以及观众产生非常强烈的厌恶感，严重的甚至会导致节目无法正常进行下去。

第三，不要自我膨胀，自我吹嘘。有的综艺节目主持人在节目现场喜欢自我吹嘘，并自以为是地对观众说一些带点说教性质的“狂言狂语”，这些都让人有一种哭笑不得的感觉。生活中我们有时也会遇到大言不惭的人，这种人常常被大家当做乐趣，在疲倦的时候听听那种自吹自擂倒也是件开心的事情，但是在公众的场合、节目的现场，某些主持人还是应当把那种自我中心的意识收起来。毕竟，主持人只是传播者，如果传播内容单一得只剩下自己，受众不会有接受的耐心。

第四，不要低级趣味。现在这种现象在一些综艺节目主持人身上表现得非常严重，笑话、幽默一类的内容确实可以起到调节气氛的作用，但是千万不可以“兴奋过度”而说一些粗俗的甚至是下流的语言，这种缺少思维能力和起码的文化修养的主持人，是受众无法忍受的。

第五，不要咄咄逼人。曾经在一档综艺节目中看到，主持人咄咄逼人，嘉宾无可奈何，一脸苦笑。有的综艺节目主持人自以为伶牙俐齿，语言攻击性很强，总想让别人下不来台以显示其语锋犀利，其实这不叫犀利，而叫刻薄。一个有内涵的人不会随便就挑起争执，虚怀若谷的人才能赢得别人的好感。

第二节　现场主持的态势语言运用

除了有声语言以外，态势语言也是主持人表情达意的重要工具，在各种场合，比如舞台或主持现场，主持人常常需要借助于某种表情、动作、姿态，才能表达出无法用言语表达充分的意思，让受众更好地了解他们的意图。有时候主持人可能为主持节目做了充分的准备，在语言的表达上下了很多的功夫，可还是难以避免在节目主持过程中出现无法充分表达的情况，这就需要借助主持人态势语言的辅助作用，来使主持人所表达出的信息内容更接近于他们心中想要传递的原信息。受众也可以通过对主持人面部表情、行为动作和仪表举止的解读来获取更多的语言之外的信息。一名成功的节目主持人在现场主持时应该实现自己的有声语言和态势语言的完美结合，这样不仅可以帮助现场受众更准确地获取信息，减少信息传递过程中可能产生的误解，增强信息传递的效果，还可以给现场主持增色添彩，达到与受众进行更好的交流沟通的目的。

这里就从一些对综艺节目主持人来说尤其重要的几个方面来论述。

一、充分使用表情语言

每个人的面部结构都是不同的，所以，人与人之间的表情也存在很大的不同。在各种态势语言中，表情语言是综艺节目主持人运用较多的一种。各类综艺节目，不管节目进行到哪个环节，对观众而言，主持人一直没有停止过用面部表情传递信息，受众可以通过关注主持人的面部表情来解读主持人的内心情感和心理状态。人的面部表情有着很强的表现力，不仅能够迅速且形象地体现出人的喜怒哀乐，还能以面部表情的微妙变化来体现一种复杂的感情交错的过程，主持人的内心越丰富，其面部表情也会越丰富，对受众而言很可能就越具吸引力。

主持人的面部表情主要由主持五官的不同动作配合以及面部的肌肉收缩舒展来组成。这种特殊的存在于面部的“词汇”，不仅可以传达情绪，甚至可以传达出主持人的精神状态。综艺节目主持人在主持节目时应该保持着较强的与受众积极交流的愿望，即使是没有现场观众的资讯类播报，主持人仍然应该着重注意自己的面部表情，这甚至比主持人的声音和服饰更为重要。面部表情最直观地展现给受众，展现出主持人的状态，如果主持人红光满面、精神焕发，受众就会理解为主持人的情绪非常高昂；如果主持人面色苍白，受众会觉得主持人肯定出了什么问题，进而进行一些猜测，影响对信息的接收。主持人要善于调控表情，才能保证给受众展示出一个良好状态的传播者的形象。

主持人的脸部语言是靠脸部的肌肉线条来表达的，脸语是一种用线条说话的表达方式，“直线显得严肃，曲线显得柔美，曲线与直线的连接就是严肃和柔美的结合。平静的人，一般没有复杂的线条，眼睛、鼻子、嘴，这三个重要的线条，就是三条平行线，别人一看就知道他的心态是平衡的。人一笑，脸上的肌肉就会出现曲线，我们说笑弯了眉，笑弯了嘴，就是说笑的脸部结构是由曲线构成的，所以，人们感觉到柔美。人愤怒的时候，脸部的线条会发生明显的变化，那就是线条呈现向上的倾斜，眉毛上扬、眼角上翘、嘴角上翘，这三条线失去了平衡，所以人们感觉到愤怒。作为主持人则要经常保持心态的平衡，那么你的脸语就是平静的”。①

在人的面部，眼睛是非常重要的部分，正如人们常说的：眼睛是心灵的窗户。眼睛可以作出许多种不同意义的动作，比如专注的看、直勾勾的瞅、不屑的瞄、真诚的对视等。主持人在现场主持的时候，可以充分利用眼睛动作的变化来表现和传递许多状况和信息。对于一些有经验的主持人来说，他

① 张弘：《潇洒主持人的诞生——节目主持的艺术与技巧》，内蒙古人民出版社 2001年版，第46页。

们在现场主持节目时可以做到心眼合一，心里想什么，都可以通过眼睛流露出来。在许多不同的情况下，主持人的目光可以让受众产生多种心理感受，比如说，如果主持人在说话时目光坚定，那主持人此时所说的话必定也会让受众觉得很有力量；如果主持人目光真诚而敏锐，受众就会对主持人所说内容有很大信赖感和好感，增加了倾听兴趣，促进了与主持人产生的沟通；但是如果主持人的目光游移不定，心不在焉，就会使受众产生不受重视的感觉，以致对主持人以及他所说内容产生抵触情绪，阻断了双方的和谐交流，自然不能有较好的传播效果。前面在综艺节目主持人的素养一章论述过综艺节目主持人应该具备一定的表演能力，如果要在现场主持中加入一定的表演元素，眼睛的作用就更不可忽视了，有了眼睛的配合，才能使主持人表现任何复杂而丰富的内心活动都得心应手、富有生命力。关于表演有些这样的谚语："眼法眼法，替心说话"以及"上台全凭眼，喜怒哀乐全"等，这些说法非常形象地突出了眼睛的功能及重要性。主持人现场主持时应注意杜绝四种眼神的出现，一是斜视，它表示轻视；二是俯视，它表示傲慢；三是藐视，它表示漫不经心；四是久视，它表示挑衅。此外，还值得一提的是，眉毛可以作出的动作同样有许多种，眉毛在眼睛动作的同时也会作出与眼睛相配合的动作，可以强化眼睛在表达时的效果。

除眼睛之外，嘴部可以算是面部另一个重要的传达信息的部分，大家都喜欢主持人面带微笑，而嘴是形成笑容的关键因素。综艺节目主持人无论在何时何地做节目，都需要给受众甜美亲切的笑容，才能使受众产生亲切感，拉近与受众间的距离，使双方实现和谐的沟通。由嘴部动作实现的笑容有许多种，唇部微张、露出几颗牙齿或者唇部并拢呈向上的弧形，形成的是主持人最常保持的微笑；主持人唇部充分张开、露出较多的牙齿，则是大笑的状态……不同的笑容有不同的含义，综艺节目主持人现场主持时既不应该压抑自己的感情，也不要缺乏控制，而是应该恰当地运用各种面部动作来协调自己想要表达的意思，有时甚至可以产生语言表达所不及的效果。

二、恰当使用动作语言

综艺节目现场常常存在较多与受众交流的场景，使用动作语言可以在一定程度上突破有声语言的局限，以其直观性向受众传达简洁明了的信息。没有任何主持人在节目主持过程中是一动不动的，动作也可以体现多种感情，起到辅助语言效果的作用，在整体表达上增加立体感和形象感。

在综艺节目主持过程中，尤其是一些演艺类节目的主持，主持人需要频繁地说一些内容相近却又不得不说或是不好直接表述的话，比如“欢迎”、“请退场”、“请坐”等。如果主持人总是说同样的话，势必会让受众产生一些腻烦心理，而且也使节目显得啰嗦，有种不断重复的感觉。此时，主持人就可以做一些恰当的动作来代替这些频繁使用的话，因为动作的直观和间接，受众并不会觉得有累赘的感觉，而且使各个环节过渡得十分自然。对于一些体态良好的主持人来说，作出的动作潇洒儒雅、优美大方，还可以起到完善自己的主持形象，增添自己魅力的作用。比如说，在一些演艺竞技类节目主持中，一位选手表演完毕，主持人如果想活跃一下现场气氛并且给选手一些鼓励，并不需要对现场观众说“请大家鼓掌”一类的既不自然又有可能使受众产生不快情绪的话，只需要自然大方地带头鼓掌，受众受到主持人真诚情绪的感染，自然也会情不自禁地为选手鼓掌，使现场产生融洽和谐的气氛。

动作语言也是十分丰富的态势语言。对各类综艺节目主持人来说，使用最普遍的应该是手势语言，我们在平常说话时会自觉不自觉地运用手势来对自己的语言进行辅助，主持人现场主持时的手势语言应该像日常生活中一样自然，但也需要一定的规范，因为在主持节目时，主持人的形象被放大了，微小的手势动作也会在荧屏上显示得十分清晰，稍不注意就会给受众留下某种难以磨灭的印象。手势动作语言的运用有这样几个原则：第一，手语的速度。手语的速度要适中。拂袖而去就是手语的速度太快。一般轻轻摇摇手，表示打招呼或是告别的意思，就具有亲切的意味。第二，手语的范围。与人谈话时，手语的“上限”不能超过对方的眼睛，手语的“下限”不能低过对方的胸部。超过胸的高度或低于对方的胸部，这种手语都有一种性的暗示。第三，手语的轨迹。手语在空中留下的痕迹，就叫手语的轨迹。手语最忌讳直线手语，而提倡曲线与直线结合而成的手语。①

综艺节目主持人在主持时要注意防止作出几种手势：第一种是双手紧绞，这是一种情绪紧张的表现，受众看到这样的手势可能产生对主持人的不信任感；第二种是小动作过多，摸头发、摸衣服，玩弄手上的话筒和道具等，这样给人一种漫不经心的不好感觉；第三种是过于做作的动作，会让受众觉得夸张可笑。

---

① 张弘：《潇洒主持人的诞生——节目主持的艺术与技巧》，内蒙古人民出版社 2001 年版，第 47 页。

动作语言的运用也是一门艺术，在现场主持时作出真实自然的动作，可以给受众留下更好的、更生动全面的印象，节目气氛也会因为主持人一些恰如其分的动作而更融洽。以下是综艺节目主持人在主持节目时比较常用的几种动作语言：

安静：

1. 在大庭广众之中，往往把手掌伸开，掌心向下，由上向下慢慢挥动，伴随语言："请大家安静。"
2. 在人少的情况下，往往把双手或一只手放在胸前，手掌伸开，掌心向下，频频压动。
3. 在本来就需要安静的地方，从口中发出嘘声或同时用右手食指垂直地贴近嘴唇。

安慰、鼓励：

1. 常用右手拍拍肩膀。
2. 用力地握握手，有时再摇动几下。

不同意、不赞成、不满意：

1. 摇头。
2. 横向摆手。
3. 因不满意而表示时常咂嘴。

称赞、夸奖、叫好：

1. 当表示特别的赞美时，常四指蜷曲，只翘起拇指，或伴以咂嘴，或拍一下大腿外侧后再翘拇指。伴随语言："顶呱呱"、"呱呱叫"、"好样的"、"棒极了"。
2. 头歪向一侧点头，同时咂嘴啧啧，以示赞美。
3. 拍手叫好。

憧憬、希望：

1. 两手掌在胸前相互搓摩。

2. 目视一处，咬住下唇。

3. 男人常搓下巴或抚弄胡子。

4. 引颈远望。

道歉：

1. 礼节性的道歉可以点点头、欠欠身、抬抬手。

2. 郑重的道歉要点头、欠身、鞠躬。

感谢：

1. 频频点头。

2. 右手举至发际，并微微颤动。

3. 鞠躬。

4. 主动用双手握对方的手。

高兴：

1. 舒开眉头。

2. 向后仰身大笑。

3. 兴奋得难以抑制，会搓摩手掌。

4. 掩口而笑或轻拍大腿。

5. 突如其来的高兴，会双眉一扬。

告别：

1. 握手。

2. 相距较远时摆手。

3. 点点头，或伴以微笑。

3. 微欠身。

惊讶：

1. 伸出舌头，瞪大眼睛。

2. 拢起双唇，瞪大眼睛，倒吸一口气。

3. 把嘴张大，把眼睁大，伴以语言“啊”。

思索：

1. 用手掌撑住头或托住腮帮。

2. 咬手指头。

3. 捏手指头。

4. 用手敲点额头。

5. 皱眉头、咬嘴唇。

调皮：

1. 做鬼脸。

2. 抿住嘴唇，向上翘下巴。

同意、赞成、满意：

1. 最简单的表达方式是点头。

2. 双手高举。

3. 一般当要求“同意的请举手”时，同意的人会右手半握拳或手掌伸开，手不会超过头顶。但如果是在严肃的场合，比如进行表决时，手要超过头顶向上举起。

默契：

1. 单眼或双眼眨动。

2. 微微抬下巴。

3. 努努嘴。

4. 食指频频勾动。

无可奈何：

1. 轻轻地摇头叹息。

2. 手臂不动，两手掌摊开。

3. 在胸前或靠上一点的部位，向上翻出手掌，并啧啧咂嘴。

4. 头向右下稍微一点。

数字：

1. 0，用食指与拇指做成圆圈，其余三指或屈或伸无所谓。

2. 1，伸食指，屈其余四指。

3. 2，伸食指和中指，屈其余三指。

4. 3，伸食指、中指和无名指，屈其余两指。

5. 4，拇指以外四指伸开。

6. 5，五指伸开。

7. 6，伸拇指和小指，屈其余三指。

8. 7，拇指、食指和中指指尖撮在一起。

9. 8，只伸拇指和食指，约成直角。

10. 9，勾起食指，屈其余四指。

11. 10，中指扣在食指上，别在一起，屈其余三指，或者两手指交叉成“十”字，或者伸出一个拳。[1]

三、保持良好的体态

体态可以体现出一个人的精神风貌，它主要包括综艺节目主持人现场主持时的各种静态姿势。一般来说，综艺节目主持人在主持中常见的静态姿势有站姿和坐姿两种，不同的站姿和坐姿同样可以传达不同的信息。在节目现场，摄像机在拍摄时起码要拍到胸部以上，因此主持人的体态在任何时候都有所表现，主持人若在站和坐的姿势上过于随意，不仅影响主持人的整体形象，也会影响节目的形象。无论是站还是坐，综艺节目主持人都应该以严格的标准来要求自己，让自己的身体姿态表现出美感。

综艺节目主持人现场主持的基本姿势首先是站姿，要求主持人的头部、颈部、躯干和脚的纵向中心轴重合在一条与地面垂直的线上，挺胸、立颈、收腹、微微收下巴、两臂自然下垂放在腿的两侧，这样的站姿即正确又挺拔，充分表现出人向上的气质和坚定的性格。如果在站立的时候双腿分开的很大，四肢过于放松，就会导致中心不稳，使形体看上去歪歪扭扭。

再来说说坐姿，综艺节目主持人在主持节目时如果需要采用坐姿，那么正确的方法是坐在椅子的前1/3处，双腿微微向说话对象倾斜，这样既美观，

---

① 张弘：《潇洒主持人的诞生——节目主持的艺术与技巧》，内蒙古人民出版社 2001 年版，第 47 页。

又显得主持人礼貌而有教养。主持人在坐的时候，一定要着重避开几个禁忌：第一，不能把腿叉开，这是一种不文明、没有教养的表现；第二，不要翘二郎腿，容易给人一种轻浮、不稳重的感觉；第三，脚部的动作不要多，不要把脚抬得过高，也不要随便频繁地晃动脚部，更不要用脚在地面上打拍子，这表示对他人的不尊重和轻视。第四，在与对象交谈时，头部不可以仰得过高，容易给谈话对象傲慢的感觉。

除了正确的站姿和坐姿外，主持人还应当会“走”，我们可以发现，虽然人人都能走路，但是要真正走好看了并不是人人都能做到，许多人的走姿非但谈不上美，甚至会逗人发笑。想走好，必须要在站好之后，综艺节目主持人经常要在舞台上行走，在走路的时候，第一，要做到可以保持站立时的正确优美的姿势，膝盖中间靠拢，塑造出挺拔的体形，然后脚尖微微向外，两腿交替前进，膝盖不要过度弯曲，保持在自然的弯曲度，迈步稳健，每步大小基本一致；落脚时以脚掌作为支撑，双脚的内侧保持在差不多一条支线上，行走时，如果手中没有物品，两臂自然下垂，协调地摆动，如果手中拿着话筒一类物品，可以单手拿话筒，另一条手臂协调摆动。第二，还要注意，在行走过程中，虽然要求保持站立时的优美身姿，但是切不可上身僵硬不敢动，应该做到上身在移动时端庄平稳、潇洒自如。充满活力的稳健脚步可以给受众一种踏实而舒服的感觉，给受众以协调之美的享受。

总的来说，综艺节目主持人现场主持的态势语言应该符合以下特征：

第一，大方正气。因为节目主持人的现场主持不仅是个体行为，而且是为节目制作群体代言的行为，所以，如果在体态语言上表现得拘谨、小家子气或是太俗、太媚，都是不符合主持人形象的，所以主持人现场主持中的言谈举止、体态动作必须落落大方、端庄正气。

第二，独具风格。世界上没有两片完全相同的树叶，主持人应把体态语也作为自己个性风格的因素之一，才能完美地塑造自己的个性形象。

第三，自然得体。主持人在主持过程中的一颦一笑，举手投足，都应该是发自内心的真诚流露，与节目风格、现场环境、传播对象达到和谐一致，恰到好处，切忌矫揉造作、故弄玄虚和盲目模仿。因为别人的不一定适合你自己的风格，即使是你自己的特有动作，也不一定能够适合所有的场合，如果强求的话，就会显得做作且不得体，影响传播的效果。以曾经主持过《正大综艺》的程前和袁鸣为例，他们在节目中重复使用多次滚动双手的动作，以强调“加快速度，争取抢答的有声语言”，结果因为使用得过于频繁而导致了不自然、不得体的感觉，后来在观众的建议下，他们减少了动作的次数。[①]

综艺节目主持人现场主持中态势语言的重要性与有声语言相比毫不逊色，所以，一名合格的综艺节目主持人应该注意不断加强自己在这方面的修养和掌控能力，才能在现场主持中有良好的态势语言表达。

第三节　现场主持的仪表

俗话说：三分长相，七分打扮。主持人是公众人物，应该重视自己的仪表给受众的影响。在综艺节目绚烂的背景中，主持人应当充分进行视觉形象的塑造，产生与节目相匹配的出色形象。如果一名主持人的仪表格调与其所在节目存在过大的差异，就会给人一种不伦不类的感觉，这时，不管主持人现场主持多出色，受众还是会有一种奇怪的感觉，造成节目的美中不足，留下遗憾。

仪表包括服饰、化妆等，其中，服饰是一个人仪表最重要的组成部分。服饰本身也可以传达出一些信息，比如节目的定位、主持人的定位等。综艺节目主持人应该穿戴符合自己个性和节目特点的服饰，服饰也应该搭配出不同的个性，与主持人共同创造出更和谐的美感，增强节目现场的整体效果。受众也可以通过对主持人服饰的审美来了解主持人的文化修养、审美情趣、个性品位和精神风貌等，对主持人产生最初的印象。所以，服饰在综艺节目主持人的现场主持中也起到特殊的重要作用，必须要仔细的斟酌，做到得体的着装。

综艺节目主持人的着装原则是什么呢？首先，是色彩的选择，综艺节目一般带有较强的娱乐性质，应该选择一些色彩明艳的衣服且要注意搭配。一些世界闻名的服装大师在设计服装时最重视的就是色彩，颜色可以给人的视觉产生较大的影响，并且不同的颜色代表的含义也不同，黑色代表沉寂，蓝色代表忧郁，红色代表热情，绿色代表活力……因此，综艺节目主持人在节目中以明艳的色彩为服装的主色调可以给受众活跃的视觉效果，从而调节受众的潜在情绪和整个现场的色彩、气氛。

① 俞虹：《节目主持人通论》，杭州大学出版社 1996年版，第197页。

在色彩的搭配上，一般是众口难调、见仁见智，不过还是有些比较通用的方法，一种是相似色彩搭配，由浅至深或是由深至浅，形成一种温和的过渡，但也不要让颜色有过于相近而混淆不清的感觉，一些女主持人在主持综艺节目时常常会采用这种搭配方法。一种是反差极大的色彩搭配形成强烈的对比，比较常见的是冷暖色对比和明暗对比，给人以鲜明、活泼、清爽、利落的感觉，中央电视台的综艺名嘴李咏就常常采用对比色彩的搭配方法，很有自己的风格。此外要注意的是，主持人不可以刻板地依照某些规则来进行服装的选择，因为主持人的服饰美与主持人的形象条件有很密切的关系，要善于选择与自己先天条件形成良好搭配效果的服饰，注意色彩对视觉的影响，比如白色的拉伸感、黑色的紧缩感等。从自我出发，才能挑选出符合自己个性和节目风格的服饰。

目前，部分综艺节目主持人在自己仪表的塑造上很摸不着头脑，不知道该怎么做，赶时髦却不适合自己，穿得符合自己风格了却与节目风格有了些许不搭调，尤其是在这个崇尚个性的年代，不同的年龄层次都有不同的审美习惯，主持人的仪表风格符合不了所有层面受众的口味。综艺节目主持人仍要坚持以美观大方为服饰选择的根本，这是我们民族传统的审美观念，是十分稳妥的选择。一些主持人过分地强调标新立异，在现场主持时，穿一些奇装异服，特别是一些盲目模仿港台娱乐节目的综艺节目主持人，没有从实际出发来塑造自己的个性美，而是一味的盲目跟从，选择的服饰完全不符合自己的风格个性，结果只能是弄得十分尴尬，无法得到受众的肯定，也发挥不出来为节目增光添彩的作用。

综艺类节目主持人还应该能够善用服饰来弥补自己的短处，凸显自己的长处。现在，人们对主持人外貌条件的要求不像过去那样传统了，但是主持人要想在舞台上、在节目主持现场增添自信，可以用一些恰当的服饰对自己的脸型、身材等进行弥补和修正。比如说，腿粗的女性主持人可以穿长裙，脸型过宽的主持人可以选用一些开领式的服装等。

化妆是除服饰之外的又一主持人仪表要素，是主持人塑造荧幕形象的重要手段，也是一种无声的语言，可以帮助主持人表情达意。有些经验尚浅的综艺节目主持人在化妆上存在认识误区，把主持人的妆容等同于演员的浓妆或是生活中的淡妆，以致舞台效果并不令人满意。主持人的妆容有其特殊性和独特的要求：第一，简洁大方，主持人的妆容应该避免浓妆艳抹，那样显得过于做作且有一种夸张的感觉，无法给受众干净舒服的视觉享受。男性主持人在化妆时要突出阳刚气，女性主持人在化妆时应该突出自己的柔美典雅。第二，主持人的妆容应该与节目的类型和现场受众类型相符，可以与节目更加契合，拉近与受众的距离。比如说，比较大的场合，主持人应该以庄重的妆容出场；一些风格活泼的节目，主持人则应该在妆容上强调活泼明艳；如果是在没有舞台灯光的情况下，淡淡的妆容才会让受众产生和谐的美感。第三，主持人在化妆时还需要注意强调脸部的整体轮廓感，应该化出轮廓鲜明的效果。主持人在荧幕上的形象是通过摄像机横向拉伸过的形象，如果主持人不注意脸部轮廓的勾勒，就无法实现上镜的最佳效果，要善于运用高光和暗影，将五官的轮廓勾勒鲜明，整个面部才会有立体感、有生气。在勾勒轮廓的时候，最好参照面部的黄金比例来进行修饰，弥补不足，使面部显得更加端庄大方。第四，综艺节目需要鲜活的色彩，色彩对主持人妆容的效果影响也很大的，主持人在化妆前首先要考察好场地的灯光情况与背景情况，这些因素的不同影响主持人所选色彩的不同。在演播室的灯光下，主持人最好选用一些相对肤色深些、浓些的色彩，需要注意必须要让妆容的色彩与所穿服饰协调搭配。还需注意的是，综艺节目主持人的妆容应当相对固定不要频繁更换，相对固定的妆容可以作为主持人主持个性风格的因素之一，向受众展示妆容后，在受众的心中，已经把这个妆容与节目形象挂上了钩，如果频繁更换，将直接影响节目形象和主持人形象的相对稳定性。杨澜自从《正大综艺》第一次亮相后，一直都没有在节目中改变她清新、明快、自然、大方的妆容，发式也始终是秀发直披，整体形象质朴而充满青春活力。发型的改变往往会明显改变主持人的形象，从这点来讲，主持人要耐得住新潮发式的诱惑，不能任意地改变。

举例来说："《欢乐总动员》的主持人程前、张延的年龄差较大，总体定位是比较年轻一些的形象造型，形象设计时尽量拉近男女主持人的距离。张延自身有一种淑女的味道，形象就往淑女上走，《欢乐总动员》已播了几十多期，张延的发型从未重复过一次，在妆面色彩的选择上至少有一点明快的色彩。因演戏剃了个秃头的程前最早的几期里只能带着假头套，随后短短的发型不可能有太多改变。程前的年龄感已经出现了，在整体造型上就要做得有朝气一点，服装的款式、色彩向年轻上靠，这样程前在动作、调侃时就与节目比较和谐。主持人整体的服装是休闲感的，看起来给人一种瘦型的视觉效果，每次可挑选的服装不多，只能在有限的几套里面搭配。在《欢乐总动员》的几期的形象造型上，曾被上海电视台批评过于怪诞，而被停播了。”“主持人的造型要根据节目的性质来定，还要看主持人的个性来设计，发型要看脸型进行修饰。主持人的造型主要以表达节目风格为主线，化妆、发型的设计是启发主持人表演到位，是对节目的理解，是一种自我的造型设计”。[①]

关于仪表设计的具体方法，需要主持人在实践中汲取各方面意见，融合自己在学习中获得的知识，摸索出符合自己体形、年龄、身份及服饰的风格，才能塑造出色的仪表。

第四节　现场主持的协调与合作

综艺节目主持人在节目的现场应该起到串联、引导节目的作用，他作为节目的代表，直接关系到节目的成功与否。主持人对自己的角色应该有一个十分充分且清醒的认识，主持人是一个传播者的角色，在传播的环节中还有许多不同的相关因素。要想让节目获得成功，必须要节目中的多个因素紧密地协调好，许多因素间密切地配合、相互支持。因此，主持人应该是现场的协调者，与众合作者间建立起融洽的相互理解、相互信任、相互支持和相互帮助的关系。

一、与演员的关系

在综艺节目中，有表演内容的时候，演员的表演是一个独立的环节，是此时段节目的主要内容，应该充分让表演的魅力得到散发。此时，主持人的工作就是做具体的辅助工作，串联节目内容，将各因素引导至正确的方向，是演员的绿叶，不能为突出自己的光芒而减削对演员表演的衬托作用，也不能因为对自己的工作有所忽视而消极怠工。在节目主持之前，主持人应该充分得做好准备工作，比如，对演员进行一下比较充分的了解，了解他们最近的动态和艺术特点；在具体的语言中进行些许的表述，先将一部分内容传达给受众；在主持的过程中，要积极地调动演出人员的状态，使他们可以作出

① 张弘：《潇洒主持人的诞生——节目主持的艺术与技巧》，内蒙古人民出版社 2001 年版，第50页。

优秀的表现。主持人与演员如果可以配合得协调、有特色，会产生别样的情趣，更为受众所喜爱。

二、与受众的关系

曾经看到过这样一个比喻:“如果把主持人比做鱼儿的话,那么受众就是使主持人得以存活并能健康成长的水。”这实在是一个非常恰当的比喻。著名综艺节目主持人倪萍则这样表达她与受众的关系:“我觉得我是在同荧屏前的观众谈心，我是服务员，也是导游员，我和观众一起同步前进，漫步在《综艺大观》里，我应该把观众领入电视直播现场的境界之中。”“电视节目主持人应该是大众的‘情人’。当你从荧光屏上出现时，家家户户，不论男女老少，文化程度高低，也不论什么职业，大家都能喜欢你，都觉得你不烦人，这才行。我国的广大电视观众还是喜欢比较朴实、自然、随和的形象的，这符合他们的文化传统和欣赏习惯。我是为广大电视观众服务的，他们需要、喜欢什么样的形象，我就努力塑造什么形象”。

主持人是传播者，受众是传播的对象，二者间的关系有其特殊性，主持人直接面对受众进行传播，具有浓厚人际传播特点的同时，兼具大众传播的优势，重视与受众的交流，重视受众的参与和意见反馈。如今的电视媒体具备了较新的传播观念，不仅仅从制作者的角度抓好节目的质量，而且从受众的角度，根据传播的效果来对节目进行调整和控制。在综艺节目中，主持人常常对节目的收视率起到非常重大的影响。为了吸引更多受众的目光，实现更好的传播效果，主持人主持节目过程中应该在各个方面充分考虑到受众的接受习惯和接受能力。一个自我感觉良好的主持人，如果受众不欢迎他，那他绝对成不了一个优秀的节目主持人。主持人在现场主持过程中，就应该随时注意受众通过各种方式传达出的反馈意见,以真诚为受众服务为主导思想,才能够保证主持人事业生命的根基。综艺节目中的受众不是被动的接收者,而是节目的参与者。现场主持中，主持人既不能一味被受众所牵引，也不能对受众视而不见，而是在一种平等的关系下进行适当的引导。综艺节目主持人对待受众的心态由综艺节目本身的特点来决定,如果综艺节目主持人像法律或新闻类节目主持人那样对受众摆出严肃的面孔和郑重的口吻,必然不会得到受众的欢迎。综艺节目主持人应该把受众作为朋友一样对待，亲切、自然、理解、平等，千万不可以有高傲的表现，即使是在想发挥电视节目的导向作用时，也应该以寓教于乐的方式来实现，在情感和审美氛围的营造中实现目的。

三、与编导人员的关系

编导人员作为综艺节目的编辑策划者，是节目内涵和意义的赋予者，但是，在节目主持的现场，主持人作为节目的驾驭者，掌握着节目现场的节奏、气氛和编导意图的传达方式。一名优秀的综艺节目主持人要在现场主持时，依据编导人员所拟定的主旨来进行自我调节和节目内容的展现。当然，在具体实践中，主持人和编导人员的意见也难免发生矛盾，但是从节目整体考虑，在这种情况下，主持人还是应该以大局为重，遵从编导人员的意思和决定，因为毕竟编导才是真正的节目最终效果的把握者，主持人若坚持与编导的意图背道而行，极有可能使节目进行受到阻碍，无法实现和谐的传播情境。

所以说主持人应该具有，也必须具有群体意识。有位主持人说出了下面的话："一个人要成就点事业，非得有好的群体。特别是我们做电视的，不像你们文字记者，一个人就可以写成一篇好的稿件。我就不行，你再有能耐，还不得通过摄像来表达你的意思吗？所有的构思都得通过镜头来表现，如果他拍得不到位，节目肯定不好看。还有录音、灯光、剪辑……缺了四个部门的密切配合，你都不可能取得成功。"恳切的话语充分道出了群体合作的重要性。

四、与现场工作人员的关系

节目的制作是一个多方协作的过程，与节目的现场工作人员形成和谐融洽的关系同样是使节目顺畅进行的保障。有的主持人把自己当做"大牌"，对于现场工作人员不屑一顾，使工作人员对他留下了不好的印象，势必要影响合作精神。拿音频人员来说，他们的工作关系到主持人进行的最重要的声音的展现，主持人的音质和音量可以在音频工作人员的调节下被修饰得更完美、更悦耳动听。再比如说灯光师的灯光设计，每个主持人形象外貌不同，他所适应的灯光打法也存在区别。综艺节目主持人应该尽可能地展现自己形象的美好的一面，让灯光师充分了解自己的形象特点后对现场灯光进行特别的调度。现场的光线对主持人的形象展示起到很大的影响，在比较大的场地进行节目主持时，由于设备的局限，不可能做到各处的灯光效果都大致相同，节目主持人可以由灯光师那里了解利于表现自己的光线区域，避开不利于形象展示的光线区域，更好地驾驭节目。

第五节 现场主持的典型技巧

在了解了综艺节目主持人现场主持的一些规范性东西之后，下面我们来说一说典型的综艺节目主持人现场主持的技巧。

一、与现场受众的交流技巧

综艺主持人是有声语言的传播者，任何健全的人都可以使用有声语言，但是并不是任何人都可以较好地使用有声语言与他人进行交流。主持人必须是一个合格的可以运用有声语言进行交流的传播者。

综艺节目的现场受众具有很强的随机性，主持人在主持节目之前与将要来到现场的受众也没有充分接触和了解的机会，只是在节目进行过程中打一次交道，所以，主持人不可能知道现场受众的基本情况。因此，想让主持人在很短的时间内就可以与现场受众形成一种和谐的交流关系是很难的事情。有的主持人自认为既然难以做到，干脆就主持自己的就可以了。这种想法和做法是绝对不可取的，主持人必须明白：节目如果没有受众积极的情感互动和参与，是不可能取得成功的。主持人在现场主持的时候，一定要注意有意识地照顾受众的情绪，从一开始就要从心理上把他们看成是节目的重要组成部分，而非节目的道具。在节目的开始就该以发自内心的真诚情感和语调对受众的到来表示欢迎，尽可能地给更多的受众参与节目的机会，让他们产生得到重视的感觉。著名综艺节目主持人李咏就十分擅长在很短的时间里与受众形成良好的互动气氛。他通常对现场受众十分礼貌，在邀请现场受众参与节目时从来不会使人产生发号施令、呼来喝去的感觉，而且李咏会常常根据受众的表现进行一些恰到好处的调侃，分寸适度，不会伤害受众的自尊心、形象和感情。

在综艺节目的主持现场，主持人与受众的交流方式主要是说话和交谈，这种面对面的交流形式可以起到活跃整个节目气氛的作用。就说话和交谈而言，主持人与受众之间也存在多种不同的交流情景，有时是一对一的，有时是一对多的，所有这些，在节目的现场都可以起到为主持人和受众的交流搭建桥梁、设置铺垫的作用。无论什么样的交流情景，是以主持人为主，还是以现场受众为主，都应该根据节目现场的具体情况来进行调配。具体来说，综艺节目主持人如何在节目现场与受众进行交谈可以参考以下几种方式：

1. 提问式：在节日主持中提出问题。这是最通用的一种方式。

2. 补充式：在节目主持中拾遗补漏。这是主持人“主随客意”常用的一种方式。

3. 应接式：在节目主持中应接下来。这在主持人与受众之间的单向、双向、多向交流中都会出现的。

4. 转折式：在节目主持中由一个话题转向另一个话题。采用这种方式，有时是为了节目内容的深化，有时是对节目中的四五个话题一个个进行自然转换过渡，但有时也带有导向性的转换。

5. 调节式：在节目主持中，对某一个话题根据事先的安排和总体设计进行调整。调节式有时用于某一专题顺序的调整，有时也用于一场晚会内容不足的补充或节目超时的调整。

6. 强调式：在节目主持中，对某观点、论点、方法等着重地或特别着重地提出来。这种方式的运用也可以采取对同一观点、论点、方法的重复来加以强调。

7. 引导式：在节目主持中，带领参与者围绕节目中心进行交谈。这种方式的采用，大都出现在参与者偏离话题或难以深刻陈述，甚至是忘词，忘了某一重要内容的情况下进行的。

8. 注解式：在节目中，对疑难问题、难以懂得的专业术语、比较陌生的字词等来进行解释。对这种方式的运用，主持人要注意不要给参与者造成难堪或形成尴尬的局面，应该坦诚地把问题解释清楚。

9. 评述式：在节目主持时，依据主题的中心思想，就焦点、热点问题进行评议和讲述。

10. 小结式：在节目主持时，对某一个具体问题或某一段谈话过程作出小结。这种方式，可在节目主旨下分清整个节目的层次，明确交待出每段谈话的中心。[①]

如今，综艺节目越来越重视与现场受众的互动关系，综艺节目《非常6 + 1》甚至在节目现场实现了主持人与场外受众的现场交流，产生了非常好的效果。任何优秀的综艺节目主持人都应该很好地把握在节目主持现场与受众交流的技巧。

二、现场主持中控制呼吸的技巧

能否自如地控制呼吸是由综艺节目主持人有声语言表达特点来决定的。综艺节目主持人的语言应该是形象、生动、活泼、富于变化的，这需要以主持人不同的气息状态作为支撑。一个呼吸控制方式单一、僵化的主持人必定无法形成或气势磅礴、铿锵有力，或轻盈细腻、柔和甜美的语句和语调。

综艺节目的现场主持中，话筒一般是不可少的道具。如今，话筒一类电声设备的灵敏度越来越高，有声语言表达时的呼吸控制就显得尤其重要，一旦控制不好，就会非常明显地表现在话筒传出的声音中，给受众上气不接下气的感觉。再加上汉语中本来喷口音就比较多，所以主持人如果没有良好的呼吸控制技巧，很可能会在主持过程中出现语流失调的情况。所以，主持人应当有保持稳定呼吸的能力，以保证音色的相对稳定并减少气流摩擦声带造成的损耗。此外，由于节目时间的长短不同，主持人说话时间的长短也有不同，而且不同节目中句式的长短也有不同的要求，主持人如果以日常生活中随意的呼吸状态来应对节目现场的主持工作，是无法保证节目主持质量的。

因此，在综艺节目的现场主持中，主持人需要以胸腹联合式呼吸的方法来保证对呼吸强有力的控制，因为这种呼吸方式可以在呼吸时扩大胸腔和腹腔的容积，增大吸气量，因此可以增强呼吸的稳定性，产生坚实持久的响亮的声音，这种优势是单一胸式呼吸方式以及单一腹式呼吸方式所无法比拟的。

要想充分利用好胸腹联合式呼吸必须掌握好几点要领："其一是'两肋开'。吸气时打开两肋，使气吸得深，但不能鼓小腹，两肋打开的同时两肩要放松。这里需要注意的是，胸腔左右的扩展要大于前后的扩展，使扩展面形成后半圆，以胸部为支撑，两肋尽量下拉，扩展两侧。其二是'横膈降'。横

① 张弘：《潇洒主持人的诞生——节目主持的艺术与技巧》，内蒙古人民出版社 2001年版，第61页。

膈下降后，肺部就能扩展。吸气时横膈下降气息就下沉，使体内能积蓄较多的空气。但呼气时，应该使横膈缓慢回弹，以保持气息的持久。其三是'小腹收'。这是气息控制的关键。'小腹收'除了是指吸气时腹部不要放松外突，同时也是指气息要弱挺、强收。在吸气时，腹部肌肉应间下部的中心位置——丹田收缩，腹部保持不凸不凹的状态。这样可以使节目主持人在说话过程中不致气息松懈。"①

掌握了以上要领，多加练习，就可以较为自如地在现场主持中运用胸腹联合式呼吸保证呼吸的有力和稳定。

三、现场主持中活跃气氛的手段

综艺节目是一类比较轻松的节目，受众一般是怀着放松心情的目的去收看的，所以，综艺节目中的气氛应该是活跃的，可以排解人们的烦忧情绪，把人引向快乐的心情。综艺节目主持人一定要有活跃现场气氛的能力和手段。

活跃现场气氛，首先是主持人开场白应当做足功夫。写文章要求"豹头、猪肚、凤尾"，生活中也有"好的开始是成功的一半"的说法。综艺节目主持人如果能开一个气氛热烈的好头，就可以在一开始调动起受众的情绪，在之后的节目过程中，再时刻注意受众情绪的调节，自然可以在节目中保持一个良好的活跃气氛；相反的，如果主持人不能够在开头就引起受众的注意，没能调动起受众的情绪，那么受众从开始就会陷入一种萎靡的状态，想在此之后再对受众的情绪进行调动就会有难。综艺节目主持人应当根据节目的特点、主旨和内容对开场白进行有意的设计，让开场白可以起到渲染气氛、吸引受众的作用。说到这里，还有必要对综艺节目主持人开场白的重要性做一下引申，不要以为受众在收看综艺节目的时候是一种纯粹娱乐、毫不在乎的心理，受众的眼睛和耳朵是十分敏锐的，有的主持人对自己主持节目的开场白没有足够的重视，尤其是一些介绍性质的开场白，不经过深思熟虑就按照以前的惯例照搬，结果给自己以及节目带来了意想不到的麻烦，产生了适得其反的效果。在某期《艺术人生》节目中，嘉宾是香港著名艺人张学友，朱军说出了这样的开场白"大家都知道，张学友是德艺双馨的艺术家"。就是这一句话，引发了许多业内专家对价值观差异的思考。由于认为朱军用词严重失当，

① 卢杉、晓澄：《感悟与升华——节目支持人素质修养论纲》，上海教育出版社 2000年版，第138页。

一些激进的观众甚至强烈要求《艺术人生》栏目更换主持人，闹了一场不大不小的风波，可见开场白的重要性。

幽默同样是在综艺节目主持现场活跃气氛的有效手段，也是目前综艺节目主持人非常喜欢使用的一种活跃气氛的手段。在节目进行过程中，主持人可以适当地开一些高明得体的玩笑，起到松弛神经、营造活跃氛围的作用。可以发现，许多为受众所喜爱的综艺节目主持人都有幽默、诙谐的特点，但是幽默同样要掌握好分寸，如果不会幽默而硬去幽默，会有适得其反的后果，所以说幽默也是一门学问。综艺节目主持人可以在日常生活中注意积累一些内容健康的、格调高雅的笑料，经过自己的审美情趣和艺术品位进行筛选后，应用于节目中，给受众以启迪和轻松的享受。什么是格调高雅的笑料？举个非常有名的例子来说，钢琴家波奇在一次演奏中，发现观众人数不多，场内有一半座位都空着，他对听众自我解嘲说："朋友们，我发现这个城市的人们都很有钱，我看到你们每个人都买了二三个座位的票。"在场的听众们放声大笑，波奇用他的幽默成功地化解了尴尬，制造了现场的和谐气氛。高明的幽默就是可以起到这样的效果。综艺节目主持人现场主持时恰当的幽默是好的，但是一定要保证对受众是一种友善的态度。主持人的幽默本身就是为了更好地和受众进行感情的联系，如果主持人凭借伶牙俐齿对现场嘉宾或受众有嘲讽之处，那么看上去似乎衬托出了自己的犀利口风，实际却让受众产生了厌恶和不满情绪。另外，主持人的幽默还要分清场合和对象，不同的情况应当区别对待。有时候，主持人觉得无伤大雅的玩笑，却会让一些敏感的嘉宾和受众产生误解，因为即使是同样的玩笑对于不同的人，对于不同的身份、心情和性格的人，都会产生不同的效果。在节目现场主持中，主持人一定要把握住适度的原则，利用幽默的手段来调动现场的活跃气氛。

上海电视台节目主持人叶惠贤就非常善于抓住契机以幽默的方式营造节目的活跃气氛。比如在一次主持"卡西欧杯家庭演唱大奖赛"初赛时，有一位女婿和丈母娘一起登上了赛台。不料，这位担任独唱的女婿临时改变了原定的参赛曲目，另选了一首《再见吧，妈妈》。对于这突如其来的变化，叶惠贤不仅没有慌张失措，反而抓住了这一契机，生动有趣地说道："嗳，这就是你的不对喽。可不能有了好丈母娘，就'再见吧，妈妈'。"由于叶惠贤能巧用参赛人员的关系和参赛歌曲名称的"矛盾"，对这位女婿进行了严肃的"批评"，一下子把全场的受众逗乐了，场上的气氛顿时活跃了起来。等到这位女婿在掌声中唱完了这首动人的《再见吧，妈妈》时，叶惠贤又抓紧机会补了下面一句："看来，你对妈妈还是很有感情的。好！"一句话，又将这位歌手的演唱效果与他对母亲的感情联系在了一起。叶惠贤真是"搞笑"的高手，话音刚落，全场爆发出雷鸣般的掌声，气氛达到了高潮。①

综艺节目主持人还可以通过一些肢体动作来活跃现场气氛，有的综艺节目主持人肢体动作十分有特点，表演功力深厚，作出的动作形象生动，可以传达言语不能传达清楚的意思。因此，在一些综艺节目中，我们可以看到主持人的肢体动作比较多，表演性质的东西也比较多，受众在主持人的诱导下情绪十分高涨，现场气氛融洽而热烈，形成了非常积极的传播情境。

四、现场主持中主持状态的把握

要做一名合格的综艺节目主持人必须摆脱羞怯，在受众面前自然流利地表达。这不是简单的通过对教材的学习就可以达到的境界，只有在主持人经过多年经验的积累和在主持艺术中不断摸索之后才能达到。其实，从另一个方面来讲，只要能够激发起自己的表现欲望，能够发挥出自己的潜在能力，锻炼自己在众人面前保持住良好心理状态的能力，就可以在任何情况下，在面对任何对象的时候都能做到充分的、自如地表达自己的思想和意见。

在日常生活中，抓住一切学习的机会，即使是性格内向也要培养自己勤于说话、敢于说话的习惯，努力提升自己的说话水准。其实，在我们周围的生活环境中，到处都存在着锻炼口头表达能力以及主持所需的各种技能的机会，这是一个量变到质变的过程，虽然你感觉不到它在短时间内的显著增长，但是终究你会在某一天发现，自己可以具备在舞台上充分驾驭有声语言的能力。一名优秀的主持人应当而且可以做到在节目的主持中勇于表现自己，运用多种表现手段，摒弃模仿，无所畏惧地用充满个性的、富有创新精神的方式来表现自己，让受众感受到不同的情绪和风格，塑造出自己独特的可以给人留下深刻印象的主持风格。

综艺节目主持人在现场主持过程中一定要全身心地投入到自己的主持中，投入到自己角色的扮演里，时刻保持自己的真诚与热忱，忘记周围一切不和谐的因素，积极乐观地对现场进行驾驭，在强烈的创作欲望中，冲破一切交

① 曹可凡、王群：《节目主持人语言艺术》，上海人民出版社 1997年版，第16页。

流的阻碍，让自己的行为、举止、语言、气质都达到一个忘我的、完全自然的状态。这种状态可以通过学习表演艺术中的“当众孤独”的技巧来实现，“当众孤独”是表演艺术的一个术语，要求表演者在众目睽睽之下仍然保持旁若无人的状态，像在自己家中一样自在地做任何事情。把握这种技巧，可以从几个方面入手：

1. 排除杂念。在镜头前，不能总是想我看上去漂亮吗？说错了怎么办？领导会如何评价我的节目？以“我”为中心，心存杂念，必然精力分散，缩手缩脚，要么出错，要么没有丰满的个性形象。节目主持人要像演员进入角色一样进入节目。在主持人的意识中，他的一举一动、一颦一笑都应符合节目的要求。处于这样一种“忘我”的境地，才能够达到心理、情绪和身体上的放松，才能进人最佳状态。在与搭档或嘉宾共同主持节目时，或在采访过程当中，节目主持人也不要去想“我下面该说什么”，而应认真地听对方说话。主持人的思维活跃了，作为思维物质外壳的语言也就鲜活了。

2. 融入环境又无视环境。中国有句古话叫“入乡随俗”。节目主持人也应在什么地方做什么样的人，说什么样的话。无论在工厂、农村、街道还是身处热闹的群众场面之中，节目主持人出现在哪里就要立刻成为环境中一个和谐的元素，丝毫不能有与环境不符的感觉，这就是“融入环境”。然而具有魅力的主持人还要“无视环境”，即无论在什么场合都能流畅、自如的表达思想。

3. 平日的积累以及对节目内容的整体把握。这已超越了心理层面，而涉及主持人的素质能力。越是功力深厚、素质较高的主持人，越不容易受外界的干扰。所谓拥有“良好的状态”，是一定的修养、良好的心理素质和高超主持技巧的完美结合。只有勤学苦练、多悟多思才能够达到良好的状态。[①]

如此一来，综艺节目主持人自然可以在各种情况下保持集中的注意力和良好的主持状态，完成自己的主持。

五、现场主持中常见的话语小技巧

懂得了语言规范，在节目主持中，综艺节目主持人还可以灵活运用一些小的主持技巧帮助自己驾驭节目。

---

① 张弘：《潇洒主持人的诞生——节目主持的艺术与技巧》，内蒙古人民出版社 2001 年版，第 156 页。

1. 懂得把握好说话的时机。什么时候说什么话，是有讲究的，也就是说，说话不仅分场合、分对象，还要分时间。如果时间和机会掌握得不好，即使言语的内容再精彩，也没有把握住受众随时变化的心理，无法达到让受众心甘情愿接受主持人信息传达的目的。正确的做法是，在节目进行过程中，注意观察现场受众或嘉宾在节目中的状态，把握各种人在某一时间段内的心境，说得夸张点，就是要“看受众的脸色行事”。在现场受众不同的情绪下，选择合适的话语进行表达，考虑到受众情绪的作用，把握住一个巧妙时机，才能够达到最佳的效果。

2. 在节目的开始设置一个精彩的开头。因为，有心理学实验表明，通常人们对某一事物的关注在最初的10分钟里是最强烈的，在此之后就呈递减趋势。在节目主持的现场也可能有同样的情况显现，主持人一般可以比较轻松地保证受众在开始的几分钟内对自己的话语和节目有较充分的关注，但是随着时间的延长，观众的情绪会随着节目的进行和时间的加长而放松对节目和主持人的关注。因此，主持人必须要在开始就牢牢吸引住受众的眼睛，设置一个精彩的开头，有余音绕梁之感，使受众产生浓厚的兴趣，从而保持长久的兴奋情绪。具体的做法可以参考下列方式：

（1）用故事开头：一般来说，可供选用的故事，有幽默的和一般的故事，但幽默的故事不可乱用，除非主持人有幽默的禀赋，否则效果不会很理想。而后一类故事，只要主持人在叙述时有具体情节，就能达到吸引受众的目的。

（2）用展示的物品开头：展示的物品可以是一幅画、一张照片或一件其他物品，只要有助于主持人阐述思想就行，甚至主持人在一张纸上写几个字，也能引起话题。

（3）用提问的方法开头：用提问开头，受众就会对提出的问题去思考，就会产生一种想要知道正确答案的欲望。

（4）引用名人的话开头：名人在人们心目中有很高的威信，他们的话总有一种吸引力。

（5）用赞颂的话开头：好话总是被人喜欢听的。主持人开头时可以赞颂他正在谈及的地区的悠久历史、光荣传统等，这样气氛就会很快活跃起来。

（6）用涉及受众利益的话开头：将话语与受众切身利益联系起来，引起受众的关注和重视。

（7）从有共同语言的地方开始讲话，这些话可以涉及共同的生活习惯、爱好、经历等。①

3. 尽量摒弃语言中的不良用语习惯。在平常说话时，人们常常自觉不自觉地在语句中间加上一些诸如“嗯”、“啊”、“这个”、“那个”一类的口头语，事实上这是完全没有意义的。在日常生活中出现这样的情况还没什么大问题，可是如果这样的情况在主持人的身上发生，就会在很大的程度上破坏主持人言语的整体流畅程度，影响主持人的语言风度。主持人的不良用语习惯表现最突出的是上面提到的一些没有意义的口头语，虽然主持人自己可能没什么很大的感觉，但是在受众的耳中却可能非常难以忍受。再就是一些发嗲的港台味词语，“不是这样的啦”、“哇噢”一类的词语极可能引起受众的反感。过度地炫耀自己某方面的知识和造诣也是一种不好的用语习惯，综艺主持人如果在节目频频地引经据典，会给受众造成一种不谦虚、卖弄的感觉，致使主持人与受众之间产生隔膜。

4. 在与受众或嘉宾交谈中的插话技巧。在综艺节目中，有时出现谈话对象表达不清楚，说的内容偏离主题，或谈话对象情绪不稳定导致无法继续冷静表达等情况，这时，就需要主持人在适当的时机，针对不同的对象和情况采取不同的方式进行一些以话语为手段的调节，也就是插话。主持人应该是一个优秀的传播者，同时也应该是一个好的、善解人意的倾听者，尤其是在对受众或嘉宾进行访谈的时候，当上述一类情况在谈话过程中出现的时候，主持人应当或安慰、或鼓励、或疏导、或综述，使谈话可以继续在一个比较融洽的氛围中进行下去。但是一定要注意不可以随意乱插话，不要对谈话对象所说的内容妄加评论，也不要自作聪明地在谈话对象未说完的时候替谈话对象进行总结，这些既是对谈话对象不够尊重的表现，也是对受众的不负责任，毕竟此时受众最想听到的不是从主持人口中说出的信息。如果主持人表现得过于主动，受众自然会对主持人产生不好的情绪。

5. 综艺节目主持人在节目主持过程中“抖包袱”的技巧。这是一种主持人在口语运用中比较常见的语言技巧，通过对听者好奇心理的利用，先在话语中设置一个悬念，但是又暂时不说出，而是让受众进行猜测或思考后才将实情娓娓道来。这种语言技巧既可以活跃受众的情绪，也可以增强自己的语言起伏性和趣味性，同时拉近了与受众的距离，有了一种类似于老朋友之间逗趣卖关子的感觉，让人回味无穷。综艺节目主持人要想把包袱抖好也是有

① 张弘:《潇洒主持人的诞生——节目主持的艺术与技巧》，内蒙古人民出版社 2001年版，第89页。

学问的，最关键的还是要注意积累。央视著名综艺节目主持人李咏就曾向记者透露他在场上幽默不断，卖关子“抖包袱”的小窍门：在平时跟朋友聊天或是听大家谈话的时候，随身携带一个小本子，把有趣的事情记录下来，然后通过发挥自己的想象力进行加工使之变成一个个精彩的段子。

6. 综艺节目主持人现场主持时对哲理性语言的使用。综艺节目主持人可以在平时的积累中有意识地记住并理解一些富有哲理性的既凝练又含义丰富的格言谚语等，这些都是前人经验的总结，很多时候，简单的一句话就可以说清非常复杂的事物和关系，可以给受众启迪，也可以表现出一名主持人的思想成熟程度。合理使用哲理性语言与综艺节目的轻松氛围是不冲突的，因为综艺节目终归具有审美教育的功能，能在娱乐之余引发观众的一些思考也是十分必要的并且是受众乐于接受的。

六、在现场主持中提问的技巧

现在，综艺访谈类节目越办越多，想当好这类节目的主持人，在节目现场有出色的发挥，必须要对提问的技巧有熟练的掌握，不仅是在访谈类节目中，现在提问这一环节已被运用到了越来越多的综艺节目中，并受到广大受众的喜爱。这是因为主持人在节目现场的提问实际上也是主持人站在受众角度进行的信息索取，也可以理解成在代替受众进行提问，如果提问得不好，则不能使受众获得满意的信息。提问的艺术关键是在于“问什么”和“怎样问”，在提问上有所讲究才可能获得相对完美的答复。对于提问的技巧，在张弘编著的《潇洒主持人的诞生》一书中有比较详细的论述，书中将提问艺术归结为三个方面，对于主持人提问技巧有很强的指导作用。书中是这样归纳的：

提问所讲究的，第一是心理气候造型艺术。举凡提问，都应该于稳妥的心理气候中进行。提问的艺术首先是心理气候造型的艺术。

1. 给人以真诚、可信任的印象，以期形成坦诚可信赖的心理感应。很难想象，提问能在相互猜忌、彼此存惑、相互戒备的状态中进行下去。唯有提问人打破答问者消极的心理樊篱，被信任而形成答问者的“示人以诚，待人以厚”的心理感应，提问的心理气候造型才能完成。

2. 使对方有平和从容的心理感受。古希腊先贤苏格拉底颇善提问，他将最诘屈聱牙、艰涩难懂的部分由自己口述出来，而将对方置于一种轻松而惬意的裁夺是非之境，从而使答问者产生平和而从容的心理感受，达到自己的目的。如果我们也学会这种方法，必然在问答中获得极佳的效果。

3. 满足对方的“解惑”心理。一般，人们常受美国心理学家戴尔·卡内基所言的“自重感”的影响。这于“提问交际”中则表现为：答问者都希望自己能够“传道、授业、解惑”，道人所不道，答人所不能答。若发问人能设法满足这种心理状态，则“问者谦谦，言者谆谆”的气氛就可以造成了。

4. “心理气候”造型艺术还表现在迅速而准确地排除心理障碍。答问的心理障碍大约有下述几种：交易心理，在它的作用下，交谈很容易变成了谈判；保守心理，对是非问题采取折衷的庸俗态度或顾左右而言他，不回答问题的实质；自传心理，即对与己无关的事、物、人概不闻问，避而不答。提问者的心理气候造型的艺术首先在于克服这些形形色色的不利因素。

第二是提问情势控制艺术。提问的情势常常是云诡波谲、变幻无常。欲维持提问并从中获得信息，达到交际目的，提问者就必须学会控制提问情势。控制提问的情势，通常可采取下列几种手段：

1. 留有余地，置对方于宽松的“问答气氛”中。美国明尼苏达大学拉尔夫·尼科尔斯博士归纳了“留有余地”的办法，有下述几种：

（1）忌提明知对方不能或不愿做答的问题；

（2）用对方较能适应的“交际传媒”提问，切不可故做高深、卖弄学识；

（3）不要随意搅扰对方思绪；

（4）允许对方有思考并有做答的时间；

（5）力避发问或问题引起对方“对抗性选择”，要么避而不答，要么拂袖而去。

2. 调动对方问答的积极性，开掘对方更深层的智力资源。要做到这一点：

（1）我们要充分满足对方的“社会赞许动机”，即渴求社会舆论或评价的嘉许与肯定的心理。因此，尽量同意对方的意见，并以此为基点展开提问；极力诱使对方说“是”与“不是”，以示他处于“裁夺者”的地位和受敬重的情形；以他极擅长回答的问题入手，并以他最精熟的知识为结束来提问题是有效的对其嘉许之策。

（2）使对方觉得自己的意见在起作用或将起作用，肯定他所提供的问答，并暗示你将奉行不悖。

3. 就提问形式而言，最佳模式应为：艺术性的提问＝陈述语气＋疑问语缀。每一问题的提出，宜经历两个逻辑程序：其一是将疑问的内容力争以陈述句式表述；其二是在陈述句式之后附以“您以为如何”、“您同意吗”、“您愿告诉我吗”等疑问语缀。据交际学家们分析，人们的任一发问几乎都可化为这种模式。

能做到上述几点，提问的情势便可基本被控制了。

第三是提问的延伸艺术。一次提问未能达到自己的问话目的，那么则可以采用延伸提问的方法来争取达到目的，或加深交际。如何延伸提问，可采用以下几种方法：

1. 无论所获答复如何，都应设法延伸提问一次，以形成“缓冲区”。如回答完毕，你还可以问“为什么要那样”、“你如何想起那种办法的”，这足以引出许多题外话，于是你们便获得了更深交际的契机。

2. 沉默，适当的沉默可以使人振奋精神，对方会更详尽阐发所答内容。

3. 极力避免那些会引出简单答复的提问或问题，否则双方都会因此而兴味索然，不仅达不到加深交际的目的，反而会破坏已经因上个提问而造成的良好交际气氛。①

七、常见的态势语言的运用技巧

前面已经对主持人的有声语言做了比较详细的阐述，这里就来说一下主持人在节目主持中常用的一些态势语言。

手势是节目主持中必不可少的态势语，对于主持人的整体形象和意思的表达都可以起到非常关键的影响作用，受众对主持人的手势十分在意，甚至对一些手势不雅的主持人进行了一些调侃的诸如“搬砖式”、“鼓掌式”的总结。如今许多主持人也觉察到了受众对手势的在意，一些主持人因此尽可能简化自己在主持节目中的手势，更有甚者干脆始终将两手放在同一位置。简化是可以的，但如果太过刻意，既影响美观，又让节目整体风格显得僵硬呆板。如果能够较好地使用手势语言，使语言表达的内容和手势动作和谐地融合在一起，不仅可以增添节目的气氛，也可以使主持人与受众的交流更加顺畅，给受众协调的美感。

① 张弘：《潇洒主持人的诞生——节目主持的艺术与技巧》，内蒙古人民出版社 2001 年版，第 96 页。

现场手势动作的运用可以从几个方面去把握：准确、适度、自然。准确是恰当运用手势语言的前提，手势语言应该与有声语言的内容相协调，可以帮助受众的理解，而并非导致受众的费解。一些年轻主持人受到外来文化的影响，习惯在节目中使用一些“西化”的手势，而不注意具体的使用场景，结果很可能给受众带来不伦不类的感觉。而且，手势的一些方向差别也有着不同的含义，这是手势语言所具有的一定的规定性。比如说一般向上的手势表示积极、赞美、乐观，向下的手势表示消极、愤怒、悲伤等情绪。在运用时，一定要做到准确表达，如果“言行不一”，过分的随意，给受众的就不是美感,而是煎熬了。适度是指主持人主持节目时手势出现频率和幅度的要求。主持人在主持节目时既不可以从头到尾不做任何手势动作，这样过于呆板；同时也不可以作出太多过于重复的动作，这样非但起不到辅助有声语言的作用，反而会让受众眼花缭乱、心烦气躁。手势出现的频率应该是恰到好处的，这样才能符合受众的接受习惯。手势的幅度在不同的场合应该有灵活的变化，依据场合的大小来定，人数多的大场合，手势的幅度可以相应的大一些，人数少的场合，保持自然的幅度就可以了。在表达不同思想感情时，手势的幅度应该以人体上的区域作为区分，手势动作在人体上部区域作出，经常是表达激动情绪、赞美、高兴的内容；手势动作在人体中部区域作出，常常是在平静的叙述的情况下；手势动作停留在人体的下部区域，则一般是表示不好的、消极的情绪。主持人在现场主持时，不可以让自己的手势动作在人体上部、中部、下部区域之间做随意的、大幅度的动作，这样会给人一种十分忙乱的感觉，反而干扰受众对主持人有声语言的理解。除准确、适度外，主持人手势的自然度也十分重要，手势不应该机械、僵硬，既要辅助有声语言，也要给受众美感。《开心辞典》主持人王小丫的手势动作就十分美观，干脆利落、自然灵活。综艺节目主持人千万不要把一些手势当做固定的标签，或是固定语言的动作演示，注意随自已的语言，有心而发的作出自然的手势，才能有好的传达效果。

眼睛作为心灵的窗户，由其传达的信息是主持人与受众之间进行交流中十分关键的部分，它可以明确、迅速、准确地传达给受众一些特定信息，是交流的门户。孟子的《离娄·章句上》中有这样的内容：“存乎人者，莫良于眸子；眸子不能掩其恶。胸中正，则眸子了焉；胸中不正，则眸子目毛焉。听其言也，观其眸子，人焉瘦哉？”在现场主持时，每个受众都可以看到主持人的眼睛，主持人却无法看到每一个受众的眼睛，这就对主持人眼神的表达提出了更高的要求，它不是简单的如同在生活中与普通人的对视，而是一个人与一个受众群体间的对视。

想运用好眼神，首先要让眼神充满丰富的内容，一个人的知识修养和品格在一个人的眼神中就可以有所体现，我们常说的“眼睛会说话”，就是指用眼神向他人展示自己的内心世界。主持人除了有意识地锻炼用自己的眼睛来表情达意外，还要不断丰富自己，让心灵的窗户透射出思想的光辉。主持人的想象力也是丰富主持人眼神内容的手段，我们可以发现，当一个人脑中想象某种具体事物的时候，其眼神会散发出不同的光彩，这也是一种“情境再现”的技巧，它可以帮助主持人更好地传达富于感情的内容。另外，主持人现场主持过程中，还要注意对视线的控制，它包括两个方面的讲究，一个是视线目标，一个是视线方向。主持人在现场主持节目时的视线目标应该是受众，主持人在说话的时候要大胆要求与受众进行目光的交流，不能有害怕或羞涩的感觉，这是对一个有经验节目主持人的基本要求。需要注意的是，主持人的视线要锁定在受众身上，但是，不能始终指向一个受众，而是应该让多个受众产生被顾及的感觉，可以说一句话的时候将视线朝向一边的受众，说另一句话的时候则将视线朝向另一边的受众。受众意识到自己受到了主持人的关注，产生了交流状态，自然在听的时候格外专注。节目主持人也可以从受众的反应里得到自己主持情况的反馈信息，及时调整自己的主持状态。事实上主持人并不需要刻意地盯紧受众，力求在每一句话的时候都能和受众有眼神的交流，这是不现实的，也是没有必要的，主持人的眼神只要自然真诚地向受众投递延伸就可以了，心里装着受众，就可以轻松做到。综艺节目主持人现场主持时的视线方向也可以传达不同信息，比如视线放平多表示心境平和、冷静；视线上移多表示尊敬、思索、骄傲；视线向下多表示羞愧、忧伤等心理状态。主持人在节目开始上场后，就应该让视线对节目的现场有一个全方位的顾及，等于对节目现场的每一个人都用眼神打了个招呼，这是交流开始前的铺垫动作，向受众发出信号，并且安定住自己情绪，迅速地适应现场环境。进行有声语言表达的时候，主持人的视线应该平直地向前延伸，把视点尽可能地放在远些的地方，根据节目现场的大小等因素，对视线角度进行合理的调节，做到看起来既可以覆盖全场的受众，又显得稳重冷静、充满自信。视线不可以随意地四处游移，应当有所节制，不要太频繁，也不能呆板得只是呈直线移动，应该把握住视线的变化频率，不至于破坏受众注意力的集中，同时灵活移动自己的视线，以求可以照顾到更大面积的受众。合理的运用眼神，还应该把握好目光停留的时间和状态。如果主持人目光长久地停留在某一个方向，会让受众产生不舒服的感觉。一般来说，如果在个别交谈时注视谈话对象的眼睛超过谈话时间的80%，就会使谈话对象产生一种不安的、窘迫的感觉。这里无法强硬地规定出在节目中主持人注视谈话对象或是某方向的时间长度，但是总的来说，主持人注视谈话对象、传播对象或是某一方向的时间既不可太长，也不可太短。太长了就如上所说引起受众的窘迫心理，而且使得视线无法顾及到一个比较广的范围；太短了容易让受众产生烦躁心理，并且有目中无人的感觉。当主持人让受众看到自己眼睛的时候，必须要注意保证自己的眼睛处在一个良好的状态：眨眼次数不要过于频繁，否则影响自己的真诚度，同时理智、自然地控制自己眼睛的神采和形状，在不同的情况下，或瞪大眼睛表示激动和兴奋，或眯起眼睛表示疑惑和怀疑，或俏皮地眨眼睛表示幽默和活泼。主持人应该能够让眼睛放射出各种各样的光彩，感染带领受众共同进入和谐的交流情境。

第六节　现场主持的案头工作与临场发挥

通常，我们把做一件事情之前的事先准备工作称为案头工作。优秀综艺节目主持人在主持的时候绝对不会照本宣科，但是要想在节目主持现场做好临场发挥，充分细致的案头工作也是不可少的，它可以让主持人的现场主持达到一个更加完美的境界。在进行综艺节目主持之前，节目的编导人员通常会让主持人对这期节目有大致的了解，比如说参加节目的人员特点，以及本期节目预期实现的效果等。主持人可以根据这些信息，在节目主持前做一下适当的准备工作，构思一个大体的方案，为现场主持时的语言组织提供一个参考，使言语的内容显得更加富有针对性。有的主持人对自己过于自信，认为自己说什么受众都会乐意听，因此不屑于进行事先的准备，这是一种对受众不负责任的态度，很可能会影响发挥。案头准备的意义在于，让主持人可以在现场主持的时候在更短的时间中表达更多的意思，向受众传达更多的信息。这就要求对讲话内容的层次、结构和节奏进行一下大概的设计。其中节奏显得尤其重要，有时候，虽然主持人做了精心的准备工作，但是在实际主持的时候，一口气把要说的内容很快说完了，主持人自己也许觉得还不错，但是听在受众耳朵里，完全不是那么回事。因为，主持人对自己说话的内容虽然烂熟于心了，可毕竟受众是第一次听到这些，所以要把语言节奏设计得符合受众的接受习惯，什么时候快些、什么时候慢些、什么时候进行停顿等，这些把握好了，才能保证受众接受主持人所传达信息的顺畅，不断引发受众的兴趣，达到较好的效果。

需要注意的是，综艺节目主持人最忌照本宣科、生搬硬套。因为节目现场的偶发因素很多，突发事件的发生打乱了部署好的程式，增加了未知的变数，优秀的主持人应该能够做到临场镇静，重新组织语言，保持整个节目气氛的和谐，使节目得以顺利进行。换个角度来看，如果主持人事先做了过于刻意的准备，就会失去语言的新鲜感，致使在现场主持时难以进入兴奋状态，只是机械地、条件反射一样地从口中说出词语和句子，连自己都无法感动的文字自然无法起到感染受众的效果。正确的做法应该是：进行适当的案头准备工作，对本期节目的主题、参加人员有大体的了解；拟定自己在现场说话的主导风格和侧重点，但是不在文字稿上有太多的落实，然后带着一种强烈的创作欲望充满自信地站于舞台之上，把自己的精神调整到亢奋的状态；仔细地在节目进行过程中捕捉有价值的、可以为即兴发挥提供素材的信息，仔细观察现场的因素，审时度势地进行临场发挥。通常在这种时候，主持人的脑力可以得到充分的集中，灵感不断、妙语如珠，为受众带来美的享受。

主持人的临场发挥深深依托于渊博的知识底蕴、独到的洞察力以及敏锐的思辨能力上，不是所有主持人都可以实现的。因为节目进行过程中可能出现的因素难以预料，所以临场发挥确实带有一定的偶然性，但临场发挥绝对不是无意而为的，而是根据现场及时把握素材，在一定前提条件和客观因素的引导下进行的一种刻意的操作。我们可以发现在一些优秀的临场发挥的例子中，语言确是即兴说出，但其仍然蕴有深刻的观点和严密的逻辑。著名综艺节目主持人叶惠贤在谈到自己的即兴发挥时说："除了爱读书、喜看报开阔了我的知识面外，我还十分注意不断充实自己脑子里的'资料库存量'。例如对各类艺术的名家，他们的艺术风格、特点、代表作、爱好直至生活中的趣事、小事，通过各种信息渠道予以广泛收集，有时候我在节目主持过程中'抖露'一下，也常使一些艺术家本人感到惊奇，这种具有背景材料性的'即兴'更为广大观众喜闻乐见。我还对社会上发生的一些群众所关心的事十分注意，另外对不同时期的领导动态和群众心态也深入了解，这使我的‘即兴’常带有时代气息而不落俗套。”①由此可见，临场发挥不是简单的信口雌黄、离题万里的贫嘴和哗众取宠的故作乖巧，它要求的是主持人在明确节目主旨的前提下，对一些有意味的因素进行引申和发展，以达到活跃节目气氛、完善节目艺术效果的目的。综艺节目主持人要想较好地进行临场发挥，一定要善于捕捉有意味的信息，在最短的时间内找到现场最丰富的信息源，从中进行引申和即兴发挥。

第七节　现场主持中如何为受众留下良好的印象

前面说了，受众是综艺节目中十分重要的一环，综艺节目主持人若想为受众欢迎，综艺节目若想赢得较高的收视率，受众对主持人印象的好坏会起到很大的作用。因此，综艺节目主持人在现场主持时，要努力为受众留下美好的印象，受众才能够对主持人和节目产生眷恋，才会在下次节目播出时继续收看。要赢得受众的好印象，不能通过哗众取宠的手段，而应通过一些真诚的、有技巧的方式来获得。

首先要做的是在节目的开始热情亲切地问候受众，给受众以热情的问候正是想让受众产生一种老朋友嘘寒问暖的感觉，吸引受众对节目和主持人的关注，比如在一次杨澜和姜昆主持的《正大综艺》栏目中，两人使用了这样的开场白：

杨：各位来宾，电视机前的热心观众朋友们，你们好！

姜：也许你刚刚脱去一天的疲惫，泡一杯浓茶坐到电视机前；也许你正觉得无聊，想不出家门就能看到外面的世界；也许你刚刚做完老师布置的作业，希望在休息之前从我们这里得到一点精神享受。

杨：那好吧，就让我们带着您跨越时间和空间造成的障碍，到世界各地去领略异国的风情，聆听美妙的音乐，因为——不看不知道，世界真奇妙！

① 全国电视学研究委员会：《话说电视节目主持人》，文化艺术出版社 1989年版，第87页。

二人巧妙的搭档，加上语言中浓浓的人情味，大大地缩短了主持人与受众之间的距离，主持人的热情在很大的程度上对受众起到感染作用，吸引受众坐到电视机前。

综艺节目主持人可以用其准确、鲜明、生动、形象的语言为受众设定出一种特殊情境，让观众充满视像感地融入节目中，不自觉地受到节目基调的同化，排除外界的干扰因素，达到一种完全融入其中的忘我境界——这也是一种给受众留下美好印象的重要方法，毕竟忘我的境界是十分令人迷醉的，也是身体和心灵非常乐意接受的。在一次《综艺大观》，主持人倪萍与特邀主持人侯耀文在《拥抱春天》男女合唱这个节目之前，进行了如下解说：

倪：3月的南方早已是春暖花开，春的脚步正匆匆地走向北方的大地。春天，是播种的季节，也是生长的季节，在春天里不仅可以找到生命，而且可以找到理想和希望。

候：特别是年轻的朋友还可能找到心目中的恋人。

倪：对，因为春天是个可以找到爱的季节。今天是我们《综艺大观》开播一周年的日子。

侯：也许大家还能记得，去年3月的这一天，第一期《综艺大观》和观众见面了，当时我们全体演职员怀着一种不安和希望的心情播下了这一粒种子。一年以来，在广大电视观众的爱护之下，这粒种子已经长成了一株亭亭玉立的小树。

倪：是的，在今年，在又一个春天来到之际，让我们一起拥抱春天！

该解说词如春风化雨，又与即将上演的节目主题相呼应，在受众听到歌曲之前为受众进行了心理的铺垫，在歌曲演唱时，受众就可以在已经形成的心理氛围中获得更加美好的享受。

综艺节目主持人在现场主持中还可以通过风趣幽默的谈吐给受众留下好的印象。快乐永远是人追求的，人们都希望自己能够快乐，收看综艺节目一般或是为了排解心中烦闷的情绪，或是为了在劳累之后松弛一下紧张的神经和疲惫的身体。所以，综艺节目主持人如果可以让受众轻松的收获快乐，用健康、高雅、充满趣味的语言让受众有愉悦的身心享受，受众当然不会错过这样的放松自己的好机会。受众对风趣幽默谈吐的青睐程度，在下面的例子中就有比较明显的显现。

一次，著名相声演员冯巩和赵忠祥、凌峰、赵本山共同主持了一期“《神州风采》特别节目”。大家对冯巩的幽默才能都有所了解，在这期节目中，冯巩更是通过自嘲和模仿等方式将自己的幽默才能发挥得淋漓尽致。在节目的开始，主持人一一上场，凌峰首先说：“为了丰富我们今晚的节目，我们特地为您介绍一位比我长得还困难的、来自东北的赵本山。”赵本山也不示弱，随后说：“我比他还丑？既然如此，我出来抓个垫背的，他比我还丑！”轮到冯巩上场了，他说：“亲爱的朋友，你们好！我知道我长得很丑，属于困难户、重灾区，但跟他们二位相比，我可以自豪地宣布——我脱贫致富了！不客气地讲，一看见他们二位，就使我想起万恶的旧社会！”他的话一抑一扬之后，话锋一转，幽默迭起，并巧妙地以“重灾区”、“脱贫致富”这些观众熟知的说法形容自己“相貌的改变”，通俗生动、出语不凡、引人发笑。接着主持人依次巧解“神州风采”四字，冯巩说的是“采”：“我最喜欢的就是‘采’字，您想啊，我们的祖国河山绚丽多彩，我们的生活丰富多彩，我们的晚会五彩缤纷。特别是凌峰先生一摘帽子——你瞧，光彩照人！”凌峰恰到好处的配合，更给冯巩的幽默锦上添花。最后冯巩又模仿李默然做三九胃泰广告的语音、语调和语气：“中央电视台出品的《神州风采》深受观众喜爱，但制造假冒的《神州风采》是一种不道德的行为，要使您欢乐健康，请认准中央电视台的特别节目——神——州——风——采！”在如此短暂的时间里，冯巩用自己的幽默智慧创造出多个喜剧，让受众倾倒，拍手叫绝。试问这样的主持人，受众如何能不喜欢？

能够带给受众丰富的知识见解，同样可以让受众对主持人留下很好的印象。许多综艺节目也具有很强的知识性，这类节目的主持人应该努力丰富、充实自己，获得广博的知识，达到多才多艺，如此才可以在不同的场合中让自己平日的积累得到恰如其分的体现。这样，不仅可以丰富自己的语言，也可以使受众的眼界得到开阔，赢得受众的尊敬。比如，在一期杨澜和姜昆主持的《正大综艺》节目中，在介绍英国一个小镇的时候，两个主持人就民族形象问题进行了一小段的即兴发挥：

杨：姜昆，你说一个民族有没有代表的形象？

姜：当然有，比如人们提到吉普赛人，自然会想到他们的载歌载舞；提到法国人，自然会想到他们的浪漫情调；说到美国人，一定会想到他们风靡百年的西部牛仔。

杨：如果提到英国人，人们就会想到他们的绅士风度。

姜：大家都看过查理·卓别林的片子，他经常扮演一个流浪汉，却整天戴着礼帽，手里拿着一个很讲究的拐杖。

杨：是的，英国绅士挺爱打扮，在人们的脑子里总有一幅漫画式的形象——戴着圆顶礼帽，拿着一把很讲究的伞，穿着有条纹的裤子。现在，我们就去英国走一定，看看那里的古风情调。

简短的话题，在紧扣节目内容的同时给受众另外一些有益的信息，让受众有意外的收获。

除上述内容之外，综艺节目主持人在节目主持中的善解人意、温文儒雅同样可以赢得受众的欣赏和信赖。尤其是在一些竞技类的综艺节目中，主持人常常要充当裁判员的角色，此时，作为传播者，主持人应当注意调节输赢两方的均衡关系，为胜方感到高兴的同时，对暂败的一方要礼貌地给以鼓励和安慰，缓解失败者的沮丧情绪，避免他们陷入尴尬的、不好调节的情境，保证节目在欢快的气氛中顺利地进行。有这样一个例子：

在一次综艺节目中，有一个名为"爱不释手"的游戏竞赛环节就是让五个家庭的丈夫站在屏风之后，只露出一个手指，要他们的妻子在屏风前辨认自己丈夫的手，结果其中的三位妻子认对，两位妻子认错。这个游戏本身是娱乐性的。当时的主持人任眉和冯巩在这种状况下进行了如下评说：

冯：看来这三位对丈夫了如指掌、爱不释手啊！

任：冯巩，我觉得她们（指两位认错者）可能更好，因为她们注重的是丈夫的内心，而不是外表，所以才产生今天这种爱不"识"手的现象。

冯巩的话是"解题"，任眉则是"破题"，她利用同音双关，巧换同位词语的方法，恰如其分地赞扬了尽管未能"识手"却同样对丈夫一往情深的妻子们，这种评判也令观众赞叹不已，欣然接受，并对善解人意的主持人产生了极大的好感。

第八节　现场主持艺术的分类剖析

综艺节目分为若干类型，除一些共性的现场主持技巧和方法外，不同类型的节目还应该有其特殊的现场主持技巧。下面就以几个不同类综艺节目中的代表为模本，对三类具有典型性的综艺节目现场主持艺术做一下简要的分析。

一、以《综艺大观》为代表的曲艺类综艺节目的现场主持

以《综艺大观》为代表的曲艺类综艺节目是与文艺晚会性质相近的节目，是一种特殊的艺术表现形式，具有与其他节目类型所不同的独特的审美特征。首先，它包含了多种文艺形态，人们在漫长的历史过程中所创造的一切文艺形态，像音乐、歌曲、舞蹈、戏剧、杂技、相声、小品等在节目中均有所涉及和体现；其次，许多种文艺形态在节目中得到了综合，由于现场观众较多，口味复杂，难以一一满足其要求，因此，节目就在一定程度上采取了“大杂烩”的方法，使多种文艺形态都可以在舞台上得到呈现，以最大程度满足观众的审美要求。《综艺大观》节目的综合性和多样性是它多年来一直受到受众好评的重要因素。

《综艺大观》节目采用的是现场直播的方式，它的艺术创作与艺术欣赏是一个同步的过程，由演员、现场节目工作人员、现场观众和电视机前的观众直接参与，其节目效果成功与否要依靠现场观众的参与和信息反馈，只有与现场受众达到了良好的沟通与互动，节目才能算是成功的。因此，节目主持人与受众之间的关系就更加复杂，主持人和受众间的沟通和互动成为现场主持过程中十分重要的一环。

作为多种文艺形态的综合体，《综艺大观》一类节目的主持人必须要具备一定的艺术气质，艺术气质的具备与否至少体现在主持人的个性风格、主持仪态和语言风格上。如被称为《综艺大观》形象代言人的倪萍，其形象端庄大方、雍容典雅，在未开口时就以她娴雅的仪态给观众留下了很好的第一印象。在主持过程中，不管是调度、配合、即兴发挥以及对整体的把握，倪萍都很少出现表述和串联词上的差错，倪萍凭借她炉火纯青的主持功底和对各

种情况的细致把握，完全地打动了受众并赢得了受众的信任。从气质上说，倪萍的成功因素在于她的平民化，亲切的如同身边之人，因此让受众非常乐于接受她。

在语言的使用上，倪萍非常注意在语言表达和用词上的讲究——词汇运用得准确恰当，声调柔软动听，音色优美悦耳等等，这些都实现了较强情感表达的效果，充分起到了渲染气氛、调动观众情绪的作用。

倪萍的成功还要得益于她深厚的表演功底。作为节目主持人，倪萍给了自己一个非常准确的定位，并成功地扮演了这个角色，倪萍并不是特别漂亮的那种主持人，却独具魅力。一名主持人在节目主持过程中的走台、寻找镜头角度等技巧都与良好的表演技能有很大的关系，倪萍在这些方面的种种表现以及言谈举止或是在串联中对受众的引导和暗示，都对她独特魅力的形成起到了十分重要的作用。事实上，从根本上说，倪萍独特主持风格的形成关键还是她以自己真实的个性作为出发点，完美地融合了现场气氛和节目内容，才塑造出了自然、真实、动人的主持风格。

在曲艺类综艺节目的主持中，串联词通常起到非常重要的承上启下的作用，或者说，整个主持过程，实际上就是在进行节目串联的过程。一名优秀的主持人需要擅长使用各种串联词将现场节目进行串联。串联词不仅影响节目进行中的气氛，而且影响到节目的演出，关系到受众对节目的第一印象，所以说串联词和解说是要求有一定语言艺术技巧的特殊的创作。串联词一般有几种常见的形式：最简单的是报幕式，它只需要向受众介绍一下本期节目的大概宗旨，也就是节目的主题、内容等方面的简单介绍。还有一种交流式的串联词，主持人的语言类似于在和观众进行对话，产生一种交流情景，引发观众对节目的兴趣，现在的曲艺类综艺节目主持人更多的是趋向于此，即主持人与观众之间多为即兴的同时交流，如同面对面的交谈，使串联词不再有刻板的书卷气，其形式更加活泼亲切，更易于受到观众的欢迎。串联词的形式除上述两者还包括一种介绍式的串联词，某些节目样式可能比较新颖或过于传统，不太符合受众的一般口味，或者受众对节目没有太多的了解，导致欣赏节目存在一定的障碍，而介绍式的串联词就可以打破这种障碍，通过对节目的介绍，使受众有了大体的了解，激发受众的观赏兴趣，从而更好地进行艺术欣赏。不同形式的串联词需要在不同的情境中恰当使用，不可以随意乱用，否则非但无法发挥其作用，还会导致出现很差的效果。

在此类节目的现场主持中，作为主持人，应当尽量避免话语重复，应当开门见山、借景抒情，或者说一些幽默诙谐的话语来进行调解，这些都要根据具体的节目内容来进行设计。一名优秀的综艺节目主持人，应该可以做到在现场营造出热烈的气氛，观众与演员能相互融合，在各方面的调度，游刃有余、潇洒自如。要做到这些，主持人必须以扎实的基本功和文化修养作为基础，才能不落俗套，赢得受众。

二、以《快乐大本营》为代表的综艺娱乐节目的现场主持

目前，综艺娱乐节目在全国呈现出迅猛的发展势头，各省市电视台纷纷上马，节目的质量却参差不齐。一般来说，这类节目有相关人员事先设计节目的台本，然后在导演和各工作人员的协调配合下，根据台本进行现场的演出。主持人有时也可能参与台本的设计和构思，在节目中根据具体的导演意图来进行组织和串联。与其他一些大型的综艺节目相比，综艺娱乐节目主持人的串联词不会像一些晚会串联词那样的正式和严肃，其语言风格多是轻松活泼的，节目主持人可能会在导演的设计基础上构思一些比较精彩、能够充分调动起受众情绪的的段子，但更多的还是需要在现场的即兴发挥，与演员或现场受众进行随机的交流，主持采取灵活生动的方式，常常可以充分调动起受众的参与意识和现场的活跃气氛，取得意想不到的效果。

这类的节目一般不会有三番五次的预演和排练，在节目的现场有许多不可知的因素，很大程度上依赖主持人的即兴发挥来完成节目中的环节。所以，在这一类型的节目中，对主持人的要求十分多样和复杂。从一定意义上说，主持人身兼数职，不仅担任现场主持工作，还包括场面的调度与各方面的配合，以及对游戏结果的裁定。不管节目创作人员之前作出多么好的设计，如果主持人无法在现场充分地发挥其应有功能，节目创作人员为节目付出的心力很可能就付诸东流了。

《快乐大本营》一类综艺娱乐节目的主持人，大多具有青春靓丽的外表和活泼开朗的性格，很受年轻人的喜爱，甚至成为一些青少年的偶像。像李湘与何炅，两个人在节目的前期就参与到节目中，许多点子都来自主持人的灵光乍现。同时，主持人对节目的意图、进行的程序烂熟于心、掌控自如，那么在节目现场主持中做到游刃有余也就不是什么困难的事了。随着《快乐

大本营》节目的热播，国内一些省级台也制作出了相似的节目，但是明显达不到《快乐大本营》那样的收视率和影响力。《快乐大本营》节目成功的一个重要元素，就是主持人对自己在节目中应该发挥的作用有清楚的认识并且做得十分到位。

在综艺娱乐节目中，主持人首先要有较强的营造气氛的能力。性格开朗的主持人在这方面会比较有优势，他们可以跟受众融入一起、共同欢乐，并且让自己的热情感染受众，消除正在进行节目的拘束感，充分把握住观众的脉搏和情绪，恰到好处地进行引领，营造出热烈的气氛和火爆的场面来。为了提高收视率，增添节目的可看性，综艺娱乐节目经常会邀请一些当红的艺人或演员参加节目。要想充分发挥特邀嘉宾的积极因素，主持人还要善于激发嘉宾的兴奋状态。有的嘉宾初次上节目可能还有些不适应的感觉，主持人如果善于引导嘉宾，使其在情绪和心态上都得到放松，常常可以让嘉宾表现出一种与其公众形象截然不同的另一面，让节目展现出人意料的精彩和妙处。之前说到，综艺娱乐节目事先没有排演，并且很大程度上依赖主持人的即兴发挥来完成节目中的环节，这对主持人的控场能力提出了很高的要求。综艺娱乐节目看似没什么章法，其实节目中还是有一定节奏和发展方向的，作为节目现场唯一可以出现在荧屏上的组织者，主持人必须担负起机敏控制现场基调、秩序、节奏的重任。《快乐大本营》的主持人之一何炅就具有十分好的控场能力，说话十分得体，是一名优秀的综艺娱乐节目主持人。一次，《快乐大本营》栏目邀请了小品演员郭达，在谈话中，郭达回忆起凄苦的少年生活：唯一的亲人——母亲被关进监狱，自己孤苦伶仃，生活没有着落，曾经和少年伙伴去偷人家的鸡……不堪回首的往事让郭达在节目中情不自禁、潸然泪下。此时，场下的观众也被这种忧伤的情绪感染，一位女青年默默地给郭达献上一束鲜花，每个人都默默无语，热泪盈眶。作为主持人的何炅虽然也受到了这种情绪的感染，但他很快意识到，这不是综艺娱乐节目中应当有的情绪，如果继续下去，将使整台节目不伦不类，于是他很快调整了情绪，幽默地说："这花送的不是时候，他正在偷鸡呢！"场上的观众和郭达都破涕为笑，节目又在轻松的气氛中顺利的进行下去。

综艺娱乐节目为的是让受众在轻松的氛围中得到身心的放松和享受。在节目进行过程中，电视机前的受众感受与场上的受众感受有很大的不同，现场的受众有参与节目的机会，而场外的受众只能是观看别人游戏。优秀的综艺娱乐节目主持人应该有细致的观察能力，善于挖掘节目现场中一些有趣的细节，有时甚至可以夸张地描述出来，以此增强节目的趣味性；同时能够对现场其他的因素进行解释和阐发，善于设置一些小悬念，以吸引电视机前受众的观看欲望。主持人还应当注意千万不要采用一本正经、机械的有声语言和态势语言，这将导致主持人与整个节目格调的脱节，更不要闲言碎语地唠叨个没完，一帮主持人在台上疯打疯闹，乱七八糟毫无章法。综艺娱乐节目的主持看似随意，实则需要主持人台下多年的积累和辛勤的付出。总之，主持人应当做到全身心地投入到节目中，才能让节目质量和自己的主持质量有所保证。

三、以《非常6+1》为代表的演艺竞技综艺节目的现场主持

现在提起《非常6 + 1》和李咏，几乎无人不知、无人不晓。《非常6 + 1》自开播之日起，吸引了大批受众的眼球，在此之后，很多与《非常6 + 1》非常类似的演艺竞技类节目随之出现，如中央电视台综艺频道的《星光大道》等。但是这些节目都没有造成如同《非常6 + 1》那么大的影响力，原因很大程度上在于，他们没有如《非常6 + 1》完善的节目设置和主持人李咏。

《非常6 + 1》是最近出现的互动式综艺节目的典型代表，其中不仅设置了电视节目中全新的“call out”环节，而且还引入了国外电视节目中“真人秀”的因素。在节目还未录制时，就已经有一部分受众被引入到节目中——出于对身边人、身边事的关心，参加节目竞技者身边的受众是节目最基本的收视保证。这类综艺节目的主持人在一定意义上无异于进行“个人秀”，有充分地展示自己风格和魅力的机会。为受众喜爱与熟识的李咏，他在节目中就很喜欢做极具个人特色的发挥。最初，导演对这种做法还不太认同，所以李咏采取了一种“极端”的方法，他曾经告诉记者，为了能多说一些自己的话，他常常用尽各种办法，把30分钟的节目，压缩在27分钟内完成，这样剩下的时间，就可以尽情地发挥了。现在，这种在主持中讲一些生活小事的桥段，进行一些个人发挥的方式已经得到了受众普遍的认同，形成了一种新的主持风格。

演艺竞技类的综艺节目，由于其本身的环节设置就比较活，所以，这类节目现场主持应当遵守在灵活中把握好分寸的原则。节目主持人在节目中，首先对节目的整体效果和自己在节目中的定位有一个明确清醒的认识，在镜头前有充分表现自己的欲望，敢于表现、善于表现；同时，要有与受众打成

一片的意识，通俗点说就是不要太自以为是，受众的眼睛一下就可以看出主持人是自然还是做作的，后者自然不会讨受众的喜欢。在《非常6+1》里，我们可以发现，主持人的风格呈现出了其自身的特点。以往的主持人生怕自己在台上忘词或是说错话闹了笑话，甚至有的主持人因为一句话出现差错影响了整场节目的发挥。李咏有时也“打磕巴”、“出洋相”，以致在节目中经常被竞技者或是热线观众狠狠地“涮一把”，但是与此同时，李咏也呈现出了其率直、坦诚、本色的一面，非但没有引起受众的反感，反而产生出人意料的良好效果。由此可见，主持人并不一定必须是强势的引导者的角色，与之相比，受众更欢迎的是一个生活中实实在在的、会出差错、会有脾气、有血有肉的鲜活形象。

在此类节目的现场主持中，主持人应当保证两点：一个是情绪的到位，另一个是不着痕迹的掌控。主持人的情绪一定要与节目气氛和受众的感受融为一体，在一种热烈、激昂的气氛中，主持人千万不可表现得无精打采，哪怕生活中有再不开心的事，在主持节目的现场也要充分调动起自己的情绪，与节目的内容、受众的心境达到一致。《非常6+1》中主持人所参与的开场舞起到的就是调动现场气氛，使主持人与现场气氛实现较好的融合以及吸引受众眼球的作用。随着时代的发展，受众的自身素质和欣赏水平有了很大的提高，在主持人个性化的同时，受众也有了非常明显的个性化的倾向，口味越来越挑剔，不过，不论是什么样的受众，都会喜欢有交流感的节目。主持人在现场主持时，对节目的掌控一定要自然而不着痕迹，万万不可让受众有被控制的感觉，应要采取一种“隐语”的方式，让受众心照不宣，而非被教化的感觉。

思考题：

- 怎么看待综艺类节目主持人有声语言和副语言的运用关系？
- 如何理解主持人的现场协调与合作的重要意义？

第六章

综艺类节目主持艺术问题思考

要点提示：

主要就综艺类节目形式和内容的关系、综艺节目媚俗化以及综艺节目趋同化这么三个大问题展开探讨和研究，从更深层次来理解电视综艺类节目及其主持人的问题。

第一节　外在表象形式和内在实质内容的协调统一

外在形式和内在内容是事物本质联系的两个重要方面：“世界上任何事物都是内容和形式的对立统一。没有无形式的内容，也没有无内容的形式。”对于综艺类节目而言，内容是存在的基础，形式是外在的表现，两者相互作用而不可分割，相互依存而不可偏颇。

那么究竟是谁在起决定性作用，谁是占主导地位呢？有些学者认为“内容处于决定地位，内容完全决定并制约着形式”。这种观点强调了内容的重要性，能够更好地去纠正表面过于浮华而流于形式的风气，而只有真正的表里如一，才能为受众所认可和首肯。

目前很多节目把人力、物力、财力都用在了外在的制作和包装上，反而是忽视了节目内在实质的把握，这种重形式而轻内容、本末倒置的思路将综艺类节目引向了一个误区。节目自身不准确的定位，也导致了节目中主持人不重视内容的表现的弊病。

也许是一般意义上的“经验主义的兆示”，使得人们往往错误地认为：只要搭建一个华美的现代舞台，再靠一群衣冠华丽的俊男靓女花团锦簇地呼朋引伴、“招揽”观众，就能为综艺节目赚回高幅度的收视率，可是事实上却并非如此。青春靓丽的主持人是吸引观众的一个因素，但是却不是根本因素。就拿凤凰卫视的节目来说吧，“独领风骚”的总是那群年过半百的主持人——曹景行、阮次山、何亮亮、杨锦麟等——他们虽然长相平平、南腔北调，但是在镜头前却都是一派“语不惊人死不休”的气势，这些“年龄接近退休的男人”之所以成为大众推崇的现代“偶像”，原因就在于他们那种指点江山、口若悬河的不俗表现。由此可见，综艺类节目主持人同样可以不用过于“花枝招展”，因为受众欣赏过程中的兴奋点在于节目以及主持人的内涵和气质而非外在空洞的形式。

另外，由于电视广泛的社会影响力和强大的时空自由转换特性，使得今天综艺类节目的规模越办越大，特别是对于一些大型的综艺晚会而言，早已经不再限于演播室的范畴之内，在户外露天地进行综艺节目的播出渐渐形成一种时尚。同时问题便也就随之而来了：包括演员、观众、制作者在内，一档节目全部的参与人员总数动辄就要过百人，有的甚至达到上千人，上万人规模的大型综艺节目也不占少数，这就造成了单纯地为了追求场面效果而忽视节目内容质量的情况，这样不仅大量浪费了人力、物力、财力，而且过于“粗犷”的节目制作所引起的受众反响和传播效果也并非理想。这一类型的户外大型综艺节目，一味地为追求而忽视了节目内在的东西，表面上看起来人山人海，实则是空洞无物，形式不能够很好地为内容服务。

固然，不能将内容过于流于形式，但是同样也不能只重内容而轻形式，不能从一个极端发展到另一个极端。在综艺节目的传播过程中，节目外在的表现形式仍然在起着积极的作用。因此，综艺节目的制作者们不仅不能放弃形式的构思和把握，而且更应该不断去创新形式，以适应不断向前发展的新的节目内容。

第二节　综艺类节目主持的趋同化

随着近十几年来我国电视行业突飞猛进地发展，节目的种类和样式正在不断地增多和翻新。现在只要打开电视，很容易就能找到一档综艺节目，各类节目之间的“中原逐鹿”，同时也带动了观众审美标准的提升，他们的眼睛里再难容忍“揉进沙子”。虽然目前综艺类节目在数量上“蔚为大观”，但是其中平庸粗糙者多，而脱俗精细者少。每年播出的那么多的综艺节目就像是过电影一般纷纷从受众的眼前掠过，但给他们留下深刻印象的节目却常常是凤毛麟角。受众开始对摆在面前的各档节目进行有选择地收看和品评，而其中，主持人的素质和风格成为一个重要的评判标准，也直接成为节目价值增贬的筹码。

“《1998年中国电视栏目调查报告》关于主持人不受欢迎的理由的调查中，17.3%的人认为‘主持风格做作’；14.3%的人认为‘千篇一律’；8.7%的人认为‘个人风格差、浅薄、卖弄、油嘴滑舌’；4.9%的人认为‘涵养差，一看就知道是背稿子’；4.8%的人认为‘表现个人，与栏目游离太远’”。①由此可见，受众对于主持人的要求开始变得愈加苛刻了，而对于那些趋同模仿、缺乏个性的主持人，受众大多不会愿意为其埋单。

目前我们很多的综艺类节目主持的一大症结就可以归纳为八个字:“风格趋同、如出一辙。”而主持人之所以会出现个性不足的问题，主要是和自身所在的节目风格有关的。

许多综艺类节目内容没有新意、表现手法单一、整体结构雷同、风格缺乏个性，始终给人的是一种大同小异、千篇一律的感觉。今天的综艺节目大多奉行“拿来主义”的原则，有的是比较“客气”地移植一部分，而有的则是直接引进、不加取舍。情况往往是这样：一旦某档综艺节目迅速火了起来，那么“追随者”便会马上跟风，其“克隆”的速度甚至比“母体”节目成名的速度还要快，但是由于内容上没有自己的思路和风格体系作为贯穿，因此使得节目显得内涵不足且杂乱无章。

《城市之间》可以说是法国节目《城市之间》的中国翻版，该节目制片人兼导演也曾表示，现在仍是法国人在这档节目中进行技术指导，“用法国的布料做中国的旗袍”。广受大众好评的知名节目《快乐大本营》，其节目形式和十几年前香港的《综艺60分钟》有着异曲同工之处。而《欢乐总动员》、《假日总动员》等几档节目又只不过是《快乐大本营》的北京版、浙江版而已。《玫瑰之约》、《相约星期六》这些节目则和台湾地区的《非常男女》如出一辙，不过是有点换汤不换药的味道罢了。

① 张问道:《电视看客》，安徽教育出版社2003年版，第144页。

诚然，在艺术的创作领域中，应该允许一定的模仿，毕竟“文章本天成，妙手偶得之”，向其他成功的典范借鉴和吸取经验是无可厚非的，但是对部分仿效的首肯不表明是对一味过度抄袭的许可。模仿者和被模仿者之间由于各自差异性的存在，不可能在节目内容以及形式上完全雷同或一致，但是，就目前我国电视综艺节目的总体现状而言，克隆风气之盛还是可见一斑的。正是因为一些节目的制作人员缺乏经验、闭门造车，才导致了这种创作与现实脱节、创造力急剧萎缩的结果。盲目克隆不但使得原先较为优秀的节目之个性消失在众多模仿者的阵营中，而且各个电视台也在互相的竞争，在对观众的争夺战中两败俱伤，既降低了节目的档次，也造成了资金上的浪费”。①我们现在很难区别《梦想中国》和《超级女声》有什么非常不同之处，这就像我们同样无法分辨《星光大道》和《非常6＋1》的迥异一样。

节目整体的模仿和滥造直接导致了主持人个性的丧失，使得今天综艺类节目的主持人趋向同类化，进而失去了自身的个性和特点。

复旦大学历史系教授、群众文化研究学会副会长顾晓鸣在谈到现在综艺节目的主持人不懂得尊重他人的问题时也曾指出:“台湾和香港地区的主持人在这方面表现得很明显，但是现在内地主持人在这方面也开始跟风了。”这就说明在内地主持人一味模仿和趋从于舶来风格的同时，也将随之带来的一些“糟粕”用到了自己的身上。顾教授也针对这些问题给出了中肯的建议：“内地综艺娱乐节目应该多学学国外节目主持人的平等精神。”所以，这就要求主持人在节目中无论是对嘉宾还是观众都应该谦和，言谈举止要符合主持人的行为规范。要在选择中有所取舍，不能盲目地全部取用，更不能专拣那些必须被摒弃的东西。

内地的不少综艺节目主持人热衷于模仿港台腔，他们当中不论男女都学得一副油腻腻的架势，言谈举止几乎不设底线，嗲气有余而正气不足。原本应该亲切自然的综艺主持人，今天的角色开始有了渐变的趋势，他们开始效仿别人，要么提着各种古怪、刁钻、出格的问题，不论受问方是大牌明星还是平头百姓，一律涮你没商量，试图用怪诞、夸张、大胆的风格来竭力满足受众普遍的猎奇心理。在这就使得我们的主持人在盲从中迷失了自身的个性，画虎不成反类犬。

众所周知，电视综艺类节目肩负着文化导向的重要功能，它不仅是人们

① 杨翠屠:《“综艺热”谨防遭冷遇》,《光明日报》，1999年4月1日。

生活中不可或缺的美的精神享受，更是一个国家文化水平的象征之一。因此，综艺节目主持人必须高度认清自己所担负的责任和使命，有意识地从自身做起，在节目中增强思想内涵和文化品位的表现力，拒绝用低俗内容来迎合某些观众趣味的行为，净化综艺类节目主持人的这片天空。

还有，在一些综艺节目中，主持人范式化的言语时常带给我们一种似曾相识的感觉，诸如“想好了吗”、“确定吗”、“不改了吗”、“让我们广告之后再回来”、“感觉怎么样”等等。主持人之间的竞相模仿已经不再单单只限于衣着服饰和动作举止了，这种趋同化的表现甚至渗透进了他们细节性的语言和细微的神情之中，而这种惊人的相似造成了千人一面的结果，而这对于综艺节目的发展来说是非常可怕的。

主持人不仅是节目的参与者和组织者，更是整个体系的串连者与代表者。他的出现有助于改变传统的传播模式，进一步增强了节目的完整性和传播效果，而且，信息社会，受众同样也需要并呼唤节目主持人的出现，对于节目主持人大家往往都充满关注和期待。如果不去自主创新，只是往复地不断模仿别人再不断重复自我的循环之中，那么主持人便也就彻底丧失掉了自身的个性特征，进而沦于媚俗。

综艺娱乐类节目数量呈几何数字增长的势头，在近年则达到了一个极致的程度，这种一拥而上的“克隆”不仅导致一些文化人士的坚决抵制，而且也为关于电视产业发展的思考蒙上了一层阴影。其实并没有人要否认和抵制电视节目的娱乐功能，但是需要明确的是“娱乐”并不等于“媚俗”，智者的娱乐应该是充满灵动的，文化的成分应该最终表现为智慧的含量，这是一个电视人在他创作思路中要始终保持如一的标准。文化界的敏感反应其实应当被我们视为一种警告：假如综艺节目在娱乐休闲的轨道中偏离出去，那么，最终受到伤害的必定是电视节目自身。

同时，我们也应该辨证地看待当前国内电视综艺类节目的照搬、模仿的问题。首先，电视产业对娱乐类节目的重视程度是有目共睹的——大江南北各个电视台为了引进或制作综艺类节目都投入了大量的人力、物力以及财力，这可以看做是我国电视业觉醒和进步的表现；其次，我国更多的业内人士开始清楚地意识到与欧美、日韩等国电视发展水平的差距，开始“放眼世界”、“着眼未来”，这对于跟上国际电视产业的发展步伐来说是相当重要的。诚然，模仿是为了今后更好的创新，但是绝对不能只进行简单的照搬，而是必须作出本土化的改造，以便更好地适合中国的国情。但是，目前国内电视界少数人的短视行为依旧是十分明显的，不少人只想在短期内抓住观众的注意力，而忽略了电视综艺节目的发展是需要一个适应的周期的。

长期以来，我国电视业的娱乐性功能一直空白，娱乐节目并不受到过多的重视，无论是在节目制作还是在人才培养方面都鲜有突破，但是这种状况在近几年间有了很大程度地改观。电视综艺节目的热潮开始日渐猛烈地席卷国内各地，众多电视台都不愿错过这股袭来的“东风”，一时之间都纷纷迎风而上、“重拳”出击。但是，由于自身基础薄弱和人才匮乏等客观原因的制约，使得不少电视台都很难在较短时间内就能完成一次“大翻身”，所以他们大多都只得饥不择食地照搬一些国内外相关的优秀节目。而对于综艺节目主持人来说，不论是明星大腕还是晚辈后生都没有过多的经验去应对这样一种新出现的节目风格，盲目地克隆、模仿也是难以避免的了。因此，我们必须要在力避趋同风格的同时，更应该加倍重视培养相关业务的人才，并在研究的过程中摸索出一条适合各自不同节目样式的发展之路，从根本上解决现已出现的种种问题，只有这样才是真正的可行之计。而过于混乱的一哄而上的短视做法，只会起到一种欲速则不达的效果，不仅无法改变节目自身质量不高和观众怨声载道的困窘之境，而且反而会使得电视综艺节目在成长期间被揠苗助长。

综艺节目需要不同风格和类型来完善这个统一的体系，而主要目的也只有一个，就是为广大受众提供喜闻乐见、健康有益的休闲娱乐文化。它所需要的主持人也必须是有规矩以限方圆的，而不能一味地只求毫无底线的猎奇。一旦节目和主持人因为盲目追求和克隆舶来品，反忽视了属于自己的本土文化或是缺乏自主创新精神，那么，这就不仅会使得这些节目由于做作而不再为受众所认可和欢迎，而且会陷整个综艺类节目的发展于趋同的尴尬之境。

只有那些真正具备自身特色的节目，才会有高人气指数的受众缘，才会为忠实的电视观众所首肯。电视工作者应当力避并克服节目中所出现的模仿成风的制作、似曾相识的风格以及个性不足的主持等问题，并且在前进的道路上自主地开拓创新节目样式和主持风格，从而达到在根本上增强一档节目自身的生命力和竞争力，盘活综艺节目整体发展的目的。而且，应该对综艺类节目进行自上而下的“宏观调控”，对节目的质量和数量严格把关与控制，尽量避免制作那些同种类型、为数众多的粗糙品，调整思路、转换角度、强化少而强的精品意识，实现最大限度地整合、分配现有的收视资源。

第三节　综艺节目与主持人的媚俗化

据一项关于“1998～2000年电视节目类型选择率比较”的受众调查中显示：在1998年只有29.4%的受众选择收看综艺节目，到了时隔两年之后的2000年，这一数字已经快速攀升至47.4%，而时至今日一些新锐节目不仅仍然处在极其火热的状态，收视率较之以往来说更是有过之而无不及，由此可见电视综艺节目的潜力还是非常巨大的。据相关资料显示，我国每年各电视台综艺节目的播出总量达到了10万个小时，平均每天达到250个小时，综艺节目枝繁叶茂的黄金时代即将来临。

但是正所谓“行百里者半九十”，今天综艺节目的发展仍然是任重道远，由于基础的脆弱和人才的匮乏，令它的前行之路步履蹒跚。目前电视综艺节目出现的一些问题，也着实受到了众多相关行业人士的重视。为了使新兴的电视综艺节目能健康稳步的发展，就曾有学者撰文告诫：“综艺热”要“力避克隆风、奢侈风、广告风、媚俗风、博彩风”，更有甚者则尖锐地批评指出：“纵观当今综艺晚会的现状，质量差、格调低的平庸低俗之作比比皆是，重复、雷同趋势愈演愈烈，观众对此十分不满。‘豪华的舞美、频闪的灯光、弥漫的烟雾、廉价的掌声、虚假的表演、空洞的说教’——这是江湖走穴的改头换面，是唱堂会式应时应景的松散拼凑。”很多节目的制作水准不高，为一味迎合大众而搞怪、逗乐、耍贫嘴、扮闹剧，丢失了起码的文化品味，降低了自身的艺术格调。有的节目媚俗化严重到了捉弄嘉宾或现场参与者的地步，以他们的当众出丑、自我作践和满堂尴尬（有的节目竟让几个明星坐在地上比赛捧着奶瓶穿袜子）来博取“廉价的笑声”。这些已经摆在面前的问题会很自然地引起大家的反思和重新审视：今天的综艺节目到底怎么了？这声声警钟究竟为谁而鸣？是危急存亡之秋还是部分人的杞人忧天？

一个较为突出的问题是，今天综艺节目与主持人的媚俗化倾向。第一，是商业化的发展将综艺节目和主持人带入了媚俗化时期。时下正盛行其道的商业化运作方式，将电视节目推向了一个一味追求高收视率的极端，突出的表现就是处心积虑、辛苦恣睢地拉拢观众，有的甚至到了不择手段的地步，这也正同媚俗文化的宣扬不谋而合了。在时代日益进步的今天，商品经济充斥着整个社会生活，当然也左右着电视行业的发展，众多的电视节目的传播开始成为商家扩大影响、谋求利润的中介手段，节目的内延因此也随之商品化了。一个比较明显的表现是：目前许多的综艺节目正在以巨额重奖为吸引，试图借此唤起观众的参与热情。除了央视的两档同类节目还保持原来的1万元奖金不变外，国内各档益智类综艺节目的奖金却都在一路飙升。2002年元旦诞生于上海的《财富大考场》，以创造了最高奖可达22万元的奖金纪录而风靡全国40多个城市。湖南的《财富英雄》更是以“千金一题”为广告：答对5道题5000元，10道题5万元，15道题50万元，平均每道题竟然价值33333.33元。这种做法的初衷本是要吸引受众关注的目光，但是却越做越变了味，向观众传播了导向性不正确的信息，同时也将节目的媚俗化倾向引向了极至。

节目的商业化运作体制虽然使得自身的制作和包装都得到了较之以前更好的物质保证，但是另一方面，这样的一种体制也对电视节目产生了极大的负面影响——使得电视节目（尤其是综艺节目）朝着取悦受众，进而传达商家意志的单一方向发展。正是由于综艺节目极强的可塑性和良好的发展态势，因此才能在观众心里产生巨大的反响并受到广泛的推崇和欢迎，而这种在当今社会中大范围的影响力也正是商家竭力找寻的，所以，综艺节目自然而然地成为了大多数商家集中参与、重点“扶持”的节目类型。一档电视节目的赞助商不必同样也要是个电视人，他的责任在于通过媒介传播来宣传、推销、创收，故此，鲜有商家能真正有意识地去关心节目的质量问题，尽管这与商业利益两者之间的关系是唇亡齿寒的。商家赞助的最大目的是要使自己的产品在节目的传播过程中能够得到宣传，为电视机前的广大受众所熟知信赖并产生购买欲望，商业化媒体的宗旨是服务于商家意图，于是便再难有人能够站出来为节目自身的水准和质量把关。为了最终目的的达到，一些制作人和节目的主持人不惜违背电视艺术的创作原则和表现手法的规范要求，他们往往采取夸张、搞笑、煽情等最为简单直接的手段来吸引和取悦受众，这样就在客观上导致了今天综艺类节目过度的媚俗化倾向。

第二，是今天电视艺术的大众化特性决定了综艺类节目的媚俗化倾向。在十几年前，广大的民众仍然处在文化水平相对很低、精神世界比较匮乏的阶段，艰苦的劳动使得他们很少有空余的闲暇时间去欣赏艺术、捕捉审美，因此在那个时期，艺术被打上了“高雅”的印记。但是到了上个世纪末，这种局面开始发生了转变，社会经济条件的日臻完善改变了传统的艺术格局。艺术走下了高不可及的“神坛”，艺术的主体也逐渐转向了广大的社会民众，就此形成了实实在在的大众艺术。这种大众化的艺术是在现代大工业生产的背景下诞生的，它主要是对简单的艺术形式进行大批量复制，从而为市场提供消费性的文化商品。大众艺术虽然也有它自身的艺术特征，但是同时它也存在着范式化、虚伪化和媚俗化等问题。电视艺术也就是在这样的环境下成长起来的。作为崭新的艺术载体，它不可避免地要成为传播大众文化的核心力量，所以从根本上来讲，今天的电视艺术就是一种大众艺术。而综艺节目包括在电视艺术当中，正是要面向广大受众的综合类文艺节目，因此也就不可避免地具备了大众艺术的庸俗特征。毋庸讳言，电视功能的确具有通俗性的一面，这是由它的作为大众传媒的性质决定的，但必须明确指出的是，通俗化与媚俗化是有区别的，娱乐性显然不等同于一味媚俗，低级趣味也并不等同于审丑。

综艺节目的内涵确实亟待增强。当走出“政治”和“教化”的圈子后电视综艺节目取得了长足的发展和进步，但同时也出现了一个比较明显的问题，那就是节目的文化内涵被弱化了，仅仅依靠众多明星的捧场、俊男靓女或是一些简单的游戏活动是很难以让受众为节目打出高分的。在向市场化过渡、一味追求收视率从而大上“克隆”节目的同时，富有文化含量的节目好像少了一些。电视文化中高雅文化逐渐退缩的原因中包括一点：办这样的节目要赔钱，尤其令人担忧的是一旦面向市场化之后，这样的节目可能将无立足之地。不可否认的是电视文化并不会因其大众性的特质而排斥高雅艺术。电视文化的步伐要向前推进，不但要迎合占主流地位的大众收视群，而且还应该有机地引导受众在文化修养上的不断完善。其实这未必是一个二律悖反，真正地去走市场化道路也未必就意味着综艺节目文化方面的弱化，在走向市场化之后，一个电视台将比以往的任何时候都需要更加注重自身形象的塑造，而这种形象的塑造，很大程度上就将取决于该节目的文化品位。

近来的部分综艺节目都开始有意识地注重增加节目自身的文化内涵，如益智类节目对知识的提倡和传播、真人秀节目对普通人的关注以及人本位思想的展现等。作为一名电视工作者，尤其是在进行综艺类节目的制作时必须要加强自身的文化责任感和文化修为。

电视综艺节目经常被一部分批评者冠以这样的一些名称：“低俗”、“没文化内涵”、“缺乏创新意识”等等。中国广播电视协会播音主持委员会在北京举行的一场名为“珍惜受众信任，树立健康形象”的主题座谈会中，一些央视的当家主持人还曾针对现今荧屏上流行的“低俗风”发出了一个14条戒律条例的倡议。由此可见，内地综艺节目日益低俗化的趋势已经成为一个迫切需要解决的问题，而我们无法再对此忍受和回避。复旦大学中文系的一名教授曾经就这个问题提及过很中肯的建议：娱乐节目作为一种面向大众的通俗文化，应该提倡健康发展，担负起引导和提升大众审美情趣的责任，而不应该一味追求收视率。特别是在我国，电视台更有必要寓教于乐。观众需要的就是有创意、有个性、能体现一定文化内涵的节目。上海交大电影电视系主任李亦中同样也认为，娱乐节目出现恶俗化倾向，板子不能打到观众身上去，而是节目的把关人自己要有分寸。“曾经有位电视台台长坦言，他们台作出来的娱乐节目他自己是从来不看的。所以节目制作人自己应该反思，有什么样的节目就会培养什么样的观众”。“没有（中华民族的）传统文化作为当代综艺节目的意识规范，就会失去民族性基础”①，也会造成我国综艺节目文化的缺失。

不仅是一些火不起来的节目存在着或多或少的弊端和缺乏文化责任意识的问题，就连部分正在收视高峰中的节目也难逃例外。诸如央视三套正在热播的《星光大道》，顾名思义所谓“星光大道”就是让选手通过选拔这条“大道”后成为一颗璀璨的“明星”。但是，同样是明星，这些百姓明星和真正意义上的明星还是有所不同的。因为他们的知名度并非是家喻户晓，所以他们接不到好的广告，拍不了高片酬的影视作品，出场费也不是非常可观。可是他们中的部分人因为成了“明星”而放弃了原来自己在社会中的位置，转而希望借此成名的契机来寻求今后演艺圈中的“星光大道”，可是这又谈何容易呢？那么，如何“消化”这些获奖后或是成名后的节目参与人员就成了综艺节目目前存在的一个非常现实的难题。

针对这样一种进退维谷的状况，中央电视台文艺中心主任朱彤曾就此作出过一个较为明确的解决办法：“《星光大道》产生的明星是从老百姓中来的，也还要走回到老百姓中去，让他们多参加一些公益活动，而不能只盯着商业利益。”（比如安排《星光大道》的冠军阿宝去参加“心连心艺术团”的演出）。至于其他一些较为优秀的参赛选手，也尽可能地让他们参加一些比如中韩歌会、元旦双语晚会等活动。这些举措确实都能够有效地起到加强综艺节目文

① 壮春雨：《电视节目概要》，浙江大学出版社2001年版，第168页。

化责任感的目的。

出现同样问题的还有《超级女声》，著名作曲家甲丁就曾指出："《超级女声》始终是一种'卡拉OK文化'，没有一点点原创的因素，大家只要唱好就行。"这种对节目制作原创性的漠视，其实也反映了我们对于文化责任问题的忽视，不能说因为是某档娱乐节目就可以漠视文化责任的存在，相反因为是众多观众喜爱并热衷收看的节目，今天的综艺节目作为传播媒体更应该加强这种意识，并且对原创性进行重点的鼓励。当前综艺节目普遍存在的不足便是缺乏对原创性的鼓励。

就总体而言，目前的电视综艺节目急需从根本上加大力度改进和提高，因为里面的确存在着格调不高、庸俗化、过多过滥和自我重复等较为明显的通病，其中一个突出的表现就是排场奢靡、铺张浪费。综艺节目中尤其是综艺晚会类节目，往往追求排场，在舞美、布景制作和节目包装上铺张浪费，奢靡豪华之风盛行。据文化部有关部门提供的数字表明：有的大型文艺晚会制作费用高达800万元，有的上千万元，引起广大观众的强烈不满，也受到有关领导部门的批评。一些晚会片面追求场面的宏大，热衷于搞"人海"战术，追求"明星效应"，动辄以歌伴舞，或明星联唱。游戏娱乐类节目则常常请明星为嘉宾，让明星在场上出丑以吸引观众。在一项针对综艺类节目嘉宾情况的受众调查中23.6%的观众认为"有必要"，7.2%的观众认为"没必要"，22.3%的观众认为"可有可无"，11.3%的观众认为嘉宾"常出洋相"，32.6%的观众认为嘉宾的出现和参与可以"增加气氛"。[①]

在中国大众意识、大众文化刚刚起步之际，在中国综艺类节目方兴未艾之时，最大程度地避免电视节目媚俗化倾向，需要广大受众的思想文化和审美情趣有一定的提高，但是更需要广大电视工作者持之以恒的不懈努力，真正起到对节目把关的作用。

对于避免和解决综艺类节目媚俗化倾向这个问题，所有的电视人应该是责无旁贷的。他们应该用实际行动去努力引导观众，在节目的制作、编排上要充分调动科技因素，使画面趋向完美，增强观众的审美意识和审美情趣，从而使得受众逐渐摆脱对于节目内容的低层次审美需求。要将综艺节目引向精品化、专业化、个性化的方向上，要成为观众思想认识提升的领路人，要使电视节目特别是综艺节目除了具备娱乐功能外，还要具备知识性、教育性

① 张问道：《电视看客》，安徽教育出版社2003年版，第46页。

和艺术审美性，进而对人们的日常工作和生活起到媒介该有的指导作用。

同时我们还要注意到，对娱乐节目明星的选择尤其是对综艺节目主持人的培养是在这个革新的过程中至关重要的环节。应该选择符合节目定位的明星参与，培养符合综艺节目特性需求的主持人，使其具有更加良好的知识底蕴、亲和力和幽默感等素质，进一步强化他们的“王牌”地位，从而构成一档节目的重要门面。而且，还要注重加强节目在个性化方向上的发展，使节目的定位及编排都具有一定的思想性和艺术性，进而使节目具有鲜明的特色和较强的观赏性。当下，大众艺术虽然具有一定程度上的媚俗性，但这只是其发展过程中的一种表象，我们始终乐观地坚信：这一天终将来到——大众艺术会在全民文化水平和审美情趣普遍提升的基础上跃向一个崭新的高度，电视综艺类节目也会在那时寻求到更加巨大的发展空间。

思考题：

- 如何才能做到电视综艺类节目外在表象形式和内在实质内容的协调统一？
- 综艺节目怎样才能力避媚俗化？

第七章

综艺类节目主持艺术个案探讨

要点提示：

通过对《星光大道》、《综艺大观》、《快乐大本营》、《我猜我猜我猜猜猜》以及《幸运52》这五个各具风格的节目的个案探讨，深入挖掘综艺节目的神髓，为大家的工作和学习提供理论上的依凭和借鉴。

第一节 《星光大道》

随着受众欣赏水平的不断提高，综艺节目最难做的就是不断的推陈出新，因此以中央电视台为先的改版运动之风，在近几年刮得始终非常强劲。在几档老名牌栏目退出历史舞台之后，取而代之的新生代栏目脱颖而出。特别是近两年，受众已不满足于坐在电视机前观看别人的表演，他们更加渴望在媒体上表现自己、展现自己，而且这种表达自己的欲望在逐年地向前发展。于是，帮助平民实现梦想、成为偶像的综艺节目应运而生，其中十分值得关注的节目就有占据中央电视台周末黄金档的《星光大道》。

《星光大道》是中央电视台综艺频道于2004年10月9日推出的一档大型综艺选秀节目，当时正值综艺频道的改版时期。"星光大道"，顾名思义就是让选手走过这条大道后成为真正的明星。它是一档以唱歌为主的平民竞技节目，每期节目中有5名（组）选手，经过4个回合的比拼，选出周冠军，然后再通过周冠军之间进行的月赛以及月冠军之间展开的年赛，最后角逐出当年的年度总冠军。它一改以往综艺节目以明星表演为主的局面，本着"百姓自娱自乐"的宗旨，力求为普通劳动者提供一个放声歌唱、展现自我的舞台，让他们成为星光大道上耀眼的明星。《星光大道》首播时间是每星期六的黄金时间，可见中央电视台对这个栏目质量的评估是很高的。它与所有同类节目的不同之处就在于，它的参与者没有性别、年龄的限制，所以总是形成男女老少同台竞技的场面。这不仅成为整个节目最大的亮点，也为选手之间的挑战增加了难度，增强了节目的可看性和吸引力。

作为中央电视台综艺频道重拳推出、着力打造并寄予厚望的综艺节目，《星光大道》在2005年所创造的收视成绩可谓不俗，首期节目就有2.10%的市场占有率。经过一段时间的波动，到10月7号的决赛时，这一数字攀升到了9.07%，并最终在国庆节黄金假期期间中央电视台综艺类节目的收视率大战中力拔头筹。这主要取决于：

一、新鲜的选手组合

众所周知，无论是体育竞技项目，还是各种大小型的文娱比赛项目，大多数的比赛都是需要按照性别或年龄等各种条件进行分组的。这不仅是出于比赛的公正性，也在一定程度上考虑到了比赛的可看性。以体育比赛为例，如果不进行男女分组，那么大多数的比赛项目都可能呈现“一边倒”的局面，毕竟在体力方面女性的确非常不占优势，甚至是处于极大的劣势。同样，大多数的文娱比赛也是分组竞争的，因为在很多方面，男女老少间的差别是很大的。比如火极一时的《超级女声》，它的选手应招也仅仅是面向所有女性的。但是《星光大道》却一反常态、打破常规地取消了分组选拔制度，而采取不分男女、不论老少的同台竞争制，让所有选手打破所有硬性条件地在一起进行比拼。倘若所有选手都是同龄的男生或女生，我想这不难选出优劣。但当你把稚气未脱的可爱孩童和两鬓斑白、令人尊敬的老者放在一起，或是让清新可人的少女与帅气潇洒的少年同台竞争，结果又会如何呢？总导演葛延枰特别强调：“《星光大道》是一个没有门槛、没有距离、没有限制的大众栏目，热爱音乐、有胆量的朋友都可以前来一试身手。”这虽然在一定程度上为选手的挑战和评委的评选增加了难度，但这却足以吸引观众的眼球，因为它新鲜、刺激、与众不同、别具一格，而它所具有的这些优势，难道不正是观众所需要和期盼的吗？

有的时候，站在观众的角度来看，《星光大道》的节目虽然是精彩的，但也是残酷的。当你看到一些天真无邪的孩子在一丝不苟地表演后却要面临被淘汰的局面，当你看到那些已经子孙满堂的老人们在舞台上卖力演出后却无法继续走入下一轮，相信没有一个观众不是心酸的，但比赛毕竟是实力的竞争。可以肯定的是，《星光大道》评委们的评判相对而言还是比较公正的，所以即便有不舍，即便有同情，但比赛就是比赛，总是要分出胜负的。而且作为一个面向大众的综艺节目，收视率永远是衡量一个节目受欢迎程度的重要因素，不可否认，这种相对的残酷性恰恰锁住了观众的视线，因为它抓住了观众的心，也同时让我们在惋惜中记住了不少感人的故事和人物。

作为观众，可能最不忍看到的就是老年选手的失落，因为在身体素质和时尚动感等方面，五六十岁的老人根本无法和年轻人相比，但每期《星光大道》几乎都要让老年选手参与这种能预见到失败结局的残酷竞争。有的老人让我们难忘，有的老人让我们同情，但在2005年8月27日播出的节目中，那位来自天津的63岁高龄的廖增秀老人让我们敬佩并为之震撼。

廖增秀老人在第一关的表现非常出色，是大家公认的迄今为止所有《星光大道》的老年选手中表现最为出色的。当主持人宣布廖老已有63岁高龄后，全场观众都不由得发出了惊叹。此时，坐在嘉宾席上的同样高龄的著名歌唱家杨洪基便表示了对她的支持。在第二关中，廖老的表演是亲手设计、缝制旗袍，这不仅让在场观众眼前一亮，也同样征服了作为嘉宾的青年歌手谢雨欣，所以她也为老人投了一票，并表示廖增秀老人的表演使她想起了自己的母亲，相信这不仅是谢雨欣一个人的想法，也同样让不少观众感觉仿佛回到了母亲的身边。但在第三关中，尽管廖老的《太湖美》唱得很好，但由于年轻的二号女选手表演得更加精彩，所以廖老不幸被淘汰掉了。尽管结果并不尽如人意，但廖老并没有表现出失落，反而大胆地向主持人提出了自己的要求，就是希望能把自己准备在最后一关展示的节目表演给大家，因为这最后一个节目是她和她的亲友团共同亮相的一个节目。廖老的亲友团是一个叫"生命之爱"的群众艺术团，这个艺术团的所有团员都是老年癌症患者，而廖增秀本人已患乳腺癌多年。她们最后共同为大家演唱了《大地飞歌》，可能她们的歌声并不十分嘹亮，也无法和专业的合唱团相媲美，但她们那熊熊燃烧的生活热情以及顽强不屈的生命激情让所有人都无法不感动、无法不震撼。雷鸣般的掌声经久不息，很多观众包括嘉宾也都留下了泪水。

最后，廖增秀老人说了一段话让人颇有感慨，她说："人到老年就越来越爱面子，《星光大道》是个残酷的舞台，所以我想来又不敢来，但还是站在了这个舞台上。”虽然，廖老没有获得比赛最后的胜利，但她已是大家心目中名副其实的冠军，因为她最终战胜的不是比她年轻40多岁的竞争者，而是她自己。

二、亲切的节目氛围

很多人给予《星光大道》的评价都是：很感人。那么究竟是什么感动了他们呢？这也许首先要归功于《星光大道》的编导和主持人毕福剑对每期节目氛围的营造。从节目的整体设计到主持人的主持风格，甚至还有一些明星嘉宾都在尝试着用自己的努力换得选手们轻松的一笑。当这些来自平凡生活中的普通百姓看到了中央电视台并非绝对“神秘”的一面后，他们会体现出对表演、对中央电视台这个舞台极大的热诚，即使是选手们的亲朋好友，也往往会爆发出前所未有的热情与真诚，两者混合在一起，化做每一轮晋级后或被淘汰后的微笑与泪水，从而吸引和牵动着受众。

《星光大道》一直给人很亲切的感觉。因为选手们不分性别、不论年龄、不在乎地域、不计较职业，所以《星光大道》的舞台就仿佛人生大舞台一样，只要你勇敢，就可以展示自己，心有多大，舞台就有多大。在这里，你可以看到形形色色、各种各样的人，而他们又都是真实地来自于我们身边的，那种其他节目所没有的亲近感便会不自觉地萦绕在身边。既然他们可以站在舞台上，可以站在闪耀的灯光下，可以站在璀璨的星光大道上，那么你为什么不可以呢？所以，《星光大道》不仅吸引着受众看下去，更吸引着受众参与进来。

因为选手们的大众化，那么围绕选手们展开的真实的人生故事便真切地感动着大家。这些故事虽然平凡，但平凡中的朴实给人的震动却不可小视。这些故事不能惊天动地，却是“润物细无声”，如涓涓细水般流入受众的心田。很多年长的观众感慨道，看到那些年轻的选手，仿佛看到年轻时的自己，充满活力、朝气蓬勃，青春是可贵的；很多年轻的观众坦言道，望着那些老年选手们，真希望未来的自己也能如此精神矍铄、热爱生命，夕阳无限好。其实人生每天都在比赛，所以这小小的一方舞台就如生活一样，拥有着成功后的喜悦与激动、失败后的不服与抗争，激情、冲动、泰然、安详……

成功是令人喜悦的，但失败往往更容易让人无法忘怀。记得在2005年春节《星光大道》的特别节目中，节目组的主创人员精心地将半年来所有被淘汰掉的选手在得知自己被淘汰时的失落眼神进行了汇总编辑，编辑后的短片让每一位观众的心情都久久不能平静：那种期待的落差、那种希望的破灭、那种短暂的内心波动、那转瞬的心灵荡漾，是任何一个专业演员都无法表演出来的真实。从这个角度来看，《星光大道》是成功的。

同时，每期的节目还会邀请一些当红的明星和大家一同作为观众欣赏选手们的表演，这些明星多是极具亲和力的，他们在节目中不仅能站在专业人士的角度直言不讳地说出自己的想法，还能够俏皮地调侃或者激动地落泪。可见，对于嘉宾的选择，节目组也是下了一番功夫的。从这个角度来看，《星光大道》也是成功的。

面对《星光大道》的成功，电视台的相关工作人员并没有安于现状，因为他们清醒地看到了该节目面临的激烈竞争环境。节目组的相关人员指出，未来的《星光大道》将更加强调平民化。策划人任卫新表示，他们将通过海选和现场的参与环节，达到电视节目更加平民化的要求，“之所以被称为平民偶像，最重要是观众看到了，又亲自参与了一个偶像诞生的过程。这种亲身体验才能引发收视兴趣”。

三、别样的主持风格

《星光大道》这样一个旨在给老百姓提供舞台并努力打造平民偶像的节目，恐怕只有由毕福剑来担当主持人是最合适不过的。

《星光大道》这个节目是为老百姓开的，它的选手来自各行各业，特别是那些来自农村的选手，他们对中央电视台的舞台充满了一种与生俱来的敬爱与敬畏，可以说，所有的选手，特别是农民选手对《星光大道》的舞台是仰视的。如果主持人很耀眼、很明星，就会把选手的光芒遮盖掉，这便是一种本末倒置。春节晚会的策划人、著名作曲家甲丁曾经有感而发，“看毕福剑的节目，会让观众觉得自己也能当主持人。这种亲近性是大家之所以追看《星光大道》的重要原因”。（关于主持人毕福剑的主持风格，在本书第三章中已经有详细的分析和解说，这里就不做更多的解释，详细内容可参见第三章“综艺类节目主持人的风格个性”之五——“平民型”主持人。）

除了以上几点优势外,《星光大道》最大的不足之处就是缺乏原创性的音乐节目。在这个推崇个性的年代，仅仅局限在唱老歌、听老歌的状态是无法常青的,特别是作为中央电视台这个面向全国13亿电视观众的国家级电视台黄金时段的重要栏目,更应该担负起发展艺术文化、推陈出新的重任。因此,《星光大道》应该大力支持原创、鼓励原创。

不难看出，观众喜欢《星光大道》就是因为这个节目所体现出来的人的真实以及这个节目与生俱来的那种亲切感。无论是选手、主持人还是嘉宾，他们在这个节目中都力求展示一个真实的自己，这就仿佛一个人生画卷，你可以从中看到自己的过去、现在和将来，看到自己的梦想、欢笑和泪水。在某种意义上说,《星光大道》不是在打造平民偶像，而是在展示一个个生活在现实里的普通百姓。所以,《星光大道》的成功就在于它源于生活而又高于生活，它的成功就是一种自我真实的胜利。

第二节 《综艺大观》

相信很多人是看着《综艺大观》长大的，这个创办于20世纪90年代初、开创了中国综艺节目先河的中央电视台名牌栏目,在陪伴着亿万老百姓度过了长达14年的数百个快乐而温情的周末之后，终于功成身退，在2005年11月彻底告别了电视观众。

一、忆往昔

《综艺大观》是1990年登陆中央电视台的，是内地开办最早的综艺节目之一，曾经以其丰富的内容在那个综艺娱乐节目匮乏的年代成为佼佼者，并深受全国观众的喜爱，还捧红了倪萍、周涛等一大批主持人，是中国电视文艺的生力军，是中国“电视文艺潮流的引领者”。

虽然近几年,《综艺大观》的收视率持续走低，几次改版仍不见成效，最终不得不选择退出。在今天，我们仍把它作为个案进行读解，意义并不在于它的现在，而在于它曾经有过的辉煌。

在几乎整个90年代,周六晚上看《综艺大观》成了大多数人的固定日程，并且这种习惯往往还让人牵挂、让人回味，所以这个星期六过去了，就盼着下个星期六早点到来，而且每期的各色节目都是人们茶余饭后的谈资和下星期一办公室里的主要话题。在无数个万人空巷的夜晚里，人们跟着倪萍、周涛，跟着《综艺大观》，一起哭一起笑。就这样看着《综艺大观》、聊着《综艺大观》，人们走过了十几个春秋。

制片人周晓东称，《综艺大观》实际上是当年春节晚会的缩影。20世纪80年代，电视观众每年只能看到一台春节晚会，这远远不能满足观众对这些通俗艺术的渴求。虽然在节目形态上，《综艺大观》就是通过主持人的报幕来过渡，将相声、小品、歌舞、杂技、魔术等各种艺术形式的节目串联起来，但这正是老一代中国电视综艺节目的典型形态，换句话说，其实就是一台“小春节晚会”。它的开播填补了空白，于是《综艺大观》的出现和持续火爆就很容易理解了。

《综艺大观》自1990年开播之日起，就一直高举“综艺性、娱乐性、观赏性”的大旗，将受众群体确定为各层次、各年龄段的电视观众，尤以家庭观看为主。它始终坚持大而全、老少咸宜的节目编排，而且一直将自己定位于综艺类休闲栏目，所以其内容编排一直是五花八门、一应俱全的，采用的是“你表演我观看”的艺术传播形式。而这其中，又以诙谐精干的小品为主打牌，从前，许多脍炙人口的小品均出自这个栏目。想当年，有的演员就曾经声称：“上不了春节晚会，上3次《综艺大观》也值了。”有很多演员有了新的作品、好的歌曲，第一个想到的就是《综艺大观》，这个栏目当年的影响力之大可见一斑。后来，《综艺大观》在节目制作中也对节目的传播方式做了一些改进，融入了不少互动元素，比如把演出放在外景地，把背景加以改造使之更现代化，尽可能多选年轻人爱看的歌舞，增加受众参与的成分等。因此，《综艺大观》受到欢迎是不难想象的。

主持人的作用对《综艺大观》来说是绝对不能忽视的。倪萍主持《综艺大观》长达5年，正是在她主持期间，《综艺大观》走向成熟，栏目逐渐形成了“欢乐、轻松、健康、温馨”的固定风格。倪萍是一个十分感性而又多才多艺的主持人，对于一个品牌栏目来讲，主持人的风格往往决定了栏目的风格，而《综艺大观》又是为百姓准备的家庭套餐，适宜全家人围坐在一起共同欣赏和讨论，这就与主持人倪萍“善于运用情感诉求营造氛围”的形象和主持风格不谋而合。可以说，许多观众期待着《综艺大观》，实际上也是在期待着倪萍个人在节目中的表现。因为对于一个电视综艺节目来说，主持人就是屏幕上的传播组织者，各个空间角色之间的交流都自觉不自觉地成为其主持串联的基本活动。

但《综艺大观》当年的风光还是与其所处的时代背景有很大关系的。20世纪90年代初，《综艺大观》的出现正值中国电视出现第一次综艺娱乐浪潮，那时全国的综艺节目真的是凤毛麟角，而且电视频道的数量也很少，当年每家收到的电视节目顶多也就四五个台，还大多是覆盖全国的中央电视台，更不用说看到其他地方台的电视节目，所以《综艺大观》有赖于中央电视台这个坚实的后盾和面向全国的优势，作为这第一次浪潮的代表风靡全国。

在当时，改革开放刚刚10年，人们的心灵相对平静，没有太多的浮华和躁动，《综艺大观》恰逢其时以其活泼多样的艺术风格、明星的频频亮相，吸引了无数的观众，其收视率一直居全国各类综艺节目之首，平均收视率达到18%，约有2亿左右的电视观众。因此，四平八稳、规规矩矩的《综艺大观》便很自然地、很容易地就吸引住了观众。同时，20世纪90年代的中国还处于电视的大众化传播时代，《综艺大观》正是这样雅俗共赏、老少皆宜的电视节目，它的典型特征就是娱乐性与艺术性并重，以艺术为内容和手段，来达到娱乐的效果。所以它的内容策略是将艺术与娱乐结合，将文艺与思想结合，那么这种综艺节目的娱乐性就是不纯粹的，娱乐也不是唯一目的，那么带有一定教化意味的《综艺大观》受到欢迎也就是情理之中的了。

然而，人们的生活水平不断提高，休闲娱乐的方式和渠道越来越多，而且随着时代的前进，各种现代化的新事物层出不穷，人们的视野得到极大拓展，欣赏水平不断提高，受众自身的口味和兴趣发生了相当大的变化，也因其不同的经济条件、文化素质、生活情趣、娱乐观念，带来了迥乎不同的需求。进入到90年代末，人们对春节晚会开始颇有微词了，不满的声音越来越大，甚至开始执笔痛骂。试想，每一年的春节晚会使用了那么多人力物力，每次都汇聚了非常多的明星大腕，运作周期更是长达数月，这样大家都开始不满意了，更何况两周一次的《综艺大观》呢？尤其是进入21世纪后，面向社会的信息传播渠道倍增，单说电视频道，北京电视观众一般家里都可以收到三五十个电视台的节目，选择余地很大。另外，节目出新非常困难，加上媒介服务对象的分众化趋向日益明显，受众的欣赏口味越来越挑剔，审美需求也越来越趋向多元化。因此我们只能说，《综艺大观》的时代已经过去，《综艺大观》已经走到了它的生命衰亡期，所以它只能告别辉煌，离开人们的视线，留在人们的记忆中。

二、看今朝

无论是哪一类型的综艺节目，在创办初期都会引起受众极大的兴趣，因为全新的形式总是可以让受众大开眼界。但经过市场和实践的筛选、考验，大多数的综艺节目都显现出后劲不足的弱点。特别是像《综艺大观》这样的老牌节目，原有的观众在一点点流失，可新的观众却没有相应地流入补充，节目的衰退迹象便愈加明显。毕竟时代不同了，娱乐化成为电视的主流。观众打开电视，想要看到的不再只是知识、文化、说教，而是轻松和生活、调侃和聊天、娱乐和八卦。

1997年前后，随着有线电视的普及和省级台的上星以及城市间骨干网的连通，电视媒介市场逐渐开放统一，观众可接收的节目数量大增，特别是《欢乐总动员》、《非常男女》、《快乐大本营》等节目的迅速崛起，使得综艺节目进入黄金时期。因此每到周末，电视荧屏就成了综艺节目的天下。“模仿秀”、“益智问答”、“男女速配”、“明星访谈”等类型的节目百花齐放，你方唱罢我登场，真的是让观众挑花了眼，一时间应接不暇。所以，形式相对单一的《综艺大观》便很难调和众人的口味，而且几年来，观众对于《综艺大观》的各个环节早已烂熟于心，所以新鲜感和刺激感都已经成为过去，过去的“审美惊喜”已经逐渐转变为“审美疲劳”。据不完全统计，当时全国上下的综艺节目总量差不多有50多个，这在无形当中形成了群雄逐鹿的局面，也对《综艺大观》形成了左右围攻的局势，可以想象得出，传统模式的《综艺大观》在当时已经举步维艰。

我们知道，《综艺大观》始终定位在其综艺性和大众化上，力求为每个家庭提供一个“全家福”式的节目，供一家人共同欣赏。但随着娱乐方式和审美取向的不断变化，人们的审美习惯也在不断变化，由过去的统一走向后来的分化，由整体娱乐转向个人娱乐，由自发转向自觉，由教化意识转向市场意识，自然而然的，受众的群体也在不断分化。所以不再有哪个节目可以满足各个年龄层次、各个文化层次和各个审美层次的所有受众。那么《综艺大观》这种将各种独立类型节目简单拼凑在一起的晚会式“拼盘”，已经不可能为受众提供专业化、个性化的节目。在这种情况下，便无法吸纳新的受众驻足观赏，也很难保留住旧有的收视群体，因为部分节目固有的收视群体会随着时代的变化而转移收视。在这个传播进入分众化的时代，找不到自己的受众定位，《综艺大观》就显得不合时宜了。事实证明，只有根据社会发展的需要和变化，不断确立自己的核心受众群体并随之创新和突破，才能确保品牌的优势。

前面我们曾经提到，《综艺大观》是集歌舞、小品、魔术、杂技等各种节目类型的综合性栏目，尤以小品和歌舞居多并且受到欢迎。但由于受众实际欣赏水平的提升、专业创作人员的匮乏，中国小品也正是在这段时间里由盛转衰，由高峰走向低谷。试问，低制作的小品、歌舞节目怎么能唤起观众的收视热情？近年来，虽然《综艺大观》将传统的传播模式进行了改进，也顺应时代地启用了许多新的形式，糅合了一些新元素、新手段，但它怎么也不可能扔掉十几年的品格，反而弱化了节目既有的传统风格，使得节目的编排越来越单调、乏味，久而久之，节目便失去了生命力，观众的热情也无法回到从前。

其实，《综艺大观》收视率的持续走低，与主持人的更换也有很大的关系。对于一个综艺节目来说，主持人就是节目的灵魂，往往一个主持人的风格就决定了节目的风格。在倪萍担任主持人期间，可以说是《综艺大观》的鼎盛时期，作为一个栏目化的节目主持人，倪萍与《综艺大观》已经密不可分，她把自己的个性完美地融入到了栏目之中，迎合了受众的收视心理诉求。所以，倪萍的个人形象已经成为《综艺大观》的招牌，观众对她已经形成了强烈的收视期待，这无形当中就形成了一种品牌表象。倪萍散发出的个人魅力，似乎已经成为了《综艺大观》在观众心中唯一的品牌标识。所以，从倪萍离开起，许多的受众开始不再关注这个栏目，《综艺大观》收视率开始下滑，再也未能恢复到以前的全盛状态。可以说，倪萍的退出，使得《综艺大观》失去了品牌形象的巨大感召力。这就像是崔永元的离开给《实话实说》带来的影响，厨师换了，菜的味道就不对了，节目也就无可避免地进入了衰退期。所以说，主持人的更换对于一个节目的品牌形象存在着很大的风险性和不确定性，甚至有可能使得受众对于节目失去信任感。和世界上比较知名的品牌栏目相比较，大凡是生命力旺盛的节目，其主持人也多是自始至终地伴随节目成长、成熟的。《今夜》至今已经持续了45年，《唐纳休访谈》持续了38年，具有超级影响力的《奥普拉·温弗瑞》也已持续了近20年，它们始终长盛不衰，它们不仅形式和风格一直保持至今，而且享有高知名度和强大影响力的主持人一直主持至今。由此可见，固定的主持人已成为一个成功节目的品牌标志和外部质量标准，也为受众提供了信誉保证。我们应该重视名牌栏目中的无形资产价值。

《综艺大观》的起落可以说是内地综艺节目发展过程的一个缩影，它的停播也昭示着一个不可回避的事实：电视节目，特别是综艺节目不能再单一地以某种形式出现，观众和节目本身都需要新鲜感。任何一个节目，要想获得长久的生命力，就必须进行结构性创新以适应时代的潮流，同时确定自己的受众群体，以迎合受众的欣赏口味。否则，淘汰是必然的。

面对着电视观众日益膨胀的视觉欣赏需求，面对着电视机里数不过来的电视频道，观众手中的遥控器是无情的，即便是对于创办14年的老牌栏目《综艺大观》也不例外。在媒介日益产业化的今天，电视节目也如同消费品一样，要经得住市场的考验。尽管，《综艺大观》的辉煌已经不再，但它为后来者提供了无数可以借鉴的经验，为新形态节目的诞生打开了全新的局面。

《综艺大观》的时代虽已逝去，但它是永恒的。

第三节 《快乐大本营》

《快乐大本营》是湖南电视台于1997年7月11日开办的一档综艺节目，也是湖南卫视上星以来一直保持的品牌节目之一，现隶属于湖南电视台大型活动中心。《快乐大本营》开播以来，受到广大电视观众的喜爱，节目的内容，以游戏为主，辅以歌舞、小品、相声和少部分事先录制的节目，以较高品味的娱乐形式给广大观众带来快乐，虽然节目并不单纯为了提高审美价值而安排很多看似高雅的内容，但也不会为了取悦个别观众而搞过于庸俗的节目。

《快乐大本营》栏目以清新、自然、真实、健康及具有一定知识含量为内容定位；形式上以娱乐性为主，包容文艺、游艺、新闻、访谈、猎奇、绝技等于一体，融知识性、趣味性于其中，强调贴近生活、贴近群众。栏目开办以来，始终坚持锐意改革、不断创新的路线，在节目形式和板块设计上求新求变，深受广大观众的喜爱。1998年，《快乐大本营》荣获第十六届中国电视金鹰奖，被专家称之为“快乐旋风”，并引发了全国电视界的一场“综艺变革”，各地电视台出现了近百档类似的栏目。那么，《快乐大本营》究竟成功在何处呢？

一、明星效应

可能，《快乐大本营》给观众留下最深刻印象的就是每期节目中那些耀眼的明星。20世纪90年代，在那个娱乐并不十分发达的年代里，明星与老百姓的接触并不很多，所以明星们对于普通的受众来说还是遥远的、神秘的。《快乐大本营》给明星，也给老百姓提供了一个平台，一个接近受众的平台，一个对明星再认识的平台。无论是内地的明星，还是港台地区的艺人，只要是当红的明星，几乎都被《快乐大本营》请了个遍。在节目中，明星们不仅要表演自己的节目，还要同大家一起做游戏，所以明星们“神秘”的面纱被《快乐大本营》揭开后，使得明星与观众的距离越来越近了，观众们也十分乐意了解生活中的他们。明星的号召力是绝对不可小视的，所以很多观众为了自己的偶像也会心甘情愿地为《快乐大本营》收视率的提高贡献自己的一份力量。可以说，那个时期的《快乐大本营》巧妙地利用了各路明星的人气，为栏目的发展培养了众多的收视群。同时，《快乐大本营》也成为了很多明星为自己宣传的便捷渠道，当《快乐大本营》逐渐为全国人民所熟知时，甚至有很多明星主动要求参加《快乐大本营》节目的制作，以提升自己的人气，可见《快乐大本营》的影响力有多大。

除了邀请明星嘉宾参与节目以外，《快乐大本营》也是一个制造明星的工厂，主持人何炅、李湘、李维嘉以及后来的谢娜，都是通过《快乐大本营》成为家喻户晓的主持人的。由于节目本身的特性所致，几位主持人在节目中充分发挥自己的优势，并伴随着节目的成长而逐渐成熟起来，形成自己独特的主持风格。何炅，幽默、活泼，不仅能言善辩，而且对节目的驾驭也是游刃有余；李湘，伶俐、聪慧，不仅长相甜美，而且反应敏捷，是一个控场高手；维嘉，亲切、睿智，不仅大方自如，而且坦诚、不张扬；谢娜，健康、真实，不仅单纯可爱，而且自然、率性，完全如简单的邻家女孩一般。正是由于这年轻、朝气的主持队伍，给节目注入了青春的气息，使节目活力四射、激情涌动。所以，这几位主持人逐渐成为《快乐大本营》的品牌象征，也逐渐培养了自己固定的观众群。

此外，栏目组还在第三届中国金鹰电视艺术节上作出了创新之举，首次推出了“电视新秀大赛”。比赛设计别出心裁，参赛选手表现优秀，给观众和参加会议的专家留下了深刻印象。这次的新秀大赛，不仅达到了为娱乐圈选拔新人的目的，也揭开了后来全国上下浩浩荡荡的“选秀”活动的序幕。

明星就是品牌，明星包装也就是品牌经营。明星包装是因为巨大的商业价值，明星经营是因为明星品牌的强大影响力。经营着明星，就是在经营管理着类似可口可乐、健力宝等或大或小的工商业产品的品牌和商标。

在明星效应的运用上,《快乐大本营》是聪明的,这不仅增加了节目的可视性，而且有利于自己品牌的建立。

二、参与意识

中央电视台有位编导曾这样说过:“《快乐大本营》为什么会火？因为明星可以带着观众在上面演。”以往都是明星在台上演，观众坐在台下看，但是《快乐大本营》打破了常规，特别注重参与性，既有场内嘉宾和观众的现场参与，又有场外电视观众的热线参与，在观众中引起强烈反响。请明星带着观众，在台上一起做游戏、表演节目，在当时不仅是一个大胆之举，也是一个新鲜的创意，大大提高了人们参与节目的热情。同时，场外观众的热线参与，不仅是一种新颖的节目样式，也使节目得到了及时的反馈。

我们知道，对于综艺节目来说，互动性是十分重要的。这种参与意识，就体现了一种互动性，将节目做在舞台之上，也做到了观众席上，甚至是电视机前,全方位地调动受众的参与热情,使节目呈现出前所未有的热闹场面。这种以娱乐休闲为先导，以受众参与为手段的节目样式策划，为后来综艺节目的发展提供了一个里程碑式的模式。

一个独立的电视节目大多都是针对一个特定的收视群体，而不可能是面对所有社会阶层和不同年龄段的受众的。换言之，只有切实地明确了对受众群体的定位，才可能拥有固定的受众，并逐渐使之形成收视习惯和传统，而这也有利于使受众产生对频道的依赖和忠实。《快乐大本营》正是盯准了朝气蓬勃的年轻人，用他们的热情和参与构筑了自己的收视传奇，并以年轻人为主要受众点，由点及面地向外辐射，从而形成一个庞大的观众群。

三、主题突出

《快乐大本营》与全国众多娱乐节目的一个最重要的区别在于，每一期节目都有一个健康向上、思想倾向较强的主题，主要分为四类：

第一类是依据各种节日、重要纪念日确定的主题。做得较成功的除了五一、国庆等主题节目外，还有环保、消防、健身、母亲节等。

第二类是根据一些重大题材或临时性的重要活动来确定的。这类节目虽然数量不多，但却是重中之重。影响最大的有以下几期：以赈灾为主题的“情系三湘”，以内地、香港共创繁荣为主题的“两地情一家亲”，以抗议北约暴行为主题的“我们不会忘记”等。

第三类是在合作单位参与的情况下，根据对方广告特性设计引申的主题，如与北京金远见公司合作的节目主题就是“我为星狂”。目前，《快乐大本营》与工商局、税务局、消防部门等单位都有过合作。

第四类主题的确定有较大随意性，可以是衣食住行等某细节方面的“小”主题，如“运动”、“饮食”、“健康”等，也可以是“人间自有真情在”等伦理、道德方面的大主题。①

四、样式拓展

《快乐大本营》的制作人员并没有沉浸在栏目的成功中，而是搭上了“改版”的列车，陆续对节目内容的设计作出调整。

从1998年开始，《快乐大本营》不断在节目形式上寻求突破，陆续推出了“快乐小精灵”、“快乐行动”、“IQ无限”等一系列形式新颖、观众喜闻乐见的板块，内容更加丰富多彩，不但注重栏目的知识性、趣味性和嘉宾的选择性，而且注意扩大栏目的包容性，大胆地走出湖南，与新疆、香港等地电视台合办节目，像“新疆之行”、“两地情一家亲”、“湘豫情”等都是成功的范例。

同时，《快乐大本营》栏目组除制作常规节目外，也开始承担台里的一些大型晚会的策划和制作工作。如1998年的“情系三湘”赈灾晚会、“‘岁月如

① 《快乐大本营》官方网站。

歌’建党八十周年晚会”、2001年的“湖南电视台春节联欢晚会”、第一和第二届“中国金鹰电视艺术节闭幕式暨颁奖晚会”等。这些大型晚会节目“既叫好又叫座”，不但受到包括各级领导和专家的肯定，而且得到了广大电视观众的认可和好评。

2002年《快乐大本营》的常规节目由直播改为录播，栏目充分利用录播优势，设计了“快乐播报”、“凡人俱乐部”、“快乐主打星”、“O’STAR剧场”等新的节目板块。其中尤以“快乐播报”、“O’STAR剧场”最具特色。“快乐播报”围绕明星和快乐主持做文章，播报他们的最新动态；“O’STAR剧场”则是由主持人参演的偶像短剧板块。这些新的板块带动了节目收视率的攀升，受到了观众的好评，深受年轻观众的喜爱。

2002年《快乐大本营》还尝试在全国范围内成功策划、组织了几次有规模、有影响的大型活动，如为纪念栏目成立5周年的特别活动“快乐之旅”，与凤凰古城和深圳快乐谷合作，组成车队一路畅游，第二次活动参加人数达800人之多。从全国观众和各大媒体的热烈反映来看，“快乐之旅”确实取得了巨大成功。①

此外，《快乐大本营》也不断推陈出新，提出了“运动你最红”、“挑战你最红”等系列节目，并在此基础上，几次改版，形成集欣赏性、青春性、时尚性为一体的节目版式。

快乐的人也能给你带来快乐，《快乐大本营》这个快乐的团队一直带领着众多的百姓笑着、闹着、开心着、快乐着。虽然，近来的《快乐大本营》已经和过去的《快乐大本营》有着很大的差别，收视率也是逐渐下滑，质疑声、责难声此起彼伏，但是它曾经带给人们的欢乐是无法磨灭的，它永远地在中国综艺节目的发展史上留下了浓墨重彩的一笔。

第四节 《我猜我猜我猜猜猜》

台湾地区成功的综艺节目，一向都是内地综艺节目的学习榜样，所以内地电视台对于台湾地区综艺节目的复制欲望是日益旺盛的，甚至很多地方台筹备的综艺节目也常常以台湾地区节目的“内地版”自居，似乎这是一种荣

① 《快乐大本营》官方网站。

耀，是一种质量的保证。

《我猜我猜我猜猜猜》是一档原创于台湾地区的电视娱乐栏目，曾在创下最高收视纪录，它取得成功后，先是被香港凤凰卫视引入，成为凤凰卫视中文台的娱乐当家栏目，后又被内地许多地方电视台购买。虽然中国内地的观众是首先通过凤凰卫视收看到这个栏目的，但随着后来各地方台的引进，如今的《我猜我猜我猜猜猜》在国内已是人尽皆知。在2004年上半年度的《凤凰卫视满意度调查报告》中，《我猜我猜我猜猜猜》在多项排名中都很靠前，人气指数排名第十，远远高于其他众多的综艺节目。

那么，《我猜我猜我猜猜猜》究竟拥有什么魔力能使观众坐在电视机前捧腹大笑几十分钟？它凭借着什么能从泛滥的综艺娱乐节目中脱颖而出、独占鳌头，不仅在电视上创造了惊人的收视率，而且在网络上也创造了惊人的点击率？……

1997年，以湖南卫视的《快乐大本营》为代表，在全国上下掀起了一阵"快乐风潮"。于是一呼百应，在国内的电视市场上又涌现出了如北京电视台的《欢乐总动员》、福建卫视的《开心100》等挥舞着"快乐"、"开心"大旗的综艺节目。客观地看，湖南卫视打出的这张"快乐牌"的确推动了整个中国电视向产业化，或者可以说是向娱乐化和商业化的发展。然而由于种种原因，这个让中国老百姓着实"开心快乐"的风潮很快便被《幸运52》、《开心辞典》一类的益智游戏节目所带起的热潮取而代之。看惯了电视中的明星、看腻了各种各样的表演，人们更希望看到明星以外的主角，更希望在节目中一次笑个够。

说起《我猜我猜我猜猜猜》，首先应该谈谈它的主持人。其实，论制作成本，台湾地区很多深受欢迎的综艺节目都是低成本制作的，"我猜"也不例外。在节目的包装策划、制作成本上，"我猜"远远无法与国内的一些大制作的综艺节目如《非常6+1》、《艺术人生》等相提并论。但是，"我猜"却有一个完全可以"傲视群雄"的资源，那就是主持人——吴宗宪。正是这个"神奇"的人物，才使得"我猜"能一直"笑看风云"，是他与其他的主持人共同合力打造出了《我猜我猜我猜猜猜》这个品牌，并形成了特有的"我猜"风格。应该说观众是先记住了主持人吴宗宪之后，才记住这档娱乐栏目的。"我猜"最初不是由吴宗宪担当主持人的，节目开播一年后才将男主持人换成吴宗宪，栏目也基本稳定下来。因为有了吴宗宪，无论节目其中哪个环节略显薄弱，这档栏目也还能立得住，因为在观众心目中，他是这个栏目的最大支撑、最大卖点和看点。

2004年北京师范大学99级艺术系与中文系研究生联合开展的《北京大学生收视状况调查》中有一项结果显示，多数大学生对电视节目主持人的喜爱是与其所在的栏目紧密相连的，如果所喜爱的主持人离开了所在栏目，63%的受访者兴趣将减半。这说明，更多时候观众看的并不是节目包装如何精美，节目形式如何新颖，节目内容如何专业，观众更容易被节目主持人的特质所吸引。

吴宗宪是台湾地区著名的综艺节目主持人，除了主持节目以外，还涉足影视、歌坛，是一位全能型的艺人，但他最为人们认可和喜爱的还是他的主持人身份。吴宗宪历来以搞笑、搞怪而著称，用时下一个时髦的词汇来形容就是“无厘头”。其实，纵观整个港台地区的综艺节目主持人，我们可以发现，他们在主持节目时最大的特点就是不照本宣科，几乎是想到哪说到哪，想起什么说什么，所以，主持人的话语永远是通俗易懂、十分生活化的、没有距离感。吴宗宪自然也不例外，他反应非常敏捷，经常善于抓住场上的某些细节来施展自己的幽默才华，即便是一些本来并不好笑的事情经他的嘴里说出，似乎也多了一份滑稽。吴宗宪的搞笑顺手拈来、随意发挥，见缝插针地点缀在节目进行的全过程中，他的幽默可以是由嘉宾而发，由游戏主体而发，也可以是从游戏而发。而且，他的幽默不仅在于他的语言，还包括他的语调、形体等，所以吴宗宪在主持节目时非常的活跃，完全带动了节目的气氛，也燃烧了嘉宾和观众的热情。有的人认为，吴宗宪的搞怪有些夸张，无论是观众还是嘉宾，包括一同主持节目的搭档，只要是有机会，他都不会“嘴”下留情，这样的做法难免有些故意“糟蹋”别人之嫌。但即便如此，吴宗宪依然受欢迎，他的节目依然能保持高收视率，他的表现依然能够使观众兴高采烈，这就证明，大家对于他的偶尔的“坏”还是买账的。毕竟，综艺节目归根结底就是想博受众一笑。

女主持人中尤以大小S（徐熙媛和徐熙娣姐妹）和阿雅的表现最为突出。她们与吴宗宪一样，都是涉足多个领域，除了唱歌、演出热播的剧集，还主持多档综艺节目。这三个女孩子的共同特点就是，在公众面前从不刻意保持乖乖女形象，也从不避讳向公众展示适当的个人隐私，完全颠覆了女主持人在摄像机前一贯的淑女形象，转而大胆地讲笑话、说故事，形成了自己独特的舞台艺术魅力。也许正是由于她们的坦率、大胆、活泼、不做作甚至是疯狂，所以她们在所有台湾地区的观众甚至是内地观众的心目中都留下了深刻的印象。目前，小S主持的娱乐谈话节目《康熙来了》获得了惊人的收视成绩，阿雅也成为炙手可热的主持人，并多次担当中央电视台《同一首歌》的主持人，逐渐被内地观众所熟知。

主持人是电视的脸面，风格化的主持人营造着不同类型的电视节目。正因为有了那些或庄或谐、或喜或忧的脸，荧屏才会变得如此精彩。

"我猜"节目的中心概念就是一个"猜"字。每期节目中都有几个明星嘉宾，他们既是节目的旁观者，又是参与者。节目设有多个板块，每个板块均含有真假或者对错，明星嘉宾要作出判断。为了增加节目的趣味性，回答错误的都要接受惩罚，有时是向嘉宾喷射强烈的气流，有时是要喝下调制得很难喝的饮料。虽然嘉宾要回答问题，但是回答并不积分，也不分胜负，所以，节目更为随意，更具游戏性质。在节目游戏环节的设置上，不同的版本会有不一样的地方，但基本以"真的假不了"和"人不可貌相"这两个环节为主，这两个环节基本是以能否满足受众的猎奇心理为标准来选题的。如在备选的5个人当中，有一个人是看起来嘴巴小小，但却可以把自己的整只手都放进嘴里的，你能猜出会是谁吗？这就要让嘉宾通过问问题等方式来辨识真伪。这种猎奇不但契合了人们的好奇心理，而且总跟趣味性、娱乐性结合在一起，是非常有效的一种娱乐手段。所以，单单"人不可貌相"一个环节，就曾经缔造了"我猜"高收视率的神话，受众猎奇的心理在游戏中被充分体现、释放和满足。可见猎奇是选题标准，而游戏则是呈现方式。

综艺节目追求以最直接的方式起到最为放松的效果，那么"搞笑"这种无需任何成本的节目形式便是最好的方式，而搞笑元素和它的实现者就是一个搞笑的主持人。只要有一个极具备搞笑天份的主持人，就不怕节目没笑声、没活力。比如吴宗宪，一期节目下来总是引得观众笑声不断，而大部分笑点是由他的口头语言和肢体语言点发的。这种效果，也是所有综艺节目主持人应该努力培养的。

"我猜"当中还设立了不少游戏环节，比如"脑内大革命"、"久久神功"、"老望卖瓜"等，他们用最本真的游戏方式让受众消遣、娱乐。作为一个综艺节目，它不可避免地要注重自身的娱乐性、竞争性与竞赛性，因为"游戏娱乐是人的天性，人们需要一种轻松和娱乐，以形成对工作劳动的调剂和补偿，

并在二者的良好协调中完成生存的整体需求，娱乐游戏也因此成为社会发展的润滑剂”。（朱羽君教授语）

《我猜我猜我猜猜猜》是新一代电视综艺节目的代表，典型的一个特点就是年轻化，这就决定了栏目在诸多方面都要依从年轻化原则，如主持人的服饰、节目配乐风格、游戏设置、嘉宾的选择等。由于年轻的总体定位，节目现场的参与者，尤其嘉宾几乎都是青春偶像派明星，漂亮的女孩更是每期节目所必不可少的，所以节目总是散发着一种青春的活力、一种蓬勃的朝气。在这样的氛围和人员结构中，节目的制作就会更加大胆。

“我猜”的火爆来源于它近乎疯狂而又真实的搞笑，甚至于主持人本身也要笑话百出，以此来制造出更多的话题，活跃节目的气氛。对于节目的后期制作，“我猜”一直秉承着台湾地区综艺节目的特点，“不厌其烦”地在节目中给主持人或嘉宾加上一些动漫式的可爱表情符号，或设计旁白，或用巨大字体将嘉宾和主持人说的重要话语突出打在屏幕上，以此来制造笑料，强化戏剧效果，吸引观众注意力，省去观众理解的过程，将一切深度进行平面化的解析。但就在“我猜”打造它的电视奇迹时，一场因它而起的内地电视圈反低俗化风波，也同样刮得轰轰烈烈。相对于很多其他的综艺节目来说，“我猜”所包含的文化气息实在是太少，也没有任何教化意味，更不用说具有什么文化底蕴，甚至可以说，“我猜”就是一个相对低俗的综艺节目，但它与时代和自己的受众群体达到了最大程度的契合，因此它的受欢迎是情理之中的事。“我猜”已经成功地得到了观众和同行的肯定和认同，也不可避免地被其他电视台所模仿。只是，“橘生淮南则为橘，生于淮北则为枳”，有时因为各方面因素的不同，一些模仿它的节目只能造成“画虎不成反类犬”的尴尬境地。所以，任何一个节目都应该建立自己独一无二的风格，不要一味地模仿，只要能够体现综艺节目的本性，只要能够切合人心，相信总会得到受众的关注和赞许。

《我猜我猜我猜猜猜》也许就是猜透了这点，所以它成功了。

第五节 《幸运52》

1998年10月，中央电视台以40万英磅的高价从英国引进大型博彩栏目

《GOBINGO》，开始着力改造，仅一个月后，这个栏目更名为《幸运52》，但它已经不再是博彩栏目，而是剥离了博彩性质后，改头换面登陆中央电视台。《幸运52》是一档打破娱乐类、知识竞赛类节目界限，有机地将游戏与知识普及融为一体，充分调动观众参与热情的益智节目。它知识性、游戏性与竞赛性并重，是中央电视台首次以场内外互动方式开设的益智型互动性节目。

最初的《幸运52》在低调与青涩中运行了一年多，到了1999年夏天，《幸运52》收视率提高到1%，然后从1%上升到1.5%，再到2%，又再花了5个月的时间，形成了相当强大的公众影响力。到2000年初，节目的投资已收回成本。

《幸运52》从开始运作到成为中央电视台的金牌栏目，从默默无闻到现在的无人不知、无人不晓，广告价码从起初的几百万翻了十多倍。是什么力量使得它如飞跃般前行？是什么因素让它拥有如此大的魅力？

一、创新的节目样式

益智博采类节目最早兴起于美国，它是从20世纪三四十年代电台的智力竞赛节目转化而来，1955年开始在电视上播出。后来，由于制作者做假，偏向于他们喜欢的参赛者，曾引发了一场益智节目的危机，以至于这类节目一度被全部取消，但不久之后，益智节目又卷土重来，直至今日。

益智博采类节目在最近几年大行其道，受到观众的狂热追捧。虽然早前的《正大综艺》以回答问题得分的方式显示出了一些益智节目的特点，但是以奖品为刺激的益智博采类节目的真正火爆，无疑是从《幸运52》开始的。《幸运52》的成功，源于它本身具有全新的节目样式和形态，这是中央电视台第一档互动节目。在它播出之前，中央电视台的节目几乎都是严肃有余、活泼不足的，让普通百姓觉得缺少亲切感。大多数的节目包括众多综艺节目一直保持着“媒体单向传播，观众被动接受”的模式，慢慢就使观众产生了审美疲劳。人们生活节奏越来越快，但生活反而越来越平淡了，每天行色匆匆地上班下班，每天匆匆做饭吃饭，每天都谈论着一成不变的话题，快节奏的生活占据着人们大多数的时间，可以说生活很充实，但心灵却随之空虚了。周而复始、日复一日、年复一年，恋爱、结婚、生子、变老，一切都按部就班，一切都像是预先安排好一样，生活永远是一个样子，一成不变，人们渴望奇迹。当《幸运52》出现时，它彻底颠覆了以往的电视综艺节目形态，谁都可以去参与竞争，都有可能获得奖品……竞争的过程充满刺激，人们参与竞争，同样喜欢看别人竞争。这样的时代给了这样的节目一个舞台，也给了每位观众一个舞台。

刚开始时，《幸运52》被安排在周末的上午时段播出，一度不被看好，但在开播半年后，节目渐渐取得了观众的认可。它将企业商标融入节目的形式是前所未有的，这不仅让观众眼前一亮，而且为节目组和中央电视台带来了巨大的商业回报，节目的收视率也长期高居中央电视台经济频道的首位。

《幸运52》是演播室录制节目，主要形式是邀请普通百姓担当选手，以智力竞猜和趣味竞赛的方式进行智力比拼，获胜选手和场下观众还可以获得丰厚的实物奖品。在场内选手激烈角逐的同时，场外观众也可以通过热线电话、电子邮件和信件及时地参与到节目中来，并获得相应的奖励。

2001年7月，新版《幸运52》正式面世。节目由原来的45分钟扩展为60分钟，环节更多，内容更为充实丰富。另外，节目基本形成了“幸运抢答”、“争分夺秒”、“幸运搭档”、“幸运考场”和“智力陷阱”的板块模式，以决出本期的“幸运挑战者”，同时增设了“幸运擂台”这个大环节，让“幸运挑战者”与上期的擂主对垒，最后决出本期的“幸运之星”。这就在每期节目之间形成一种良性的联动，更加强化了比赛的紧张气氛，在兼顾比赛知识性、公平性的同时，集中力量突出节目的趣味性。

不管其形式如何演变，但《幸运52》始终坚持的特性没有变：

1. 竞争性

不论是选手间的竞争，还是选手相对于自己的自我挑战，由于节目形式的要求和比赛规则的设置，《幸运52》与生俱来就带有一定的竞争性。对于节目来说，如何强化竞争性、增强比赛的紧张感，是节目设计的关键。这种竞争性的长处是每期节目都会在最后迎来节目的高潮，从而使每期节目的观众都有所期待，它符合受众的接受心理。为了使各期节目之间具有一定的连续性，后期的《幸运52》在规则上做了改动，即上期节目的胜者成为本期的擂主，和本期节目中几位挑战者之间的胜者进行最后的角逐，决出下期节目的擂主。这除了使参赛者获得大奖之外，还有可能连续坐庄、累积更大的奖项，等于为节目设置了一个悬念，容易构成连续的收视。

2. 刺激性

用金钱和实物奖品带来刺激性是《幸运52》一个不可少的特点。从前的《正大综艺》是以分数来提供刺激性，但《幸运52》带来了更大的刺激性，金钱与失误带来的巨大刺激是分数带来的刺激所无法匹敌的。这在一定程度上颠覆了“按劳所得”的法则，却满足了受众的发财心理。正是这种“发财梦想”和收视心理，为节目的发展带来了巨大的力量，并左右着观众。

3. 互动性

互动性是《幸运52》的一大优势。与其他类型的节目相比，《幸运52》的互动性仿佛是天然的、不可替代的，在这之前，可能没有哪个节目与受众的互动性能够在它之上。首先，参加《幸运52》的选手都是从普通观众中选拔出来的。在初创阶段，《幸运52》还没有比较成熟的参赛选拔模式，每期的4名选手都只是在现场观众中随机抽取出来，这是不符合电视传播规律的。之后逐渐建立起比较完善的选拔程序和参赛规则，如确定以年轻人为主，并逐渐加入学历等一些具体要求。另外，除了通过网络等远程渠道，栏目还经常到全国各地进行大规模的选秀活动，也借机进行了自我宣传，这不但明确了栏目定位，也增强了栏目的可看性。这种从普通百姓中选取选手来参与节目的机制，与其他不靠普通观众参与而更多用明星来支撑的节目形成了很大不同。当这些普通人站在舞台上，电视机前的观众完全可以将这些选手与自己等同起来，期待着自己也成为主角，这就极大地调动了观众参与的热情。

在游戏环节的设置上，《幸运52》并没有冷落现场的观众，比如让观众猜商标牌的位置，猜中有奖，或者让每一位选手代表一种颜色方阵的观众，只要某一位选手获胜，那么他所代表的方阵的观众还将获得奖品等等。这种做法点燃了受众的参与激情，也增加了节目的可看性。

4. 真实性

真实性，是对于所有益智节目来说最大的挑战。排除道德观念的约束，但从可看性来说，至少要让观众看起来是真的。毕竟，观众从中得到了愉悦，也就足够了。但好在《幸运52》的选手都是来自平常的百姓生活中，而且没有地域、年龄、职业的过多限制，这就给予观众极大的信赖。

在真实性方面，主持人李咏的表现也是观众不去怀疑的一个因素。每次当选手回答问题时，李咏几乎都是默默无语，不做过多的解释，也不说一些仿佛具有暗示性的话语，在语气上也尽量保持一致，并且对选手的选择也尽量遵循不可更改的原则。所以《幸运52》的真实性也在一定程度上由主持人的出色表现实现了。

《幸运52》一直以来都始终坚持益智节目的基本定位，通过知识问答等寓教于乐的形式，普及经济知识，唤起群众对自己身边的经济现象的关注，从不用毫无意义的游戏方式迎合低级趣味，也不用“弱智”的问题来标榜大众化，在目前电视游戏节目中独树一帜。在“2000年中国电视节目榜”中《幸运52》一举获得“年度电视节目”、“最佳游戏节目”、“最佳游戏节目主持人”三项大奖。在首届大学生电视节上，《幸运52》被评为“最具生命力”的节目之一。

二、突出的节目风格

《幸运52》的主要特点是：现场气氛紧张激烈、趣味横生；节奏明快，高潮迭起；舞美绚丽多姿、富有现代气息。

作为以竞争性和物质刺激性为突出特点的节目，《幸运52》刻意营造的紧张气氛和持续不断的快节奏的节目安排抓住了观众。在挑战者的挑战阶段，问题的设置还是以大容量和娱乐性为特点，旨在增加节目的娱乐性，所以这个阶段的节目突出在一个“快”和“多”上面。但到了挑战者和擂主的角逐阶段，场上的气氛便显得更加紧张，这个时候无论是灯光还是背景音乐，包括主持人的语气、语调，都增加了比赛的悬念性，这虽然增加了选手的心理压力，但也让观众屏住呼吸，是一种很有讲究的节奏控制。

由于国外的许多电视栏目形态和运作方式比中国要成熟得多，所以引进不失为一条很好的捷径，但关键的一点是必须根据国情进行本土化改造，《幸运52》在这点上是成功的。首先栏目在引进伊始就着力削弱博彩成分，增强益智成分，中国文化强调的是和谐中庸、博学多智，如果栏目以高额博彩回报为支点，那必然会引起各种社会力量甚至是老百姓的反感，而以益智为目的的竞技却是国人所提倡的。《幸运52》借鉴了很多成功节目的因素，集问答式、擂台风格于一体，比赛更具可看性，比如其中很出色的一个环节“猜价格”，只要猜中就能当场把奖品拿走，吸引了不少观众。

改版后，在题目方面，主创人员设计了多种有意思的题型和新颖有趣的选题方式，增加了乐趣，使节目知识味更浓，而全新的舞美设计，精致辉煌，令人感觉艳光四射。总的来说，新版《幸运52》是以原来节目结构与核心元素为平台，进一步提升各方面优势，使节目更精致，更有看头了。

这个世界上最大的需求也许就是“真”，真人、真实、真开心。温家宝总理在视察中央电视台时说，电视要把镜头多对准普通百姓，其含义并不仅仅是说在新闻节目中要多看到百姓的新闻镜头，更应该是整个电视机构，所有类型的节目都应该把关注点对准百姓。只要是“真”的东西，都是有巨大需求的。《幸运52》顺应了这样的市场需求，它必然会成功，必然会受观众喜爱。真实、本色、亲切应该是《幸运52》成功的最大秘诀。

为契合中国文化中强烈的家族观念，栏目引入亲友团这个概念，在“幸运搭档”环节中重点体现选手与亲友之间的情感。栏目还以各种方式有意识地强化这一点，如许多奖品是为亲友争取的，而不只是为了选手自己。同时，栏目逐渐强调社会“公益”概念、积极探索娱乐节目的社会功能，也是一种很好的本土化策略。第100期节目和2001年5月19日的“让世界不再遥远”电信特别节目结合了常态节目的基本形式和突出优势，以公益捐助，奉献爱心为主题，通过节目为吉林省孤儿学校的孩子们募集了32万元人民币以及价值12万元的实物，用于解决该校学生日后就读大学的费用问题；为西藏堆龙德庆中学募集到30万元用于修建网络教育基地，节目播出后获得了良好的社会反响。两次特别节目积极地将娱乐节目与公益事业相结合，以中央电视台的社会影响力推动整个社会公益事业的发展，是电视人对整个社会的公益参与模式多元化的一次积极的探索，同时也是对综艺节目未来发展走向的一次探路之旅。①

三、成功的主持人选

不知是《幸运52》成就了李咏，还是李咏成就了《幸运52》，但至少有一点可以确定，现在的《幸运52》和李咏已成为一个整体，他们是不可分的。想到《幸运52》，就会想看到李咏；看到李咏，就不得不想起《幸运52》。

李咏长得有特点，放在人堆里属于比较“扎眼”的那一种，但长相是次

---

① 《幸运52》官方网站。

要的，李咏的成功还在于他的主持风格和工作态度上。

由于节目类型的要求和限制，《幸运52》不太适合大段的搞笑。从节目气氛来说，搞笑会破坏节目需要的紧张感；从节目节奏来说，过多的搞笑会导致节奏的缓慢；从节目内容来说，搞笑会导致主题的分散。所以，在《幸运52》中，最重要的也是最合适的搞笑方式，就是李咏的冷幽默。比如他在与选手的交流中简短的无伤大雅的玩笑，或者是不时迸发的小幽默，还有冷不丁突然提高的声调，最突出的就是他的自嘲，这些都是李咏赋予《幸运52》的轻松气氛。这种节目在中国没有先例，所以就没有可以借鉴、学习的典范，但好在李咏一向自信，他秉承着“我李咏的风格就是节目的风格”，愣是把节目主持得有声有色。没有什么条条框框，李咏反而放开了，嬉笑怒骂、挥洒自如、反应机敏、幽默诙谐，包括夸张的服饰和造型，这些都是本色。

《幸运52》的运作机制不错，主持人要参与从策划到录制的全过程，对节目介入早、介入深，上场就容易把握。同时，节目组的策划和文案都帮着他将语言风格定好了位，这样别的栏目主持人常出现的“说别人的话”的现象彻底消失了。《幸运52》彻底照着李咏度身定做，由着他的风格来。于是，观众们在电视上就看到了这么一档节目，这么一个主持人。

观众希望能看到一个可以痛快淋漓地表露情感的主持人带动自己一起热情高涨。想夺冠吗？想！大声说出来；你有信心吗？有！也大声说出来。尽管隔着荧屏，但他说的每句话都是真实的。李咏的机智幽默给观众带来了欢笑，渴望表达、渴望真实的观众也给了李咏最大的宽容。于是，李咏成功地从这个舞台走进了观众的心里，因为他的真实、他的本色、他的亲和力。

从初创期到生长期再到成熟期，《幸运52》一直在适时调整着自己的理念。一开始栏目的口号是“谁都有机会”，强调的是娱乐性和益智性；后来栏目提出“智慧夺大奖，知识献爱心”，强调的是益智性和公益性；再后来是“快乐关心到永远”，强调的是“快乐”和“关心”，提倡的是一种健康的生活心态。

每个栏目都需要一种生命力，这不但要体现在栏目理念的不断升级上，也要体现在栏目具体操作的灵活创新上。《幸运52》，它做到了。

思考题：

- 《星光大道》最大的成功之处在哪里？
- 针对你所喜爱的一个综艺节目以及节目中的主持人来谈谈你的观点和见解。

附录

1. 田歌主持的一场主持人大赛对白词

田　歌: 下面这个问题，我是问董璠和罗强。我觉得罗强的这个观众分高于专家分，董璠是专家分高于观众分，你们怎么看待这种两种人群的评分落差?

罗　强: 从实际的内在的积累和文化素养来说，我不如董璠，这方面来说，吐出的东西董璠要比我们深刻的多。而从观众给我的分，当时可能我们的选手和评委看到我非常的激动。为什么这样说？我觉得做主持人能够得到观众的认可，这是最重要的。可能我猜想，也是才艺表演完了以后打动了咱们观众的心，是这样的。但是今后在文化素养方面呢，还应该多向董璠学习。

董　璠: 没有。是这样的，我个人的感觉有两点吧。第一就是我面对的，就是打分的观众主要是小朋友，他们可能更喜欢有视觉冲击力的东西。当时我在才艺表演的时候是弹古筝，是非常安静的，不像罗强，他们都是跳舞非常激烈的东西，我觉得有很多要跟他们学习，就在于像我从小学习东西都太静了，不属于那种可以瞬间呈现的。我就发现，你作为一个主持人，特别是要对孩子，你的形体、你的表情都需要很丰富，所以在这个学习舞蹈、唱歌方面，我在以后会加强。那么另一点就是当时有的小朋友光顾着给我鼓掌，然后就忘了打分了。下来之后就有两个小姑娘，就看着我拉着我就哭了，他说姐姐我一直以为你是第一名，她说我们光顾着给你鼓掌，忘了打分了。

田　歌: 比赛当中本来就包含着很多的阴差阳错，所以我也想问一问周星老师，你怎么看待你们专家的分和观众的分，有那么大的落差?

周　星: 我初步的感觉好像差不太多。我们少儿节目可能有天然的一个差距

——成人和孩子。我们的体育组，我觉得分数差的不太多，但是无论观众还是专家，看进去了，看主持看的是内涵，看的是素养，看的是他对观众的亲和力。这两个选手都是在青少年节目组，所以说不同的观众群，他们的期待值不一样。

田　歌：你们面对的评委是可爱的孩子和成熟的专家，所以落差就比较大。这次比赛共分几个专业组，是新闻、体育、综艺、青少年、专题五个组，是专业化的这种评分。但是我发现其实每个组，都有不同的人群和不同的栏目定位。但是在比赛环节当中，你们却有共同的题目，就是才艺。我也想问问咱们的评委，正在实战过程当中的，你们觉得这个才艺在你们这个现实工作中有什么作用吗？

赵　宁：刚才那个小妹妹讲了，就是说将来要向他们学习才艺展示，我觉得大可不必。特别是你做新闻节目，你将来做新闻节目的主持人，你想你有多少机会展示你的才艺？那个东西要等逢年过节的时候、你与朋友交往的时候，或者说在春节晚会上偶尔露露真容也可以，或者说那是画龙点睛的那一笔。但是它不可以成为一种误导，说我们将来的主持人都一定能唱歌能跳舞，你还是要讲究基本功。刚才几位评委老师都在讲，为什么老师给的分比较低的是采访？我们真正想看到的，你们的年轻、你们的青春、你们的朝气蓬勃、你们的激情，我们都特别的受感动，但是我们更想看到在这后面的，你们未来的里边可能会具有的那种潜力，把那个展示出来，这就是我们想看到的这个东西。

丛　薇：其实我觉得这个才艺对每个人，就是这些主持人来讲，在其他方面还是有帮助的。不是说我们一定要，当然你说少儿节目主持人和新闻节目主持人、咱们娱乐节目主持人是不同的。如果你是娱乐节目主持人的话，如果你也会一点表演的话，能够整个把自己投入到整个节目当中，我觉得可能更有感染力。

贺贝奇：不同节目的主持人的要求还是不同的。我觉得才艺它是属于一种个人爱好，它和这个工作的本质与否，我觉得没有太直接的这种关系。我觉得把主持人细分来讲，新闻类和其他的综艺类、少儿类是不一样的。那么对于新闻类的主持人，更加体现的是一种社会责任，应该体现非常的专业和持续久。那么才艺对他们来讲，并不是说我觉得非常非常的重要。

孔　洁：看了各位的才艺表现，第一个念头是如果现在让我考这个主持人的话，我是考不上的。那么才艺在我们的节目当中有没有意义呢？它有一点意义。比方说我们做春节晚会，其实是提前的，可是作为主持人来讲、演员来讲，包括我们现场的观众来讲，都需要表达春节时候的这种气氛。那这个时候就有一定的表演的性质在里面，如果你一点都不懂表演的话，那恐怕也是不能很好地表达这个晚会的主题和在当时气氛下所应该有的情绪。

田　歌：在我所看到的所有的主持人大赛，甚至模特大赛，这期间都有才艺展示，我想问问咱们的评委，你们怎么看待，既然生活中、工作中才艺并不重要，它又列为考试的一个环节呢？

滕矢初：为什么都把才艺作为一个比赛的项目，不仅仅是因为它好看，学艺术、学音乐，更多的是学一种创造性的思维，学一种高度的审美。而且学这种敏捷的反应、良好的记忆力和这种发挥正常的、使自己不打折扣的心理素质，从这方面会才艺是有用的。比如说穿白衣服的这个女孩，她很沉静、很稳，说明心理素质很好，这跟她学中国的这种民乐(有关)，而且这种民乐，很多曲子都非常深沉，对于锻造她的这种性格和这种心理非常有好处。另外，那个小伙子跳舞跳得非常好，很具有专业的水平，为这个也多得了不少的分，证明也没白练。但是这个东西对他、对他锻造的性格，包括这种美感、他平常的气质，我觉得也是有好处的。所以我觉得学才艺，主要目的是在这一点上。

尹　鸿：之所以在我们所有的比赛当中都有才艺，其实这个原因非常简单，就是因为你们在电视上比赛，所以为了让你们的比赛变得在电视上有更多的观众去观看，更好看，决定了你们必须要参加才艺比赛。

吴　郁：我觉得不仅是作为主持人来讲，实际上我们社会对年轻人，学才艺都功利性太重，这个东西我们主持人不能把它作为一个功利性的东西提高自己的分值，提高别人对自己的评价，不要这样看这个问题。

贺贝奇：做一台晚会，才艺的表现也是很需要的。但是不是下次再商榷一下，在才艺这个环节上非要列入到我们打分必须要打的一个步骤，你是放在打分之前，还是放在打分之后，这个很重要。

田　歌：我也深知才艺不会成为我们第一线工作的主要内容，但是为什么在比赛中要有这样的环节？因为才艺可以美化人的形体，可以让人的精神境界丰富。那么一个出色的主持人，不说是主持人，就是说一个出色的普通人，都应该有这样的素质。所以我觉得即使新闻组，我们没有机会表现这个，但并不代表我们的采访当中不接触这个内容。一句话，艺不压身。我认为比赛环节就应该有这个环节，只是，是否应该占主要的分数。我知道咱们现场有很多的观众，观众在那天打了分，今天可能还有许多的问题。

观众五：刚才提到主持人的才艺问题，我觉得我小时候的梦想就是当主持人，但是我不会唱歌，所以我想那我就没有机会了，所以这些年就没有朝这个方面努力。所以我想，如果在以前我听到这样的话，可能我以前的工作发展方向会有所侧重的。今天，听各位朋友、各位老师的话，感觉非常好，我也学到了很多的东西，所以我也在这儿表达一下对大家的谢意，谢谢！

观众六：看了你们的比赛，我想我有一个疑问，就是你们在比赛的过程中，就是回答的那些问题是之前划了范围呢，还是真的即兴发挥的？

李　英：是即兴发挥，但是我们在培训的过程中会有一个相关的题型的培训，大范围的。

罗　强：自己出题自己答，但是评委出什么题我们不知道。

游中彬：但是你刚看了我们这些选手的回答问题都是即兴的，肯定没有专门训练过，你觉得不精彩吗？

观众七：我觉得看你们在场上精诚合作的表现给我的感动挺大的，但是我想问一下，就是说在台下你们真的会那么精诚合作吗？

选　手：是。

观众七：没有说在背后发个暗枪，放个暗箭什么的吗？

选　手：没有。

田　歌：滕矢初老师，大家可能更多地认识您，是您在各种国家级的大赛中担任综合素质评委。据我所知，国外各类比赛都非常的单纯，模特就是模特，声乐就是声乐，可是我们所看到你所参加的那种比赛都有非常复杂的综合素质比赛，是不是过于把咱们这个比赛门槛放得太高了，究竟是出于什么样的考虑？

滕矢初：之所以增加综合素质这一项，这是大奖赛发展到第八届的时候，在前七届都没有。发展到第七届的时候，我们当时发现一个非常重大的问题，我们辛辛苦苦赛出的一些金奖、一些银奖选手就都默默无闻了。为什么默默无闻了，为什么不培养他们呢？一些作曲家讲，我新写的电视剧，我把他叫到录音棚来录音，我才发现他连谱都不识，那么你那首歌唱得那么好？他说，那我是听磁带听一年才听会的。所以这样的话，他虽然得了金奖，他很难工作。后来他们说，这个得考他们识谱。后来就发现，这个歌词不知道是怎么回事，就试试考几个人，你说划龙舟吃粽子是纪念谁？他说，不知道。他说，有一个人后来跳了一条江了，他是诗人，还写过《离骚》。后来就发现这种情况下不能继续了，于是在第八届就设立了综合素质，就认为如果他要得一等奖，要得金奖或者得银奖，他除了歌唱得好以外，还要具备一定的专业知识和起码的文化知识，就是这么一个出发点，所以设立了综合素质。

尹　鸿：我觉得跟我们国家的艺术教育特别有关系。实际上，在西方国家，这些小孩子学艺术，他从小学到大学，不像我们那么早，五六岁、七八岁，就开始让他专攻艺术，其余的东西基本上都等于文盲，这种情况在西方国家会非常少，这也是后来为什么做专业素质考试。因为我也参加过，我和滕老师合作过一次，后来发现很多笑话，就是你会觉得对于小学生是常识的东西，他可能不知道，但是不能怪这些选手，是我们的一些教育机制和教育体制带来了这样一个非常狭窄的发展。从这个意义上来讲，他们多才多艺，比如说他们有自己的主持专业、自己所学专业的同时又多才多艺，这是一个发展方向。这个方向虽然不能成为我们评判这些选手的专业水平的最后的评判标准，但是它对培养我们这些年轻人的全面素质、对生活的感知能力、体验能力，应该说是有好处的。

田　歌：周星老师和咱们台上获二等奖的选手，你们怎么看待这次大赛一等奖的空缺？

周　星：那我觉得这是好事。主持人代表什么呢？参赛的时候代表观众所期待的一个全面素养的人，必要的赛是要的。至于这个赛，在评委打多少分的时候我就可以考虑，但是我特别要提出反对的一个东西，就是当我们在观众不断对学艺术的人或者是主持人他们的文化素养下降所谓忧虑的同时，拼命加强素养防止一个倾向。一个歌手一个舞蹈演员和一个主持人要求全面素养，我觉得值得思考。但是评委非常公正，如果没一等奖，我觉得是很好，不然得了一等奖，踏入那个怪圈，所有的一等奖人最后都默默无闻。

李　玲： 其实我觉得是这样的，因为那天老师们包容的眼光使我偶然的拿到二等奖，这是我首先想说的。接下来就是回到我们田老师说到的问题，对于一等奖空缺怎么去看？我觉得其实是给我们提出一个思考的问题，那就是我们对于一等奖，距离我们还是有的，而且这个距离不是分数的距离是质的距离。刚才滕老师说到我的这个问题就是平和的这个的问题，我觉得非常非常地接受，在这里我给老师行个礼，因为这是一直以来我没意识到的一个缺点，谢谢！然后我觉得是这样，因为刚才您谈到这个亲和力的时候，这是以后我应该努力去做的。那么在那一天，我觉得很多的掌声很多的鲜花，我觉得并不代表着未来，刚才很多老师说了，我们今天的成绩，其实是一个偶然，在以后的路途中，我们还会更加的去努力，我们要向真正的一等奖去冲刺。谢谢！

罗　强： 对于一等奖来说，对于我们来说，确实距离非常遥远，我们达不到这个程度，对我们坐在台上的选手和在台下的选手和所有的选手来说都是下一个目标。我们还需要积累太多太多经验，刚才我也说过，如果凭内涵、知识文化来说，我一定要向董璠学习，如果不向她学习的话，停滞不前，如果被二等奖冲昏头脑，只是被这样的一个才艺奖冲昏头脑，就不可能有一个更加进步的一个想法，去让自己充实，人外有人、天外有天。

田　歌： 主持人是当今令人羡慕的一个职业，也是大家关注的一个职业，我想北京电视台搞的这次主持人大赛实际上是给年轻的朋友搭建一个放飞梦想的这么一个平台，既然是大家关注的一个职业，大家就会有期待值，甚至还有一些意见和观点。我也进行了一些外采。

外采小片：（略）

江　平： 这“贫”就是要贫嘴，还有一种就是贫乏，不知道用什么词儿来主宰自已今天这台晚会，太随意。第二是闹，这个闹就表现在觉得自己好像要点怪样儿，做点儿怪腔啊，甚至就是跟这个观众乱调侃几句，好像现场很热闹，这不是热闹，而是闹腾。第三就是虚，虚表现在哪儿呢？说的话都是些不着调的话，肚子里没有东西。

李春武： 学习不够，一般的情况都是注意形象方面的东西可能会更多，但是在内涵上面，这点容易是一个弱点。

胡正荣： 还是风格非常的不明显和突出。为什么这样说？本来主持人是非常个性化的一个职业，而且主持人带给你的信息是一种个性化的对于信息的表现。但是我们看到的东西往往都比较大众化。另外一个问题在哪？就是主持人的能力和水平还是急速有待于提高的。比方说基本的常识性的错误，我们已经谈了多少年还在犯，包括场控的能力、控场的能力。因为你作为一个现场节目的主持人，你要对现场的嘉宾现场的观众和整个节目元素的调动你是要有能力的。那么在这个能力上讲也是比较缺乏的。

田　歌： 我们刚才采访的是一些街头观众和一些专业人员，我不知道在场的这些选手。你们既然是选手，其实你们也是观众.，可能对当今主持人的缺陷，你们的眼睛也是雪亮的，有没有补充他们的？

董　璠： 我的一个比较大的感受吧，我始终还是认为知识是力量。我认为一个主持人，他必须具备一定的文化素养。我们的主持人，他很可能在很多情况下只是因为有一个很好的外表或者挺能调动气氛，然后就被选进台做一些节目，并没有基本的像刚才老师说的这些采访的功底。当你进入这个行业之后，你会发现你很忙碌，每天都有很多的工作要干、要去做，然后你会缺少很多的时间去给自己继续充电，然后这个缺憾就一直留下来，一直留下来，就总是有一个缺口在那儿。

李　英： 好的节目主持人，他应该具有诗人一般的想象力、农民一样的吃苦耐劳的精神。你想一个节目的一半可以说是主持，那么主持的一半就是内涵，所以一个好的主持人的内涵应该就有文化底蕴的智力支撑。

杜　凯： 我希望主持人更加的真实、更加的贴近观众，说他们想知道的，说他们想听的，这是最重要的。

田　歌：刚才李英说了，一个好的主持人应该有诗人一样的想象力，能像农民一样能吃苦。但我接触到这次的选手当中，有一种选手说是，因为他曾经就是记者，他为什么来参加主持人大赛，是因为记者太苦了，主持人可能会比记者轻松一些。我知道还有这么一句话，你选择了一种职业，你可能就选择了一种生活方武。那么你们如果说是想把主持人当成你们未来的职业的话，你们是否想象过你们的生活状态或工作状态是怎样的？

李　玲：在20岁的时候，他们要做30岁的事情；在30岁的时候，要考虑40岁的事情，会想未来的事情，不停留在现有的位置当中。我觉得如果我要是想做一个好的主持人的话，那我想我应该把所有的精力都投入到这个职业当中来。作为我们每一个人，不应该把主持人当做是一个耀眼的光芒，我觉得应该当做是我们生命不可缺少的一部分，就跟我们左手和右手是一样的，跟我们的心相连是一样的，就是平民地来看这样一个职业就好了。

游中彬：作为一个主持人，我觉得我有一个很重要的前提就是你必须要喜欢这份工作。可能有人会把自己所选择的工作只是作为一份工作来做，可能只是一种谋生的手段而已，或者说得更简单一些就是养家糊口。我觉得这只是一个浅层次的东西，而作为一个主持人必须要把它作为一种职业来对待，是你生活的一个部分，必须投入你的热情，是一种原动的东西。我觉得我对主持人这个职业的认识是逐步逐步、一步一步的变化。最开始你可能是意识到这样，你觉得做主持人这样的职业非常的光鲜，你会面对那么多的观众，很多人瞩目于你，就像很多闪耀的星星一样。后来看了很多的书，而且自己在不断地实践和实习过程当中，你发现主持人更多的是一种服务，而且你要热爱你的观众。

田　歌：我想问问咱们四位主持人，你们能告诉我们，你们的生活是怎样的吗？

孔　洁：我们现在是这样，《世界报道》三个主持人。一天一个半小时，三档节目。不管是生病还是什么，这是你的工作必须要做的。这个职业是很枯燥的，我们每个月有30天里面有10天是夜里12点以后回家，是一个非常非常辛苦的事，一年到头就是这样一个工作节奏。

贺贝奇：这个行当我觉得很辛苦，工作是第一位。如果一个人把工作当成第一位的话，那么你的其他业余时间过得不会是非常精彩的，因为很多的时间不是受你支配的。然后还有就是有若干只表，哪儿看到的都是时间，都要准时。你心里边快觉得可能是一个恍惚，两个要对一下，你心里才觉得踏实。这样子一种职业，是很机械的一种工作，后来我把它总结一下，其实这是一种责任，是一种对自己的责任，同时也是对观众的一种责任，这样才能把这个工作做好。

赵　宁： 像刚才贺贝奇说的，主持人这个职业，说实在的，你的这个付出啊，不能够让自己感觉……觉得我付出得特别多，其实你的付出永远赶不上你的收获要大，因为你干上主持人这一天，你就是一颗星儿，不管你有没有成就、你干了什么、你干得好与坏，你进来这天你就是星儿了。给我的感受是，它和我的生活最初的愿望落差极大。我本来是一个挺平庸的一个人，结果到了那个环境里，觉得我是挺行的。这个职业决定了它有特殊性，所以我更追求一种真实的东西。

孔　洁： 刚才赵宁说了，你到了这个位置上就像一颗星儿了，但是你真的要成为一颗星儿，让大家能够接受你，自觉得来欣赏你，这样的话需要一个很漫长的过程。我一直相信一句话，你有了这个机会，给了你平台，大家认识你了，但是认识你跟喜欢你是两码事。

田　歌： 当主持人你拥有别人没有的光鲜，你不拥有别人拥有的生活，不管你怎么样地努力想关注自己的身体或者是自己的家人，还是忽视了自己身体和自己的家人。就像赵宁说了，我其实挺想做一个平庸的人，但是你在了这个位置上，就没有权利平庸，因为你面对的所有的人，你的节目是要对所有的人负责的，你只有一个字两个字，那就是努力。

游中彬： 丛薇老师，我知道您是北京电视台第一位女主持，我就想问您从业那么长时间，你看过那么多主持人，您觉得一个好主持人应该具备那些素质？

丛　薇： 好的主持人具备的条件是挺多的，比如说像思想修养、学识水准、还有业务水平、形象气质等等吧。另外主持人要找准自己的定位，我们要把自己摆在和观众平等的位置上，而不是要单纯地去展示自己，就是我们实际上就是要传达那些观众所需要的那些东西。

田　歌： 那在你们各位的心目中，主持人是什么？

游中彬：观众的朋友。

罗　强：信息的传递者。

董　璠：主持人其实就是一个管理者，是一整个节目的管理者。

杜　凯：观众和节目之间的桥梁，是一个节目当中的灵魂。

段　烨：他是一个服务者。

李　玲：主持是我们要保证知识的专业化、职业的技能化、精神的人文化和风格的个性化，那这个就是我们做人的品德。一个好主持人，他不光是有内涵，有光鲜的外表，更重要的是，他要做一个标准的人。

田　歌：好，谢谢各位由衷的话语，也谢谢各位能够参加这次大赛和今天的节目。我想今天的节目就是北京电视台主持人大赛划上的句号，这只是北京电视台为大家搭建的一个平台。我知道对于你们来说，这次大赛在你们生活的旅途中只是一个逗号，我想在此允许我代表北京电视台由衷地祝愿每一位朋友，在自己未来的生活和工作当中，用自己的激情和热情去书写出一个一个美丽的惊叹号！好，观众朋友们，咱们下次节目再见！

2. 娱乐资讯类节目主持人刘仪伟的部分主持词

《半块香皂》

有位上海观众来信说他想呼吁相关部门授予某家餐厅卫生先进单位称号，的确，现在能在菜里吃出半块香皂的餐厅真的不多了。

《代沟》

代沟现象越来越厉害。一位母亲对女儿非常生气：这就是现代的年轻人！16岁就交上了男朋友，却忘记了自己母亲32岁的生日。

《生病》

现在的孩子懂事都早，吴与同就是。有一天她妈妈病了，浑身没劲儿，躺在床上，说做不了饭了，吴与同一挽袖子，说，妈妈，我扶你去厨房！

《女秘书》

有资料显示，上海的秘书行业现在很不吃香，一个岗位竟然有68个人在抢，想当秘书不容易，特别是女秘书。也不知道为什么，和别的行业不一样，现在竟然没有老板愿意要有工作经验的女秘书。

《天的女婿》

以前我们看《三国演义》的时候，曾经看到诸葛亮和别人斗嘴，讨论谁才是天的儿子。今天我们把这个问题重新提出来：天的儿子是谁？天的女儿是谁？天的女婿又是谁？在下的答案是这样的：天的儿子叫我材，因为天生我材；天的女儿叫丽质，因为俗话说，天生丽质。（台下：那天的女婿呢?）小蔡，不该你发言的时候不要发言。天的女婿你不知道？李连杰啊，因为他的老婆就是利智。

《不在服务区》

自从孙悟空三打白骨精之后，被唐僧遣送回原籍。话说有一天，唐僧在西行的路上又碰到了妖怪，面对两个无能的徒弟，唐僧痛心疾首，这才想起被他赶走的大徒弟悟空。他对着天空喊道：（配音）悟空，快来救为师啊。（回音：啊啊啊啊）1/4 炷香之后，传来这样一个声音：（电信回音）您呼叫的用户不在服务区，嘟嘟嘟嘟……

《小偷》

前段时间晚上熬夜录节目，结果家里进了贼。我太太在家，听到有动静，也顾不上开灯，下床抄起扫帚就打，一边打还一边骂：让你回来这么晚，还不打电话，让你学严守一……哦，把小偷当成我了。这一通暴捶，揍得小偷是哭爹喊娘喊救命。邻居听着了，赶紧打 110 报警，没一会儿，警察来了。一见警察，小偷“哇”地放声大哭扑上去就握住警察同志的手：谢谢人民警察的救命之恩呐。

《情侣打架》

现在不知道为什么，年轻人的火气都特别大。那天，我在街上看见一对情侣打架，那女孩儿抡胳膊抽男孩儿耳光，一点儿面子都不给男孩儿留，太狠了。不过，更狠的是那男孩儿，他竟然泼了女孩儿一脸水，把女孩儿妆给卸了。

《人造美女》

中国首届人造美女大赛 8 月将在北京举行。组委会表示：要把人造美女与自然美女区别开来，这样比较公平！我觉得区别开来也简单，多设几个技术奖项，比如最佳缝合奖、最佳面部抛光奖，对了，还有最佳原材料奖。依照惯例，获奖者都要发表感言。我替最佳人造美女的获奖者虚拟了一封感谢词：没想到自己能获得最佳人造美女奖，我真是太激动了。感谢我的脸蛋百忙之中赶来参加比赛；感谢我的肚子，它是为这次比赛作出了巨大牺牲；我还要感谢我的双眼皮、我的酒窝、我的鼻子、我的眉毛……我的成功和它们的配合是分不开的，这个奖不单属于我个人，更属于我们这个集体。

3．2003年7月“手拉手”晚会上主持人曾志伟、杨澜、凌峰、朱迅的主持词

凌　峰： 两个非典型的美女，两个典型的丑男，丑男对美女有很好的衬托作用。不过，我们两个丑男证明了一句话：有用的不一定好看。

杨　澜： 在云南这样一个地方，你想深呼吸就深呼吸，想打喷嚏就打喷嚏，想发烧就发烧——

朱　迅： 发烧干嘛呀！不过云南真的是好棒，SARS期间竟连一例疑似病例都没有。

杨　澜： 曾大哥，你在香港那几个月憋坏了吧？都干了些什么？

曾志伟： 还不就是乱吃药、戴口罩、搞清洁、不睡觉……

杨　澜： 听着怎么这么耳熟啊！我们很多人都收发过类似的短信，它给我们带来很多乐趣。不过，这段时间我们养成了很多好习惯．比如吃饭前知道洗手了，男人不往外乱跑了，同时厨艺还提高了。

凌　峰： 在SARS期间，我的那些亲戚可享福了。

杨　澜： 亲戚？

凌　峰： 就是那些野生动物，我太太称我就像“野生动物”不可教化。

杨　澜： 对对，野生动物本来就是不该上饭桌的，人和动物应该和平相处。

凌　峰： 我们山东有着全国最长的海岸线，人们互相提醒小心鲨鱼，可我看到鲨鱼也树块牌子，上面写——小心人类！

杨　澜： 经过一场SARS，人与自然应该学会相互尊重。

4. 第15届台湾金曲奖颁奖典礼上张菲和王菲的对白词

张　菲：各位嘉宾，大家晚安，我是张菲。

王　菲：大家好！我是王菲。

张　菲：能够和王菲小姐一起颁奖，对我来说是三生有幸，感觉到非常的荣幸。

王　菲：我也是。

张　菲：在我的印象里面，王菲小姐是平易近人的，从大会说我和王菲小姐一起颁奖，我好几天没有睡觉，沾沾自喜，结果听说王菲小姐是不太爱说话的人，结果，真的是这样。我觉得她比我轻松多了，她刚刚在看所有的人都在表演，说都交给你了，您一点都不紧张吗？

王　菲：但是你把词都改了。

张　菲：您真厉害，你这一句话告诉大家我有多紧张。今年我和王菲小姐，我们想请她颁奖，金曲奖有很多年颁奖的历史，能够在今年请您来不容易，是什么风给您刮来的。

王　菲：没有这一句。

张　菲：原来你习惯背稿子，我们照稿子来，稿子上是什么？

王　菲：刚才听上了您的歌喉，觉得不错。

张　菲：真的吗，大家不熟，不知道这是不是真的，是真的吗？您这一句话比卖20万张还重要。我们知道王小姐刚好这一次，菲小姐，哦，王菲小姐刚出新专辑《将爱》，所以这个风把您刮来，我也是这次以音乐人的身份，不然以前想来参加颁奖的话，拿不到票，而这次专辑刚好和您的《将爱》碰上。

王　菲：我不紧张。

张　菲：但是我紧张，我希望明年这个时候可以角逐最佳新人奖。

王　菲：是不是资格太老了点。

张　菲：那您的意思？

王　菲：要不然终身成就奖吧。

张　菲：终身成就奖还是让给费玉清好了。我还要耽误大家两分钟，我们俩都有一个“菲”字，我们能不能有机会，我不能保证能不能出下一张专辑，如果卖不好的话，就没有下一张专辑，我们可以出一张合辑，可以用《比翼双飞》。

王　菲：有点肉麻，你就别想入非非了。

张　菲：好，入围国语最佳男演唱人有：陶喆《Ultrasound 乐之路》、陈奕迅《黑白灰》、伍思凯《爱的钢琴手》、王力宏《不可思议》、周杰伦《叶惠美》。这个奖项竞争强烈，大家势均力敌，每个人都到了炉火纯青的地步了，这个奖的揭晓还是由您来吧。因为您很少参加这个奖项。

王　菲：得奖者是伍思凯。

5. 2005年春节晚会上主持人李咏和董卿的部分串联词

《爱情三十六计》刚刚唱完

李　咏：董卿啊，你听听，刚才这歌，说什么——谈情说爱36计！

董　卿：其实，别说谈恋爱了，就说这居家过日子吧，难免磕着碰着，说不定要有72计呢！

李　咏：那邻里关系呢，难道还要108计？（后台传来吵架声、快板声……"你你你，怎么了你？哪里来的大脾气！""吵吵吵，吵什么吵，受了欺负就要吵……"）

李　咏：唉，这是谁啊，怎么说着说着，就吵起来了？

董　卿：咱们去看看。

……

董　卿：李咏啊，你知道现如今最时尚的词语是什么吗？

李　咏：那可太多了！现在不说OK了。都说"OKE"了。不说没问题了，说是"NO PROBLEM"了，就连"酷毙了"，也是N年前的词了，早过时啦！

董　卿：认识你这么多年，才发现你可够能忽悠的！

李　咏：就说这"忽悠"吧，我查了半天辞典，也没查到从哪来的。但是，生活里真有特别能"忽悠"的。其中啊，有的是大能人，有的可是大骗子！

董　卿：瞧，在好几届春节联欢晚会上都闹过事儿的那位大"忽悠"，今年可又来了！

赵本山与两个徒弟和范伟一同上演了一出《功夫》

6. 第12届CCTV青年歌手电视大奖赛中董卿与参赛选手的部分对白词

董　卿：你们是开赛以来的第一对汉族的原生态选手，请问是来自辽宁的什么地方？

选　手：我们来自丹东市。

董　卿：是来自北水南调工程的丹东市吗？

选　手：是的，我们就住在九连城水库边，过了不多久，北京的市民就能喝上清亮的丹东水了。

董　卿：谢谢，不过在喝到清亮的丹东水之前，我们已经听到了你们清亮的歌声。好的，让我们一起来看看你们的得分情况。

（点评：寥寥数语，就已显示出董卿的知识修养。显然，她若是不注重平时的学习和积累，就不会有这么精彩的对话。而这正是她在主持中收放自如的重要内因。）

董　卿：我知道你们（TNT组合）当中有一位是在今晚度过21岁的生日，是哪一位？你知道吗，今天在评委席上有两位评委也在今晚过生日，他们是梁宁和陈小奇。他们和你一样为了这次大赛不能和家人团聚。但是这些天大家相处下来。就像是一家人一样融洽，就请三位选手清唱两句生日快乐歌来感谢评委的辛苦付出。

（点评：祝福生日快乐的歌声像一股暖流融进每一个人的心中，台上台下沉浸在一片温馨之中。“受众为本”是传播观念的时代特色，董卿在节目中以人为本，充分尊重参赛选手，尊重嘉宾和受众，表现出了强烈的人文关怀。在人们的心目中勾勒出了一个淳厚善良、善解人意的董卿。同时，这也从一个侧面体现了综艺节目女主持人的性别优势。）

一对来自阿坝地区的羌族兄弟选手演唱的《羌族酒歌——唱不起了》得分很高，但素质考核为零分。董卿为了缓解兄弟俩的尴尬，临时加入了一个小环节。

董　说：就像这对来自深山的选手不了解外面的世界一样，我们对他们民族的文化也未必知道。我现场替他们给评委和观众们出一个题。请问佩戴在兄弟俩脖子上的这个银制的小壶是干什么用的？请回答。

评委们纷纷抢答，顿时，场上场下气氛十分热烈，十几秒后，无人答出，董卿考虑到整个比赛的进程，赶紧转场。

董　说：刚才没有一位是答对的，请这对选手告诉我们正确答案。

选　手：是进山打猎时用来装油和盐的。（现场报以热烈的掌声）

由北京电视台选送的一位女选手在演唱的过程中，演出服出现了一些问题。台上台下气氛异常。

董　说：刚才在演唱的过程中，我们都看到了你的演出服出了一点小问题。这会影响你的发挥吗？

选　手：刚开始的时候有，但是投入到歌曲的表演中后就忘记了。

董　说：我刚才从作为一名观众的角度来看，你表现得非常镇静，这是一个优秀的歌唱演员所具备的素质。

选　手：谢谢！

7．中央电视台2006年春节联欢晚会主持人·串联本

朱　军：中国中央电视台！

李　咏：中国中央电视台！

周　涛：亲爱的观众朋友们——

六　合：春节好！

朱　军：盛世迎春，万象更新，这里是中央电视台2006年春节联欢晚会的直播现场！

李　咏：送走金鸡，迎来瑞犬，伴随着普天同庆的喜悦，一年一度的春节联欢晚会，又和大家见面了！

董　卿：国泰民安乾坤颂，张灯结彩大拜年！

泽　群：在这辞旧迎新的时刻，首先我们向全国各族人民——

芳　菲：向香港特别行政区同胞，向澳门特别行政区同胞——

周　涛：向台湾同胞、海外侨胞，向全世界各国的朋友们，道一声——

六　合：拜年啦！！

朱　军：祝大家——

六　合：新春快乐！万事如意！

欢快的音乐中35家电视台新春使者上台联合大拜年

朱　军：观众朋友们！今年的春节联欢晚会，我们继续发挥开门办春晚的优势，更加展示新的亮点！

周　涛：今天，全国各地方电视台都专门选派了主持人作为新春使者和我们一起：张灯结彩大拜年！

35家电视台新春使者集体亮相

朱　军：观众朋友们，国正天心顺，丰年盛世情！

周　涛：迎祥纳福百家姓，天地人和——

全　体：万——事——兴！

进入歌曲《百家姓》

演　唱：满文军（大陆）、谢霆峰（香港）、庾澄庆（台湾）、李　菲（澳门）。

伴　舞：少林塔沟武校。

进入化妆相声：《跟着媳妇当保姆》

表　演：冯巩、朱军、牛莉

相声结束，进入热线互动（一）

泽　群：观众朋友！随着晚会节目的进行，中央电视台主办的“民生21金维他杯·我最喜爱的春节晚会节目评选活动”已经开始。欢迎电视机前的观众朋友们为您最喜欢的节目和演员进行投票。

芳　菲：投票有几种方式：编写您最喜欢的节目名称或者演员名字，正月十五以前，中国移动、联通用户，发送至2006，小灵通用户发送至9999。您也可以在正月初五之前寄出您的选单，选票刊登在2006年第一期至第四期的中国电视报上。

泽　群：除此之外，您也可以在正月十五以前登陆中央电视台互联网络WWW.CCTV.COM进行投票；还可以拨打春晚热线：16899999、116996996。幸运观众将获得由“湖南太子奶集团生物科技股份有限公司”提供的吉祥物金狗旺春。

泽　群：观众朋友们，2006年的春节联欢晚会，将以五个频道同时向全世界进行直播。除了第一套综合频道之外，第四套的中文国际频道、第九套的英文频道、还有新闻频道、西班牙语和法语频道都将同时进行播出。

芳　菲：同时，还有中央人民广播电台、中国国际广播电台，同步进行现场直播。好，请您继续欣赏晚会的节目。

董　卿：今天的现场观众中有不少老年朋友。我们中国人喜欢说老有所乐，乐在了一起，就乐出了一个好年头。就乐成了我们下面要为大家表演的一个具有典型皮影戏风格的舞蹈。

李　咏：这些表演者都是来自基层社区普通的老人和孩子。在老年朋友中有的原来是机关干部，有的是教师，有的是会计，也有的是家庭主妇。现在就请大家欣赏这个舞蹈——《俏夕阳》。

进入舞蹈《俏夕阳》（唐山市社区表演队）

舞蹈结束，留下一老一小

周　涛：看了这个舞蹈，我们真的是感到天地人间，老少和谐，乐在其中。现在我们就来采访一下他们中间年龄最大的和年龄最小的表演者。

周　涛：大妈，您今年高寿了？

老　人：74岁。

朱　军：小朋友，你今年多大了？

孩　子：4岁。

朱　军：中间整整相隔了70年。二位向全国的电视观众拜个年吧！

老　人：我祝全国所有的小宝宝们快快乐乐！

孩　子：我祝全国所有的爷爷奶奶们健康长寿！

周　涛：我们也祝贺这一老一小新年快乐！

赠台大熊猫之一（公布十对名字）

周　涛：观众朋友！当前大家都在关注的一个热点话题，那就是为赠台大熊猫征集乳名。最终的结果，今天将会在我们的春节晚会上揭晓。

朱　军：向台湾同胞赠送大熊猫，将使两岸亲情更浓。不久前经过专家从23只大熊猫中精心遴选，最终确定为16号和19号。现在就让我们来了解一下这对幸运的熊猫宝宝的近况。

播放《熊猫趣话》

朱　军：好可爱的一对熊猫宝宝。为它们征集乳名的活动得到了海峡两岸同胞，以及全球华人的广泛响应和积极参与，已为它们起了7万多个乳名。几百万人为一对大熊猫起名，这还是破天荒第一次。

周　涛：现在屏幕上是认同率最高的前10对乳名。它们分别是……究竟哪对能够最终成为赠台大熊猫的乳名呢，决定权就在电视机前的观众朋友您的手里。

朱　军：您认为哪对乳名最好，就请编辑候选的乳名发送短信，中国移动、联通用户发送至2006，小灵通用户发送至9999。您还可以拨打春晚热线：16899999、116996996。如果您的选择与最终结果相同，将随着我们的抽奖活动作为幸运观众可能获得珍贵奖品。

周　涛：我们的奖品，一等奖是2008北京奥运会开幕武入场卷；二等奖2006年春节晚会的吉祥物金狗旺春；三等奖是中国集邮总公司主办的2006年春节联欢晚会拜年封。祝大家好运！

周　涛：老话说，忙年，忙年，好像越是过年，人们就越是忙碌。特别是日子过好了，心情舒畅了，过年就越是显得忙碌。

朱　军：是啊，你就说虽然今天是大年三十吧，可是到现在许多人还在各个不同的岗位上忙碌着。下面我要给大家介绍的这个人，她的这个除夕忙得真是有点意思。

进入小品《马大姐外传》

董　卿：李咏，打听一下，你喜欢听歌吗？

李　咏：喜欢。

董　卿：民族唱法的歌喜欢吗？

李　咏：喜欢。

董　卿：美声唱法的歌喜欢吗？

李　咏：喜欢。

董　卿：原生态唱法的歌喜欢吗？

李　咏：喜欢。

董　卿：把三种唱法组合在一起演唱的歌你喜欢吗？

李　咏：喜欢……没听过。

董　卿：下面演唱的歌曲就是这样一个别具特色的组合，第一次在春节晚会联手。由著名歌唱家吴雁泽、戴玉强和从星光大道走向春晚舞台的农民歌手阿宝演唱《草原上升起不落的太阳》！

歌曲《草原上升起不落的太阳》

主持人上场，舞台《响亮节拍》演员摆造型

朱　军：周涛，我想阿宝一定是吃饱了，喝足了，所以能把一首歌的调门唱得那么高。

周　涛：此话差矣。人家都说饱吹饿唱，我倒觉得是阿宝为了唱好歌有意没吃饭才唱得那么高。

朱　军：确实三种不同的歌喉交汇在一起，给我们带来了一种全新的感受。下面大家将要看到的这个舞蹈，可以使我们通过多民族的联合演出，感受到2006年滚滚而来的春潮！

周　涛：请欣赏：响亮节拍。

进入舞蹈《响亮节拍》

主持人上，舞台小品置景

董　卿：观众朋友们，开门办春晚，我们得到了全国各地方电视台的大力支持，为我们春节晚会的年夜大餐增添了各种风味的特色菜。对此我们表示衷心的感谢！

李　咏：下面的这个小品就是由湖北电视台选送的，这也是他们首次登上中央电视台春节联欢晚会舞台的语言类节目。好！请大家多多帮忙。多多捧场。请看小品《招聘》！

进入小品《招聘》

芳　菲：观众朋友们，中国联通拜年榜给全国人民带来新春的祝福。春节晚会从开播到现在，我们收到了来自全国各地的许多贺岁电报，中国驻世界各国使领馆也纷纷打来了新春祝贺的电报。

泽　群：这些电报其中有……（宣读）

进入歌曲《五福临门》

李　咏：观众朋友，今年春节联欢晚会，全国32家地方电视台以及港澳台电视机构，除了推荐节目，还派出的新春使者，向观众朋友们张灯结彩大拜年。

董　卿：去年新春使者喜送春联给大家留下了深刻印象，今年的新春使者专门为大家喜送灯谜。今晚的灯谜可以说是丰富多彩，请现场和电视机前的观众朋友们都一起来参与，好不好？

李　咏：好！首先由第一组新春使者来为大家敬献灯谜！

董　卿：感谢来自天南地北的新春使者。通过各自送上的灯谜使我们充分感受到：真是东西南北中，八方味不同。

李　咏：刚才我们已经欣赏了一个来自湖北小品，下面我们再来欣赏一段来自湖南的相声。有请大兵、赵卫国！

进入歌曲《吉祥三宝》

朱　军：观众朋友！非常高兴地告诉大家：在今天的联欢晚会上，将有两位特殊嘉宾，来到我们的直播现场，为全国电视观众献上一件非同寻常的新春礼品。让我们隆重请出神舟六号英雄航天员：费俊龙、聂海胜！

周　涛：首先，向我们的英雄航天员表示崇高的敬意！请两位面对全国人民和海外同胞发表一下你们的新春贺语。

俊　龙：今天，我们代表祖国所有的航天工作者，特别带来了一件新春礼品，给全国人民和海外同胞拜年！

海　胜：这件礼品，是我和费俊龙在神舟六号飞船上专门拍摄的新春问候，在今天春节晚会上专门来献给大家！

周　涛：观众朋友，自从举办春节晚会以来，我们收到过无以数计的来自国内以及世界各地的问候，这是第一次收到来自遥远太空的问候。应该说真是一件我们今年春节晚会上最最珍贵的新春礼品了！

朱　军：现在我们就向全世界来首次播放这录自遥远太空的问候！

朱　军：观众朋友！让我们再次感谢两位英雄航天员和所有的航天工作者。同时，今天出席我们晚会的还有两位日常生活中感动我们心灵的人物，一位是带着妹妹上学的大学生洪战辉，一位是台风中入水救人的河南农民工巍青刚。

周　涛：观众朋友，在新春这样一个我们向亲人和朋友拜年的时刻。也让我们向日常生活在我们中间，却时刻感动着我们心灵的人们拜年！

朱　军：让我们以歌声和鲜花，向他们致意！也向全国各行各业的劳动者致以新春的祝福！

董　卿：李咏，生活在城市里的人，孩子长大一点儿之后，最关心的一件事情就是给孩子找一个好的幼儿园。

李　咏：这一点我确实深有体会。对于一个家庭来说，给孩子找一个好的幼儿园，几乎算是一件特别上心的事。

董　卿：是啊！可怜天下父母心嘛！对于农村进城务工人员来说，他们有了子女，这个问题也一样存在。

李　咏：确实是这样。他们融入了城市，城市也离不开他们。应该尊重他们和关心他们，特别是关心和爱护他们的后代子女。

董　卿：那就让我们一起走进这样一家幼儿园。

进入小品《打工幼儿圆》

朱　军：周涛，看到这些天真可爱的孩子，让我又想到了那对赠台的大熊猫。因为最喜欢大熊猫的就是孩子。大陆儿童盼望可爱的熊猫宝宝能够早日抵达宝岛台湾，台湾儿童更是盼望着可爱的熊猫宝宝能够早日到来。请看大屏幕——

大屏幕播放海峡两岸少年儿童为赠台大熊猫取乳名资料

周　涛：是啊！自从赠台大熊猫的消息一传开，台北市、新竹市和台中市三家动物园都纷纷为这一对熊猫宝宝争盖新居，并且争相邀请前来落户。

朱　军：观众朋友，到目前为止，已经收到海内外各界为赠台大熊猫征集乳名的总投票7万个，现在屏幕上出现的是这十对乳名中前五对得票率最高的乳名。欢迎大家继续踊跃投票，为熊猫宝宝起一对最美好的乳名。

周　涛：如果您的选择与最终结果相同，将随着我们的抽奖活动作为幸运观众可能获得珍贵奖品。我们的奖品，一等奖是2008北京奥运会开幕式入场卷；二等奖2006年春节晚会的吉祥物金狗旺春；三等奖是中国集邮总公司主办的2006年春节联欢晚会拜年封。祝大家好运！

朱　军：好，下面继续欣赏节目：我爱歌唱。

进入歌曲《我爱歌唱》

芳　菲：观众朋友们，中国联通拜年榜给全国人民带来新春的祝福。春节晚会从开播到现在，我们收到了来自全国各地的许多贺岁电报，中国驻世界各国使领馆也纷纷打来了新春祝贺的电报。

泽　群：这些电报其中有……（宣读）

泽　群：观众朋友！晚会已经进行一个多小时了，请您在欣赏精彩节目的同时，不要忘了积极参与中央电视台主办的“民生21金维他·我最喜爱的春节晚会节目评选活动”。欢迎电视机前的观众朋友们为您最喜欢的节目和演员进行投票。

芳　菲：投票有几种方式：编写您最喜欢的节目名称或者演员名字，正月十五以前，中国移动、联通用户，发送至2006，小灵通用户发送至9999。您也可以在正月初五之前寄出您的选单，选票刊登在2006年第一期至第四期的中国电视报上。

泽　群：除此之外，您也可以在正月十五以前登陆中央电视台互联网络WWW.CCTV.COM进行投票，还可以拨打春晚热线：16899999、116996996。幸运观众将获得由“湖南太子奶集团生物科技股份有限公司”提供的吉祥物金狗旺春。

芳　菲：请大家继续欣赏节目：在下面的舞蹈中，一群活泼的剪纸姑娘也将为您带来美好的祝福。

进入舞蹈《剪纸姑娘》

李　咏：董卿，有一句春晚小品中的台词不知你还记不记得？

董　卿：小品中有意思的台词可实在太多了，你说那一句啊？

李　咏：就是这句：干嘛~~~！干嘛~~~！（模仿小品装修的台词）

董　卿：当然记得。我相信观众朋友也一定记得。去年春节晚会上，小品装修中的那个黄大锤给大家留下的印象实在是太深刻了。

李　咏：是的。去年的黄大锤闹出了不少笑话。大家也许不会想到，今年的黄大锤在一所新居中又惹出了不少麻烦。

董　卿：请欣赏小品《邻居》。

进入小品《邻居》

周　涛：朱军，刚才新春使者给观众朋友送去了那么多好玩的灯谜，现在我们也来猜几个灯谜怎么样？

朱　军：那好，你先说，你来猜猜：一群胖丫头，锅里翻跟头……

周　涛：饺子！太简单了，我出你猜：水煮银元宝，过年少不了……

朱　军：也太简单了——饺子！我看，我们也来请现场的观众朋友们猜一个怎么样？

周　涛：那我出谜：北方飞来小白鹅，三十晚上跳下河……

朱　军：观众朋友们，大家说是什么？

观　众：饺——子！

朱　军：看来，过年家家都吃饺子。

周　涛：下面，我们还是继续请新春使者为大家喜送灯谜吧！

李　咏：董卿，把春节晚会比做视觉盛宴，应该说毫不夸张。节目里有好听的，也有好玩的；有开心的，也有感人的。接下来给大家来一个高难度惊险的怎么样？

董　卿：好啊，下面我们就请大家来欣赏一个杂技《绸吊顶技》。各位请注意：这个曾获国际大奖的节目中很多令人惊叹的绝技，会让我们一饱眼福。

进入杂技《绸吊顶技 》

周　涛：朱军，看了刚才这个杂技节目，我一直在想，如果把你吊到上面去，那会怎么样？

朱　军：你真得让我吊到上面去？那我就吊到上面去。

周　涛：你还真够实在的。

朱　军：做人要厚道。

周　涛：你这人还有个优点——好面子。

朱　军：人活脸树活皮嘛！

周　涛：你这个人最大的优点就是喜欢顺着竿儿爬。

朱　军：是，谁让是属猴的呢？——说谁呢？

周　涛：我发现了一个比你更实诚的人，和一个比你更爱面子的人碰在了一起，闹出了很多笑话。

朱　军：那就让我们一起来见识见识。

进入小品《实诚人》

芳　菲：观众朋友们，中国联通拜年榜给全国人民带来新春的祝福。春节晚会从开播到现在，我们收到了来自全国各地的许多贺岁电报，中国驻世界各国使领馆也纷纷打来了新春祝贺的电报。

泽　群：这些电报其中有……（宣读）

泽　群：观众朋友！晚会已经进行两个多小时了，请您继续热情参与中央电视台主办的“民生21金维他杯·我最喜爱的春节晚会节目评选活动”已经开始。欢迎电视机前的观众朋友们为您最喜欢的节目和演员进行投票。

芳　菲：投票有几种方式：编写您最喜欢的节目名称或者演员名字，正月十五以前，中国移动、联通用户，发送至2006，小灵通用户发送至9999。您也可以在正月初五之前寄出您的选单，选票刊登在2006年第一期至第四期的中国电视报上。

泽　群：除此之外，您也可以在正月十五以前登陆中央电视台互联网络WWW.CCTV.COM进行投票；还可以拨打春晚热线：16899999、116996996。幸运观众将获得由“湖南太子奶集团生物科技股份有限公司”提供的吉祥物金狗旺春。

芳　菲：下面，将要为观众朋友们展示一个芭蕾、古典舞和民间舞三位优秀艺术家联袂表演的岁寒三友图。请欣赏。

进入舞蹈《岁寒三友：松竹梅》

董　卿：李咏，问你一个问题：你是不是“耙耳朵”？

李　咏：你说的“耙耳朵”是不是四川的方言，就是怕老婆，北方人的说法就是“妻管严”的意思？

董　卿：看来你这么了解，一定是个“耙耳朵”了。

李　咏：不光我是，还有比我更严重的呢！

董　卿：好，接下来是四川电视台选送的小品《耙耳朵》，就让我们来品尝一下这道春晚盛宴的川菜小品《耙耳朵》。

小品《耙耳朵》

朱　军：周涛，一元复始，天下归春，我觉得，我们中国人在欢度新春佳节之际，眼前心里最喜欢的就是这个春字。

周　涛：是啊，从瑞雪迎春，到大地回春，一年之际在于春，万紫千红总是春，人间锦绣又一春。春字确实使人感到充满了生机。

朱　军：好！下面请歌曲《飞雪迎春》。有请彭丽媛。

进入歌曲《飞雪迎春》

李　咏：董卿，问你一个问题：假如要是评选春节联欢晚会最佳观众群体，你投票选谁？

董　卿：我想，那我投票选农民朋友，因为他们的人数最多，而且特别特别的质朴。

李　咏：我和你稍有点儿不一样，我投票选海外侨胞。他们那种远离祖国对春节晚会的关爱，是无法形容的。

董　卿：确实不假。一年一度的春节联欢晚会已经成了连接海外侨胞故国情怀强大的精神纽带。

李　咏：今天，我们特别把享誉全球的钢琴王子郎朗请到春节联欢晚会现场，用他那震撼世界的演奏技法表达心中的乡情。让我们有请——郎朗！

钢琴演奏《翻身的日子》、《我的祖国》

李　咏：观众朋友们，为大熊猫征集乳名非常踊跃，我们已经收到海内外各界人士的投票总计为■个，现在，我们从这五对乳名中取前两对得票率最高的乳名。好，感谢大家，欢迎继续踊跃投票，为熊猫宝宝起一对最美好的乳名。

董　卿：如果您的选择与最终结果相同，将随着我们的抽奖活动作为幸运观众可能获得奖品。祝大家好运！

李　咏：好，观众朋友们！熊猫可是咱们的国宝，相声也算是咱们的国粹。在今年的春节晚会上，我们还特别请到了来自祖国宝岛台湾的相声演员。

董　卿：在他们表演的《新说绕口令》中，可以感受到他们对中华民族传统文化良好的继承与发扬。让我们有请：刘增锴、朱德刚！

进入相声《新说绕口令》

继　宏：观众朋友们！

刘　斌：在这里，让我们用一曲军歌，

继　宏：向中国人民解放军指战员、武装警察部队、公安民警——

五　合：拜年啦！

进入歌曲《班长对我说》

朱　军：观众朋友们！新春使者喜送灯谜，成了继去年喜送春联之后的又一大春晚亮点。

周　涛：很多观众朋友打来电话说，看了各省的灯谜，感到各自情趣盎然。全家人在一起，边看节目，边猜灯谜，真是乐在其中。

李　咏：现在，我们和港澳台三家电视机构的新春使者也来给现场和电视机前的观众朋友喜送灯谜！

董　卿：大家请看：我们的灯谜来了！

李　咏：观众朋友，大家一定还会记得，在1999年的春节联欢晚会上，一对儿名叫白云和黑土的农民老俩口儿走进了由崔永元主持的"昨天、今天、明天"演播室。

董　卿：时间过得真快，一转眼已经是6年过去了。白云和黑土老俩口儿目前的情况如何了呢？大家一定十分关切，为此，当年采访他们的主持人崔永元再次把他们请到了演播室。

李　咏：请欣赏由赵本山、宋丹丹和崔永元表演的小品《说事儿》。

进入小品《说事儿》

芳　菲：观众朋友们，中国联通拜年榜给全国人民带来新春的祝福。春节晚会从开播到现在，我们收到了来自全国各地的许多贺岁电报，中国驻世界各国使领馆也纷纷打来了新春祝贺的电报。

泽　群：这些电报其中有……（宣读）

泽　群：观众朋友！晚会节目已经快进行到零点钟声了，请大家抓紧中央电视台主办的"民生21金维他杯·我最喜爱的春节晚会节目评选活动"的时机。欢迎电视机前的观众朋友们为您最喜欢的节目和演员进行投票。

芳　菲：投票有几种方式：编写您最喜欢的节目名称或者演员名字，正月十五以前，中国移动、联通用户，发送至2006，小灵通用户发送至9999。您也可以在正月初五之前寄出您的选单，选票刊登在2006年第一期至第四期的中国电视报上。

泽　群：除此之外，您也可以在正月十五以前登陆中央电视台互联网络WWW.CCTV.COM进行投票；还可以拨打春晚热线：16899999、116996996。幸运观众将获得由“湖南太子奶集团生物科技股份有限公司”提供的吉祥物金狗旺春。

李　咏：观众朋友，春节就是春天的节日。春天给我们以生机，春天给我们以活力，春天给我们以希望。

董　卿：愿我们迎来的是一个爱与和谐的春天。现在，就让我们以这天地人和的万家欢乐，等待着2006年美好春天的降临。

进入歌曲《万家欢乐》

朱　军：亲爱的观众朋友们，一个新的春天马上就要降临了。

周　涛：在这最令人激动的时刻，春风已经在吹拂我们每个人的心。

李　咏：让我们带着爱与和谐，去赢得生活的从容与自信。

董　卿：让我们带着爱与祝福，去博得生活的希望与收获。

泽　群：一个新的春天将属于我们，我们将属于又一个新的春天！

芳　菲：随着春天钟声的敲响，我们把新春最衷心最美好的祝愿——

李　咏：播撒在祖国的每寸土地！播撒在中华儿女的每人心头！

周　涛：朋友们，同胞们，山川铺锦绣，天地唱繁荣，狗年新春就要到来了！

朱　军：让我们一起来倒计时——

周　涛：观众朋友们！2006年新的春天已经降临了！让我们一起祝愿全国各族人民、海外华人华侨在新的一年里合家欢乐、吉祥如意！

朱　军：让我们一起祝愿我们的祖国——

进入歌曲《年夜饭》

朱　军：观众朋友们！

周　涛：观众朋友们！

朱　军：备受关注的时刻来到了，截止到零点，为赠台大熊猫征集乳名的最终结果随着新年的钟声诞生了，我们来宣布最终结果。

周　涛：赠台大熊猫乳名是“团团”、“圆圆”。

朱　军：观众朋友们！台湾同胞们！我们恭喜这对可爱的熊猫宝宝有了自己的乳名！此时此刻，还有10位来自台湾的小朋友，也加入了这欢乐的行列中。我们愿熊猫宝宝能为台湾同胞带去我们的祝福！

周　涛：在此，我们也祝愿这对熊猫宝宝吉祥的乳名能为参与投票的观众朋友们带来好运。获奖名单将在中国电视报和央视国际网站上公布。我们的奖品，一等奖是2008北京奥运会开幕式入场卷；二等奖2006年春节晚会的吉祥物金狗旺春；三等奖是中国集邮总公司主办的2006年春节联欢晚会拜年封。祝大家好运！下面请欣赏戏曲《新五女拜寿》。

董　卿：五女拜寿，阖家团圆。此时此刻，我们也要向除夕之夜的每一个家庭祝贺团圆，把一曲暖融融的春之声献给除夕团圆的千家万户。

朱　军：亲爱的观众朋友们，2006年春节联欢晚会到了和大家说再见的时候了。
周　涛：难忘今宵，让我们记住这个祖国大家庭集体守岁的除夕之夜！
李　咏：难忘今宵，让我们记住这个全球华人大家庭共度的新春之夜！
董　卿：难忘今宵，让我们记住这个天地人和中迎祥纳福的欢乐之夜！
泽　群：难忘今宵，让我们记住这个繁荣盛世普天同庆的吉祥之夜！
芳　菲：难忘今宵，让我们记住这个锦绣中华更添璀璨的辉煌之夜！
朱　军：让我们再次相约明年的除夕！再次拥抱一个更加明媚的——
四　合：大好春光！
结束曲《难忘今宵》

结束语
朱　军：观众朋友们，2006年春节联欢晚会到此结束。
李　咏：朋友们，让我们明年再见——
集　体：再见！！

8.《唱响正气歌》全国新创廉政歌曲文艺晚会主持词

朱　军：尊敬的各位领导、各位来宾，

董　卿：电视机前的观众朋友们，

主持人（合）：大家晚上好！

朱　军：这里是《唱响正气歌》——全国新创廉政歌曲文艺晚会的录制现场。

董　卿：中华民族五千年历史源远流长，创造了许多内涵丰富的廉政诗文、警句格言和戏曲，流传着大量清官廉吏的故事。

朱　军：清正廉洁，作为中华民族的传统美德，已深深融入了民族的精神和血脉之中，构成了中国特色廉政文化的深厚底蕴。

董　卿：新时期，党中央高度重视党风廉政建设和反腐败工作，作出了一系列重大决策和部署，提出反腐倡廉教育要面向全党全社会，大力加强廉政文化建设。

朱　军：今年，中央纪委在全国开展了反腐倡廉歌曲创作评选和演唱活动。伴随着廉政歌曲的传唱，廉政清风吹进千家万户，廉政意识深入人心，营造了“以廉为荣、以贪为耻”的良好氛围。大屏幕播放专题片，介绍活动情况。

专题片：这次反腐倡廉歌曲创作评选和演唱活动，各地区各部门精心组织，创作出了一大批思想健康、格调清新、形式活泼，深受群众喜爱的廉政歌曲。据不完全统计，全国共新创作廉政歌曲6万多首，参加演唱活动的干部群众达3700多万人次，举办歌咏晚会24000多场，形成了创作的热潮、争优的热潮、演唱的热潮。这些歌曲紧贴时代脉搏，高扬反腐倡廉主旋律，展现了新时期广大纪检监察干部可亲、可敬、可信的形象。按照公开、公平、公正和专群结合的原则，经过初评、复评和终评三个阶段，共有115 首优秀廉政歌曲分别荣获特等奖和一二三等奖。

董　卿：时光的流逝冲不走永恒的思念，岁月的交替磨不去历史的丰碑。回首峥嵘岁月，老一辈无产阶级革命家的教诲仍在耳边回荡。

朱　军：在党的七届二中全会上，毛泽东同志高瞻远瞩，向全党同志特别是高级干部敲了警钟，提出了“两个务必”的著名论断。

配乐情景表演

董　卿：下面请大家欣赏荣获廉政歌曲创作特等奖的作品《牢记两个务必》。

朱　军：河北省纪委报送，作词晚笛、大民、杨模，作曲李昕，杨洪基演唱。

配乐情景表演

董　卿：下面请欣赏荣获廉政歌曲创作一等奖的作品《手莫伸》。

朱　军：天津市纪委报送。为陈毅词《手莫伸》谱曲：冯国林，南开大学、天津音乐学院、天津电视台和天津市纪委监察局演唱。

董　卿：老一辈无产阶级革命家以身作则，率先垂范，为我们树立了一座座勤政爱民、清正廉洁的丰碑。

朱　军：他们坚守信念，革命斗志不减；他们一身正气，政治本色不变。

董　卿：清风明月两相随，壮乡有座清风楼，小平身影楼中留。广西，是邓小平同志革命过的地方，在那片土地上，不仅留下了他战斗的身影，也留下了他清正廉洁的光辉形象。

朱　军：广西人民为怀念小平同志，专门创作了歌曲《壮乡有座清风楼》。下面请欣赏这首荣获廉政歌曲创作一等奖的作品，广西壮族自治区纪委报送，作词覃承勤、覃九宏、韦苏文，作曲郭荣志，黄春燕演唱。

董　卿：1935 年，方志敏烈士在狱中写下了著名篇章《清贫》，如今，依然熠熠闪光。

朱　军：《清贫》，是革命的正气歌，是共产党人永远的教材。

董　卿：毛泽东同志说，《清贫》是一个共产党员的革命意志、情操和高尚人格的写照，是不朽的佳作。

朱　军：邓小平同志欣然命笔，为《方志敏文集》题写了书名。

董　卿：江泽民同志说：“这是何等坚定的革命信念！何等高尚的精神情操！”

朱　军：胡锦涛同志指出：“我们纪念和学习方志敏同志，就要像他那样，一身正气，清正廉洁，保持共产党人的政治本色和革命气节。”

董　卿：下面请欣赏荣获廉政歌曲创作特等奖的作品《清贫颂》。

朱　军：江西省纪委报送，作词秦庚云、俞明龙，作曲熊纬、吴波，韩磊演唱。

董　卿：今天，我们特意请到了方志敏烈士的长孙方华清同志。下面有请方华清同志讲几句话。

方华清：“爷爷虽然没有给我们留下万贯家财，却留下了革命的《清贫》，教导我们作为一个革命者应该有的高尚情操，自甘清贫，不负先烈。”

朱　军：徜徉于历史之中，我们深切感受到了老一辈无产阶级革命家的远见卓识和崇高风范。

董　卿：感受到了革命先烈不畏艰难、甘于清贫的高风亮节，这是值得我们永远珍藏的宝贵精神财富。

朱　军：邓小平同志曾经多次强调，我们事业的成功，“一靠理想，二靠纪律”。

董　卿：正因为有了铁的纪律，才使我们党，无论在血与火的战争年代，还是在和平建设时期，都始终保持着旺盛的革命热情和强大的战斗力。

朱　军：在2001年9月召开的中共中央第十五届六中全会上，党中央从加强和改进党的作风建设、保持同人民群众的血肉联系出发，提出了“八个坚持、八个反对”的要求。

董　卿：下面，请大家欣赏荣获廉政歌曲创作一等奖的歌曲《八个坚持、八个反对》，湖北省纪委报送，作曲：王原平，中央电视台合唱团演唱。

朱　军：在革命战争年代，我们党制定了“三大纪律、八项注意”，造就了一支纪律严明、秋毫无犯的人民军队。

董　卿：如今，与时俱进的共产党人，根据时代的发展变化，提出了一系列新的纪律要求。

朱　军：2004年1月，中央纪委第三次全会把廉洁自律的规定集中概括为四大纪律八项要求，以便于领导干部更好地掌握、遵守和执行。

董　卿：下面请欣赏荣获廉政歌曲创作一等奖的作品《四大纪律八项要求》，国资委纪委报送，集体创作，雍亚民执笔，作曲孟刚，中央电视台合唱团演唱。

朱　军：我们党制定一系列纪律规范，就是为了让党员领导干部廉洁从政，真正做到一个“廉”字。

董　卿：“廉”字有着丰富的内涵，蕴含着党的要求和人民的期望。接下来，请大家欣赏荣获廉政歌曲创作一等奖的作品《廉字歌》，

朱　军：北京市纪委报送，作词白明惠，作曲：继范、跃强、跃峰，刘玮演唱。

董　卿：今年4月，我国颁布了《公务员法》。这部法律将于2006年1月1日起正式实行，标志着我国的公务员制度建设迈上了一个新的台阶

朱　军：它对于规范公务员的管理，加强对公务员的监督，促进勤政廉政，提高工作效能，必将起到十分重要的作用。

董　卿：下面，请大家欣赏根据《公务员法》的内容创作，并获廉政歌曲创作特等奖的作品《公务员之歌》。

朱　军：广东省纪委报送，作词朱泽君，作曲印青，阎维文演唱。

董　卿：党员干部要按照《公务员法》的要求，忠于职守，廉洁从政，心中常有个“警”字，做到警钟长鸣。

朱　军：下面请大家欣赏荣获廉政歌曲创作一等奖的现代京剧《警》，中国音乐家协会报送，词曲姚明，表演者：孟广禄、于魁智、李胜素。

董　卿：这次全国反腐倡廉歌曲创作评选和演唱活动产生了一批歌颂先进人物的歌曲。

朱　军：这些歌曲以优美的旋律打动人，以动情的歌声感化人。

董　卿：下面请大家欣赏献给农村保持共产党员先进性教育活动的歌曲《老支书》，这首歌荣获廉政歌曲创作一等奖，河北省纪委报送，作词，杨劳模，他是一名纪检监察干部，作曲杨一川，李丹阳演唱。

朱　军：老支书之所以深受人民群众的拥戴，在于他心里始终装着老百姓，时刻把群众冷暖记在心上。

董　卿：下面请欣赏荣获廉政歌曲创作一等奖的作品《心里装着谁》，公安部纪委报送，作词阎肃，作曲孟庆云，佟铁鑫演唱。

朱　军：看过苏联电影《列宁在十月》的人，一定会记得影片中伟大革命导师列宁的光辉形象。

董　卿：大家也一定不会忘记，列宁身边那位忠诚的卫士瓦西里。瓦西里不仅英俊高大，而且有着舍己为公的精神风范，至今仍深深印刻在我们的心底。

朱　军：下面请欣赏荣获廉政歌曲创作一等奖的作品《瓦西里的故事》，广西壮族自治区纪委报送，作词梁绍武，作曲唐力，袁泉演唱。

朱　军：党章是最根本的党规党法，是我们党全部活动的总章程。全面履行党章赋予的职责和任务，维护和执行党的纪律，是我们党对纪检机关的一贯要求，是纪检机关的重大使命。

董　卿：下面请欣赏荣获廉政歌曲创作特等奖的作品《履行党章赋予职责》，中央电视台报送，集体创作，刘青作曲，中央电视台合唱团演唱。

朱　军：党的十六大以来，以胡锦涛同志为总书记的党中央，坚持标本兼治、综合治理、惩防并举、注重预防的战略方针，提出建立健全教育、制度、监督并重的惩治和预防腐败体系，并于2005年1月颁发了《实施纲要》。

董　卿：这是党中央从完成经济社会发展的重大任务和巩固党的执政地位的全局出发，为做好新形势下的反腐倡廉工作作出的重大战略决策。

朱　军：是我们党对执政规律和反腐倡廉工作规律认识的进一步深化，是从源头上防治腐败的根本举措。

董　卿：《实施纲要》是当前和今后一个时期深入开展党风廉政建设和反腐败工作的指导性文件。

朱　军：《实施纲要》颁布后，在党内外和社会各界都产生了强烈反响，人民群众备受鼓舞，用歌声来表达对党中央出台反腐新措施的喜悦心情。

董　卿：下面，请欣赏荣获廉政歌曲创作特等奖的作品《山歌一曲唱纲要》，山西省纪委报送，作词郭新顺，作曲吕欣荣，由来自西北农村、获得中央电视台《星光大道》年度总决赛冠军的阿宝为大家演唱。

朱　军：广大纪检监察干部战斗在党风廉政建设和反腐败工作的第一线，他们忠于党，忠于人民，涌现出一大批令人敬佩的先进典型。人们把他们称为“可亲可敬的人”。

董　卿：下面请欣赏荣获廉政歌曲创作一等奖的作品《可亲可敬的人》，财政部纪委报送，作词天明，作曲王咏梅，吕继宏演唱。

朱　军：我有个邻居叫老徐，他是一个普通的纪检监察干部，他的生活是平常的，为人是和气的，工作是繁忙的，但他却有着埋头苦干的精神，无私奉献的品质，一身正气的情操。

董　卿：下面请欣赏由中央电视台报送的、荣获廉政歌曲创作一等奖的作品《老徐》，作词王持久，作曲付林，江涛演唱。

朱　军：这就是平凡中透着伟大，细微处见着精神。他使我想起了茅盾先生在《白杨礼赞》中高声赞扬的白杨树。这是一种在西北极普通的树，“然而绝不是平凡的树”。

董　卿：因为白杨树有着“笔直的干”、“笔直的枝”，象征着“朴质，坚强，力求上进的精神”。

朱　军：在这次反腐倡廉歌曲创作中，人们也把纪检监察干部比喻为一棵挺拔的树，以赞颂他们的高尚品质。

董　卿：下面请欣赏献给广大纪检监察干部的一首歌《你是一颗树》。公安部纪委报送，荣获廉政歌曲创作一等奖，作词谭仲池，作曲徐沛东，戴玉强演唱。

朱　军：反腐倡廉任务繁重而艰巨，纪检监察工作光荣而神圣。

董　卿：党旗在嘱托，人民在期盼，民族在召唤。纪检监察干部肩负历史使命，扶正祛邪，扬善惩恶，用生命谱写忠诚之歌。

朱　军：下面请听荣获廉政歌曲创作特等奖的作品《纪检监察之歌》，辽宁省纪委和沈阳市纪委报送，集体创作，胡宏伟执笔，作曲杜鸣，中央纪委监察部机关合唱团演唱，阎维文领唱。

董　卿：朗朗乾坤正气歌，浩气长存天地间。

朱　军：一首好的歌曲，可以教育一代又一代人，产生震撼人心的强大精神力量。

董　卿：一首好的廉政歌曲，可以陶冶人的情操，升华人的境界，振奋人的精神，鼓舞人的斗志。

朱　军：让我们奏响时代主旋律，唱响正气歌，为落实科学发展观，加强党的执政能力建设和先进性建设，构建社会主义和谐社会，深入开展党风廉政建设和反腐败工作，营造良好的社会氛围。

董　卿：祝愿我们的祖国更加繁荣昌盛！

朱　军：祝愿我们的社会更加和谐美好！

主持人（合）：祝愿我们的人民更加幸福安康！

后　记

从20世纪90年代初期至今，电视综艺节目已经伴我们走过了近20个年头，百般滋味尽在其中。现代都市中有非常多的隐性受众都很喜欢收看综艺节目，而且关注的人数正在逐日递增，我本人就是这群“发烧友”中的忠实一员，津津乐道于此的时候头脑中就会闪现出对于综艺节目的种种想法，积攒得多了便就汇成了前面的文字。文无定式，艺无定法，书中难免有很多的不足之处，还望大家见谅并不吝赐教。最后，真诚地感谢华东师范大学的王群老师和中国传媒大学出版社的各位编辑，感谢他们为这本书的出版所提供的鼎立帮助。

作　者

2007年4月

图书在版编目（CIP）数据

综艺娱乐节目主持概论/刘洋，林海著．--北京：中国传媒大学出版社，2007.4（2020.7 重印）
（21 世纪播音主持艺术丛书/王群，马力主编）
ISBN 978-7-81085-937-0

Ⅰ.①综… Ⅱ.①刘… ②林… Ⅲ.①文娱活动—电视节目—主持人—概论
Ⅳ.①G222.2

中国版本图书馆 CIP 数据核字（2007）第 038431 号

综艺娱乐节目主持概论
ZONGYI YULE JIEMU ZHUCHI GAILUN

著　　者　刘　洋　林　海
策　　划　赵　欣
责任编辑　董媛婷
责任印制　李志鹏
封面设计　大鹏工作室

出版发行　中国传媒大学出版社
社　　址　北京市朝阳区定福庄东街 1 号　　邮编：100024
电　　话　86-10-65450528　65450532　　传真：65779405
网　　址　http://cucp.cuc.edu.cn
经　　销　全国新华书店

印　　刷　三河市东方印刷有限公司
开　　本　730mm×988mm　1/16
印　　张　13.25
字　　数　220 千字
版　　次　2007 年 6 月第 1 版
印　　次　2020 年 7 月第 8 次印刷

书　　号　ISBN 978-7-81085-937-0/K・937　　定　价　29.80 元